中國學術思想 研究輯刊

八 編
林慶彰 主編

第 17 冊

湛甘泉心學思想研究

張伯宇 著

花木蘭文化出版社

國家圖書館出版品預行編目資料

湛甘泉心學思想研究／張伯宇 著－初版－台北縣永和市：
花木蘭文化出版社，2010〔民99〕
目 2+192 面；19×26 公分
（中國學術思想研究輯刊 八編：第 17 冊）
ISBN：978-986-254-201-9（精裝）
1.（明）湛若水　2. 學術思想　3. 理學
126.81　　　　　　　　　　　　　　　　99002378

ISBN - 978-986-2542-01-9

9 789862 542019

中國學術思想研究輯刊
八 編　第十七冊　　　　　　　　ISBN：978-986-254-201-9

湛甘泉心學思想研究

作　　者　張伯宇
主　　編　林慶彰
總 編 輯　杜潔祥
出　　版　花木蘭文化出版社
發 行 所　花木蘭文化出版社
發 行 人　高小娟
聯絡地址　台北縣永和市中正路五九五號七樓之三
　　　　　電話：02-2923-1455／傳眞：02-2923-1452
網　　址　http://www.huamulan.tw 信箱 sut81518@ms59.hinet.net
印　　刷　普羅文化出版廣告事業
封面設計　劉開工作室
初　　版　2010 年 3 月
定　　價　八編 35 冊（精裝）新台幣 58,000 元　　　　版權所有・請勿翻印

湛甘泉心學思想研究

張伯宇　著

作者簡介

張伯宇，台北市人，生於民國六十六年（西元 1977 年）。淡江大學中國文學系碩士班畢業，現為臺灣師範大學國文所博士研究生。並於淡江大學、世新大學兼任講師。研究專長為儒、道思想。

提　　要

　　本文研究從歷史與結構二面揭示明代理學家湛甘泉的心學思想。於歷史面有「甘泉之前的明代理學」，與「甘泉的生平交遊事蹟」，以明甘泉學說所面對的理學問題與學術生活環境。結構面則以「本體」與「工夫」分論的方式展開。本體論部分從宇宙面的理氣論，過渡至人生面的心性論，即是從「氣一本論」轉至「心一本論」，確立了甘泉心學是以氣為本的理氣論，呼應以心為本的心性論，亦即是以工夫為本的本體論。工夫論部分則具體闡述其論工夫的大重點，有「盡心、知性、知天」、「知言養氣」、「讀書」、「隨處體認天理」等題目，以「隨處體認天理」總結。其次繼之以比較會通的方式，將甘泉與朱子、陽明較論。本體論方面，甘泉與陽明同承朱子「理一分殊」的方式，措置朱子「理先氣後」的堅持，直從工夫、流行、活動、發用處見本體，而提出萬物一體的「心工夫本體」。工夫論方面，甘泉「隨處體認天理」從朱子「格物窮理」轉手過來，並取「主敬涵養」的精神。其次，甘泉「隨處體認天理」相較於陽明之直任「真誠側怛」，多了謀定後動的意味，也更正視歷史文化對於人格及事業實現的決定性。此處有二個要點，一是湛、王學說對朱子理學都有繼承與轉化；二是湛、王學說大義皆為人生活動之「心工夫本體論」，正透顯「理在氣中」的消息。附錄有《甘泉先生學譜》與《甘泉師友交遊考》。

目

次

第壹章　緒　論

第一節　問題意識與研究動機

　　「本體」一詞是理學用語，通常指的是宇宙、人生世界的基礎結構。本體論中就宇宙面來談的可稱作理氣論，就人生面來談的可稱作心性論，其中往往有相通、相攝之處，這正顯示理學強調天人相貫通的特色。「工夫」指的是人生使本體得以正常穩當地維持、發展的方法及活動。工夫，所以存本體者。本體論與工夫論相互涵攝，理學家們本體論的爭議或原由自工夫論的爭議。以下的討論，將就本體論與工夫論的架構去談。〔註1〕

〔註1〕　「本體」、「工夫」二語常散見於宋明理學著作中，王陽明《傳習錄》更有所謂「本體工夫」者。東林顧憲成、史孟麟，有「本體」與「工夫」之辨，則常對舉而論之矣，至黃宗羲更有「工夫所至即其本體」一語。然而在古代理學家的講論中，似乎尚未對「本體」與「工夫」有加以定義、界說者。民國以來學者則有錢穆、牟宗三曾約略提到「本體」與「工夫」的界說。錢穆云：「大體扼要地來說，宋代學者所熱列討論的問題，不外兩部：一部是屬於本體論的，一部是屬於修養論的。他們雖說是意見分歧，不相統一；但是到底他們有全體一致的見解。他門有全體一致的見解，所以成為一時代的學風；他們的意見分歧，不相統一，便在共同的學風下面保存著他們各人的精神和面貌。他們對於本體論的共同見解是『萬物一體』，他們對於修養論的共同見解是『變化氣質』，許多問題便從這上面發生」〔錢穆：《陽明學述要》（台北：蘭臺出版社，民國90年2月）頁1〕；「孟子道性善，指大群千古同然之本體；孟子言養氣，指小我暫忽所獨之工夫；必兼二者，而後表裡備，本末具。」〔錢穆：《四書釋義》（台北：蘭臺出版社，民國90年2月）孟子要略・弁言，頁150〕綜合二則敘述，可知錢穆指出宋代理學家所講論者可分為「本體論」與「工夫論」二個主要部分，則「本體論」與「工夫論」當可構成理學家學

朱陸異同是理學史上的一大公案，清‧章學誠曰：「宋儒有朱、陸，千古不可合之同異，亦千古不可無之同異」（《文史通義‧朱陸》），〔註2〕可知朱陸問題在儒學內部義理的爭執中，具有代表性的意義。朱陸岐異的重點在於工夫論，黃宗羲於《象山學案》中曾對朱、陸爭論的重點有所形容：

> 宗羲案：先生〔象山〕之學，以尊德性為宗，謂先立乎其大，而後大之所以與我者，不為小者所奪。夫苟本體不明，而徒致功於外索，是無源之水也。同時紫陽〔朱子〕之學，則以道問學為主，謂格物窮理乃吾人入聖之階梯，夫苟信心自是，而惟從事于覃思，是師心自用也。〔註3〕

又於論學書信中說：

> 非德性則不成問學，非道問學則不成德性。故朱子以復性言學，陸子戒學者束書不觀。周、程以後，兩者固未嘗分也，未嘗分，又何容姚江、梁溪之合乎？此一時教法，稍有偏重，無關於學脈也。（《南雷文定前集》卷四〈復無錫秦燈巖書〉）〔註4〕

可知朱、陸的衝突簡單地說在於尊德性、道問學等工夫先後輕重的問題。朱子強調道問學的必要，而象山強調尊德性是工夫大本。但這個分法在理論上

說的大體系，或作為研讀者切入的大視角。牟宗三云：「但自宋明儒觀之，就道德論道德，其中心問題首在討論道德實踐所以可能之先驗根據（或超越的根據），此即心性問題是也。由此進而復討論實踐之下手問題，此即工夫入路問題是也。前者是道德實踐所以可能之客觀根據，後者是道德實踐所以可能之主觀根據。宋明儒心性之學之全部即是此兩問題。以宋明儒詞語說，前者是本體問題，後者是工夫問題。」〔牟宗三：《心體與性體》（台北：正中書局，民國57年5月臺初版）頁8〕牟宗三同樣指出「本體」與「工夫」是理學家主要討論的二大問題，並有進一步的界說，於界說中亦闡發其哲學觀點。本文所用的「本體」與「工夫」界說，一方面來自課堂與閱讀理學著作的心得；一方面受到錢穆《朱子學提綱》的啟示，有人生界、宇宙界的分法。附帶一提，此處的「本體論」字面意義同於牟宗三所謂「本體問題」，說的是「對本體的看法」，與西方哲學術語譯詞、相對於「宇宙論」的「本體論」不同。「工夫論」亦以此類推。言「本體」多理則推論，言「工夫」有經驗描述。於此又可說明者，西方哲學似乎主要是偏「本體」一面的理論建構，於「工夫」探究甚少，則講論「工夫」又可視為中國義理學的特色。

〔註2〕 清‧章學誠撰，葉瑛校注：《文史通義校注》（台北：漢京文化，民國75年9月）頁262。
〔註3〕 清‧黃宗羲撰，清‧全祖望補，清‧王梓材、馮雲濠、何紹基校：《宋元學案》（台北：世界書局，民國80年9月五版）中冊‧象山學案，頁1067。
〔註4〕 收於：清‧黃宗羲：《南雷文定》（台北：世界書局，民國53年2月初版）。

不是那麼緊張對立，決不可作簡單的二分，認為朱子只講道問學，而象山只講尊德性。尊德性是儒學的共同目的，朱陸的差異應放在對道問學輕重先後如何的問題上，這一點將於本文第二章「朱學所遺留的問題」中進一步詳述。我們先看看這個衝突在儒學史上的來源。「尊德性」、「道問學」二語出於儒家典籍《中庸》，《中庸》裡提出了二個方向的工夫教法：

> 誠者，天之道也。誠之者，人之道也。誠者，不勉而中，不思而得，從容中道，聖人也。誠之者，擇善而固執之者也。博學之，審問之，慎思之，明辨之，篤行之。有弗學，學之弗能，弗措也；有弗問，問之弗知，弗措也；有弗思，思之弗得，弗措也；有弗辨，辨之弗明，弗措也；有弗行，行之弗篤，弗措也。人一能之，己百之。人十能之，己千之。果能此道矣，雖愚必明，雖柔必強。自誠明謂之性，自明誠謂之教。誠則明矣，明則誠矣。〔註5〕

這裡提出了「自誠而明謂之性」與「自明而誠謂之教」二種方向，「自誠而明」指聖人境界的工夫，從容自然而能中能得，與「從心所欲不逾矩」的意思相近。「自明而誠」對擇善固執的一般人立說，有博學、審問、慎思、明辨、篤行的工夫內涵，持以困勉不懈的態度，而終能明能強，臻于聖域。「自誠而明」強調天生的自然善良，「自明而誠」強調後天的學習努力。《中庸》又有所謂「三達德」的工夫：

> 天下之達道五，所以行之者三。曰：君臣也，父子也，夫婦也，昆弟也，朋友之交也，五者天下之達道也。知、仁、勇三者，天下之達德也，所以行之者一也。或生而知之，或學而知之，或困而知之，及其知之，一也。或安而行之，或利而行之，或勉強而行之，及其成功，一也。子曰：「好學近乎知，力行近乎仁，知恥近乎勇。」知斯三者，則知所以修身。知所以修身，則知所以治人。知所以治人，則知所以治天下國家矣。

三達德是知、仁、勇三種修為，用於君臣、父子、夫婦、昆弟、朋友等五達道，亦即是用於待人接物、應對進退等日常生活上，修身治己即在其中，進而能治人、治家國天下。三達德總在人倫日常中進行，而包含了生知、學知、困知，安行、力行、勉行等種種情況。三達德似乎也涵攝了自誠而明、自明

〔註5〕引文版本：漢・鄭玄注：《禮記鄭注》（台北：新興書局，民國78年8月版，影印：校相臺岳氏本）卷十六，中庸第三十一。

而誠的內容，這二個方向的工夫，在待人應對的實踐中似乎不可或缺。所以《中庸》又說：「故君子尊德性而道問學，致廣大而盡精微，極高明而中庸。溫故而知新，敦厚以崇禮。」這是一個理想人格的修為，其中尊德性的先天工夫，與道問學的後天工夫，涵融在完整真實的人倫生活當中。其實道問學或學習經驗知識的工夫教法，在孔子就已經主張：

> 子曰：德之不修，學之不講，聞義不能徙，是吾憂也。（《論語·述而》）

> 子曰：吾嘗終日不食，終夜不寢，以思，無益，不如學也。（《論語·衛靈公》）

> 子曰：知及之，仁不能守之，雖得之，必失之。知及之，仁能守之，不莊以蒞之，則民不敬。知及之，仁能守之，莊以蒞之，動之不以禮，未善也。（《論語·衛靈公》）〔註6〕

這些都是孔子強調經驗學習的明証。而孟子所倡的「良知良能」，常被人認為是一種先天之學，與後天經驗學習似乎了無干涉，孟子曰：「人之所不學而能者，其良能也。所不慮而知者，其良知也。孩提之童，無不知愛其親者，及其長也，無不知敬其兄也。親親，仁也。敬長，義也。無他，達之天下也。」（《孟子·盡心上》）〔註7〕其中「不學而能」、「不慮而知」似乎擱置了後天的經驗學習而能具備者，此固然不錯。但是，孟子於下文強調的工夫實踐是「達之天下」，「達之天下」就總是在後天的經驗當中，面對不斷的變化時，需要持續去努力完成的，在這個過程中從來就不可能不需要經驗知識的學習與運用。這個「達之天下」，與《中庸》所謂的「達道」、「達德」當可一同體會。甚至，經驗知識可能達成「復性」等先天工夫的實效，孟子曰：「舜之居深山之中，與木石居，與鹿豕遊，其所以異於深山之野人者幾希。及其聞一善言，見一善行，若決江河，沛然莫之能禦也。」（《孟子·盡心上》）舜聞見到善言善行的提領，起而激發固有的良心善性，滿懷充實豐沛的價值感。此又為孟子良知良能與學慮、聞見等後天知識不能無涉的明証。

孟子又極重視歷史經驗的傳承：

〔註6〕 引文版本：魏·何晏集解：《論語集解》（台北：新興書局，民國81年6月版，影印：校永懷堂本）。

〔註7〕 引文版本：漢·趙岐注：《孟子趙注》（台北：新興書局，民國81年6月版，影印：校永懷堂本）。

孟子曰：「離婁之明，公輸子之巧，不以規矩，不能成方員。師曠之
聰，不以六律，不能正五音。堯舜之道，不以仁政，不能平治天下。
今有仁心仁聞，而民不被其澤，不可法於後世者，不行先王之道也。
故曰：徒善不足以爲政，徒法不能以自行。《詩》云：『不愆不忘，
率由舊章。』遵先王之法而過者，未之有也。聖人既竭目力焉，繼
之以規矩準繩，以爲方圓平直，不可勝用也。既竭耳力焉，繼之以
六律正五音，不可勝用也。既竭心思焉，繼之以不忍人之政，而仁
覆天下矣。故曰：爲高必因丘陵，爲下必因川澤。爲政不因先王之
道，可謂智乎？」《孟子·離婁上》

此處孟子強調了循習先王之道對於擴達仁心善性的必要性，一切的良知良
能、耳目聰明，要成其用，都必須憑藉對經驗知識的效法、累積。其中引《詩》
言志的方式，即是「率由舊章」、重視先王典籍的具體表現。「孟子道性善，
言必稱堯舜」（《孟子·滕文公》），孟子顯然對於歷史傳統所給予的指導與提
領十分重視。然而，儒家的成德工夫是否需要包含經驗知識的學習呢？這就
要看對「成德」的定義了。我們也可以說，「道問學」是需要的，但是在「尊
德性」之後的事情，而尊德性與道問學無關。如果我們把「達」作爲「成德」
的定義，那學問工夫就從會外緣位置進入理論的內涵裡。《中庸》似乎是以「達」
爲標準，問學與良心操持都在其主張的工夫論裡。在孟子而言，也許並不能
十分確定他視學問於成德工夫的地位究竟爲何，但從孟子所舉舜聞見而得良
知的文獻來看，孟子應當不會將尊先天德性與後天問學視作截然二分的關
係。要想進一步釐清這個問題，就必須從工夫論進入到本體論的講究。孟子
在知言養氣章中說：「持其志，無暴其氣」；「志壹則動氣，氣壹則動志也」，
可見「志」與「氣」是可能相互影響的。在這裡，我們不敢確定孟子在理氣
論的意見究竟是如何，因爲孟子只提了一些端倪，而「志」是否屬於「理」
亦不可知。理氣論在先秦儒學中可說尚未討論。現代學者在談論朱陸問題時，
對於本體論就有明顯的自覺了。此處以牟宗三、徐復觀二位先生爲例。牟先
生於《中國哲學十九講》中對朱、陸問題有扼要的討論：

而照內聖說時，逆覺正是本質而重要的關鍵，而格物窮理的順取之
路不相應。所以，以逆覺作主的工夫是本質的工夫。這並不是說，
在我們的具體生活中不需要知識。就具體生活的全部而言，我們也
需要知識，也可以作旁的事情。你若喜歡唸數學，也可以去唸，這

並不妨礙你。但在這裡，決定輕重本末的原則何在，不可不辨。這一點朱夫子並沒有照察到。……這樣大體說來，工夫之不同就決定對於本體的體會之不同。朱夫子走格物窮理的路，所以他對於心、性、道的體會和走逆覺之路者對於心、性、道的體會不一樣。……照朱夫子的工夫所了解的心，是屬於「氣之靈」之心；心屬於氣，是形而下的。他沒有孟子或王陽明、陸象山所說的「本心」。他一說心，便屬於氣，是形而下的。但什麼是形而上的呢？就是理。性是形而上的，性即是理。……依照逆覺之路來了解，心不是形而下的，不是「氣之靈」，而是以孟子所說的「本心」來看；這就是所謂的「心體」，心就是本體。這時，心不是屬於形而下的，不是屬於氣；心就是理。……陸、王可以說「心即理」，但朱夫子不能說「心即理」，只能說「性即理」——心和理是兩回事，屬於兩個範疇；……照逆覺之路所體會的本體，是「即存有即活動」。朱子所了解的本體是「只存有而不活動」，因為活動的成分都屬於氣，都塌落下來了；心也屬於氣而下落、旁落了。心當然有屬於氣的，譬如我們現代所說的「心理學的心」（psychological mind）便屬於氣，是材質的（material）。但是「良知」及孟子所說的「本心」不是心理學的。用康德的話來說，它是超越的（transcendental），不能用氣來說。〔註8〕

此處牟先生點出朱子的本體論分作二個截然不同的層次或二層世界，一是形而上的理世界，一是形而下的氣世界；在人生面則有形而上的「性」與形而下的「心」。牟先生認為朱子學說錯誤之處，在於將「心」認作形而下的「氣之靈」，只是一個認知心，而不是創發、體認道德的形上「本心」。而且，朱子的「理」是一個「只存有而不活動」的「理」，是一個超越時間之上的世界，與時間之中的「氣」世界、活動世界隔絕截斷。朱子所言的「心」屬於「氣」的層次，與象山不同，象山的「心」屬於「理」的層次。

由此可略推出牟先生自己的本體論：一是形而上的性、理、道德心等「本體世界」；一是形而下的氣、認知心等「活動世界」（現象世界）。特別的是，這個形上本體世界雖然超越於形下世界，但卻能「即存有即活動」，有能動創造力，去支持、推動形下活動的生生不息。由此可知，牟先生的本體論實亦

〔註8〕 牟宗三：《中國哲學十九講》（台北：臺灣學生書局，1997年1月）第十八講宋明理學述，頁399～400。

有「二層世界」的分別，只是這二層世界有一個形上對形下的領導關係。「活動世界」（時間中的世界）仰賴的「本體世界」（超越時間、卻能活動者）而成立。

　　牟先生本體論中終究不能免去的二元色彩，在工夫論中更爲突顯，牟先生於《從陸象山到劉蕺山》又言：

> 如居敬（後天的敬），涵養，格物，窮理等等，此便是朱子之一套。
> 這一些工夫並非不重要，但依王學來看，則只能是助緣，而不是本
> 質的工夫。本質的工夫唯在逆覺體證，所依靠的本質根據唯在良知
> 本身之力量。……故就內聖之學之道德實踐說，必從先天開工夫，
> 而言逆覺體證也。〔註9〕

表現在工夫論上，道德心的「逆覺體証」是德性之知、是先天成德工夫。而認知心的居敬、涵養、格物、窮理等「順取之路」是聞見之知、是後天經驗知識活動，乃非成德本質的「助緣」。一「逆覺」，一「順取」，二者必須迥然爲二。朱子格物窮理的理論終是不離於經驗知識活動，因此在牟先生看來便不可能體認到眞正的「道德本心」。

　　次舉徐復觀先生。徐先生在〈象山學述〉一文中，亦曾就朱陸異同問題有如下論述：

> 人的心，含有無限的可能，有各方面的作用。其中最主要的，心的
> 知性一面追求知識，心的德性一面成就道德。……因此，學問大體
> 上可分爲兩大界域，知性的知識活動，以物理爲對象；德性的道德
> 活動，以倫理爲對象。前者屬於實然的世界，後者屬於應然的世界。
> 兩個世界，有其關聯，但無必然的因果關係：道德未必能隨知識而
> 增高，知識亦不能隨道德而俱進。……所以求知的方法，和開闢
> 大本的方法，並不相同：於是朱陸治學的門徑便不能相同，讀書的
> 態度也不能相同。知性活動，一個時代有一個時代的對象。在中國，
> 書本子一向是成爲知性活動的唯一對象，一向是靠書本子來構成知
> 識。朱陸環繞書本子所作的爭論，骨子裡面是由知性活動的方法，
> 能否直接開出德性大本的問題的爭論。這一爭論，實際也深滲入於
> 朱子內心生活之中，這便形成他一生的矛盾。〔註10〕

〔註9〕　牟宗三：《從陸象山到劉蕺山》（台北：學生書局，2000 年 5 月再版），頁231。
〔註10〕徐復觀：〈象山學述〉，收於《中國思想史論集》（台北：臺灣學生書局，民國

由此可知，徐復觀先生在本體論上的二層世界觀及其認識論意涵，與牟宗三先生是十分相近的。只是此處徐先生並未進一步指出「應然世界」與「實然世界」的關係。牟先生用形而上的理世界與形而下的氣世界去說，而徐先生是用應然世界與實然世界去說，二先生的說法都將二層世界分別為道德心與認知心的對象，而且在彼此終為異質，無法相互溝通、推導，將讀書學問工夫置於成德工夫之外（附帶一提，徐復觀先生此處云「在中國，書本子一向是成為知性活動的唯一對象，一向是靠書本子來構成知識」，此語不能無病，因為無論古今中外，知性活動的對象就是生活的一切對象，讀書只是其中一種具特殊意義的方式而已，並非全部而唯一）。

依照上述兩位先生的說法，朱、陸工夫論的差異將十分尖銳。而在孔子、孟子、《中庸》那裡所強調的讀書、學問或歷史傳習等工夫似乎是可有可無的餘事。但是，如果我們在本體論不主張二層世界、二層心的看法，是不是就有可能把學術與歷史傳統置於儒家成德論的內部呢？其實從《明儒學案》的觀點來看，明代理學的特色就是在本體論上的一元化，而反映在工夫論上就是講究內外合一。

所謂明代理學的特色，對比於宋代理學，黃宗羲云：

> 康齋倡道小陂，一稟宋人成說。言心，則以知覺而與理為二；言工
> 夫，則靜時存養，動時省察。故必敬、義夾持，明、誠兩進，而後
> 為學問之全功。〔註11〕

這段話原本是黃宗羲對明初理學家吳與弼（1391～1465）之學的評語，其中內容亦可作為對「宋人成說」的理解。〔註12〕「知覺」是指人心感應認識的活動、作用，「理」是本體。「敬、義」出於《易‧文言》：〔註13〕「君子敬以直內，義以方外」一語，有內、外之分。「明、誠」語出《中庸》，即上文所謂「自明而誠」、「自誠而明」二種方向。在本體論上，「知覺與理為二」就是心與理為二，用與體為二。在工夫論上，「動時省察」、「義」、「明」是指對「理」的認識，工夫偏外；「靜時涵養」、「敬」、「誠」是指對「理」的實踐，工夫偏內。

---

82 年 9 月）頁 32～33。

〔註11〕清‧黃宗羲：《明儒學案》（台北：里仁書局，民國 76 年 4 月）崇仁學案。

〔註12〕引此段文獻作為黃宗羲對宋代理學的理解，於錢穆先生《陽明學述要》中已有先例。參見：《陽明學述要》中「一、宋學裡面留下的幾個問題」，頁 16。

〔註13〕引文版本：魏‧王弼、晉‧韓康伯注：《周易王韓注》（台北：新興書局，民國 82 年 6 月版，影印：校相臺岳氏本）。

　　明代理學之於宋人學說中的二分論調，又有什麼不同呢？黃宗羲以陳白沙與王陽明爲明代理學特色的代表：「有明之學，至白沙始入精微。其喫緊工夫，全在涵養。喜怒哀樂未發而非空，萬感交集而不動，至陽明而後大」《明儒學案・白沙學案》細究之，宗羲對於白沙、陽明的看法還是有差別。白沙的「喫緊工夫」主要是在「涵養」上，至於「進學致知」的對外工夫，得在陽明那裡才算完備。故稱陽明「喜怒哀樂未發而非空，萬感交集而不動」。這就是說，陽明無論是未感於物，還是已發於情，都一樣於本體有顯示、有持守，此即貫動靜、通內外、合明誠、一敬義的工夫境界。故宗羲尤推陽明：

> 有明學術，從前習熟先儒之成說，未嘗反身理會，推見互隱，所謂此亦一述朱，彼亦一述朱耳。……自姚江〔陽明〕指點出良知人人現在，一反觀而自得，便人人有個作聖之路。故無姚江，則古來之學脈絕矣。（《明儒學案・姚江學案》）

陽明在工夫論上動靜合一、內外合一的意義，也就是明代理學的突破。而本體論方面，宋人知覺與理的二分，也在此處合一了。至於理氣論的部分，我們可以曲折地從黃宗羲的說法來看。宗羲對陽明學說可謂推崇備至，又以陽明爲明學代表，則宗羲亦必以爲理學思想當不落所謂「宋人成說」爲是。宗羲的理氣思想可散見於《明儒學案》中的評論。其論明初理學家曹端（1376～1434）時說到自己對理氣的看法：

> 其〔曹端〕辨太極：「朱子謂理之乘氣，猶人之乘馬，馬之一出一入，而人亦與之一出一入。若然，則人爲死人，而不足以爲萬物之靈。理爲死理，而不足以爲萬物之原。今使活人騎馬，則其出入行止疾徐，亦由乎人馭之如何耳。活理亦然。」先生之辨雖爲明晰，然詳以理馭氣，仍爲二之。氣必待馭於理，則氣爲死物。抑知理氣之名，由人而造，自其浮沉升降者而言則謂之氣，自其浮沉升降不失其則者而言，則謂之理。蓋一物而兩名，非兩物而一體也。（《明儒學案・諸儒學案上二》）

可知宗羲認爲理氣是一，理與氣只是人對於同一個本體作兩種側重的不同稱呼而已，同出而異名。氣側重在變化不息，而理側重在變化的合於理則。又評論明初理學家薛瑄時說到：

> 義竊謂，理爲氣之理，無氣則無理。若無飛鳥而有日光，亦可無日光而有飛鳥，不可爲喻。蓋以大德敦化者言之，氣無窮盡，理無窮

盡，不特理無聚散，氣亦無聚散也。以小德川流者言之，日新不已，不以已往之氣爲方來之氣，亦不以已往之理爲方來之理，不特氣有聚散，理亦有聚散也。(《明儒學案·河東學案上》)

宋人常將理視爲時間之上、永恆不變化者，氣則有時而盡。如朱子所說的：「只不可說是今日有是理，明日卻有是氣。也須有先後，且如萬一山河大地都陷了，畢竟理卻只在這裡」；「理未嘗離乎氣。然理，形而上者。氣，形而下者。自形而上下言，豈無先後！」〔註14〕理在時間之外，故不可說時序的「先後」，說「先後」是形上、形下的區別。氣有形有變化，變化就在時間當中，在理氣論上就分成了時間之上和時間之中的二層世界觀。黃宗羲卻在這裡扭轉過來，將理、氣爲一，都在時間之中，有變化聚散。而就時間的延綿不斷來說永恆，則理氣的生發爲永不止息，無窮無盡。黃宗羲又強調理氣論與心性論的相通無二，其論羅欽順可見：

第先生〔羅欽順〕之論心性，頗與其論理氣自相矛盾。夫在天爲氣者，在人爲心。在天爲理者，在人爲性。理氣如是，則心性亦如是，決無異也。(《明儒學案·諸儒學案中一》)

黃宗羲認爲羅欽順學說的缺點，在於理氣論與心性論不能一致，則宗羲所稱道的明學特色自然不會犯這個毛病。所以，宗羲認爲明代理學進於宋學之處，就在於將宋儒本體論與工夫論中的二分論調貫通合一起來，而本體論中理與氣、性與心的關係應該一致無二。這就是本文採取《明儒學案》的觀點，所認同的明代理學特色，在理論內部的基本要求。

如上所言，黃宗羲以陳白沙與王陽明爲明代理學的代表。但就今日流傳的文獻來看，白沙於本體論上極少發言，所講的絕大部分是實踐性的工夫語；陽明的本體論則涵融在工夫論裡面，缺少分析推理式的說明，由是更缺少理氣論等抽象討論。而二家在工夫論上，對讀書學問的問題也採取比較消極的態度，使得從孔子以降的學問傳統，不容易在他們的理論中得到清楚的安排。與白沙、陽明同時，在本體論與工夫論都有所發揮，又同樣能反映出明學特色的人物，就是湛若水（1466～1560）。湛若水，字元明，號甘泉，師承陳白沙，爲王陽明學友，是明代中期的理學家。陳白沙與王陽明是明代理學特色的開創者，而甘泉曾受白沙親許爲衣鉢繼承，又是陽明甚爲珍重的論學朋友；

〔註14〕宋·黎靖德編：《朱子語類》（北京：中華書局，1999 年 6 月）卷一　理氣上　太極天地上。

〔註15〕甘泉生平廣設書院講學，門人雖不及陽明之盛，然學於湛者與學於王者遞相出入，又曾任南京國子監祭酒及南京禮、吏、兵三部尙書。〔註16〕所以，無論甘泉的傳承交遊，還是他從事的學術相關活動來看，甘泉都是明代理學史上值得探討的人物。甘泉在理氣論、心性論上有氣一本的論調，而在工夫論上強調了內外合一與讀書學問等等。所以，甘泉的學說似乎可以有一個參照、補充的意義。這也就是錢穆先生所說的：

> 若我們從另一見地看，則與其從獻章識途到守仁，似不如從守仁建
> 基而補充以若水。這兩種意見，便形成了後來王學本身內部之分歧。

〔註17〕

綜上所述，研究甘泉學說的意義，一方面可以完整（本體論與工夫論皆具）突顯理學在明代的特色，一方面又可以作爲一種對陽明心學的參照，其中可能幫助我們更正確地理解陽明學說的內涵，甚至推出陽明可能的理氣論是如何。更深一層來看，也是我們在思考儒學內部義理問題時，一個有效的方式。

第二節　前人研究成果反省

一、引　言

　　《明儒學案》中甘泉爲一學案案主；《明史》中甘泉入〈儒林傳〉；明‧李贄《續藏書》列甘泉於「理學名臣」。其他一些傳記資料或將甘泉以學術立傳，或以官職立傳，〔註18〕或以地方性立傳。〔註19〕又有以其詩、詩論而立

〔註15〕 參見：明‧羅洪先：〈墓表〉；明‧洪垣：〈墓誌銘〉，皆收於：明‧湛若水：《湛甘泉先生文集三十二卷》（台南：莊嚴文化事業公司，1997年，《四庫全書存目叢書》集部第五十六冊、五十七冊，影印：山西大學圖書館藏康熙二十年黃楷刻本）卷之三十二，外集。以下引《甘泉集》文獻時，將不再註出書名，而是隨引文後附註〝（卷數、卷名、篇名、頁數）〞，如〝（卷三十一，墓誌銘‧明定山莊先生墓誌銘，頁57～226）〞，意即〝卷第三十一，墓誌銘類中的〈明定山莊先生墓誌銘〉，在《四庫全書存目叢書》集部五十七冊的第二百二十六頁〞。至於引到羅洪先所撰〈墓表〉與洪垣所撰〈墓誌銘〉時，只隨文附註〝（〈墓表〉）〞或〝（〈墓誌銘〉）〞。

〔註16〕 參見於《明儒學案‧甘泉學案》。

〔註17〕 錢穆：《宋明理學概述》台北：（臺灣學生書局，民國66年4月修訂重版），頁297。

〔註18〕 舉如：明‧焦竑：《國朝獻徵錄》，明‧黃佐：《南雍志列傳》，……等等。

〔註19〕 舉如：明‧過庭訓《明分省人物考》，《廣東省增城縣志》，……等等。

傳者，惟非大端。〔註 20〕從這些傳記來看，甘泉主要以儒學名，政事已非顯
著，文苑更非所聞。明代儒學的重點在於理學，〔註 21〕後人對甘泉多以理學
家視之，相關研究成果亦大抵在此。

目前對湛甘泉的研究，大抵以下幾端：甘泉的生平經歷（含政治作爲）；
甘泉的經學；甘泉的理學思想。生平經歷的研究是史學的傳統，最早的成果，
據王德毅《中國歷代名人年譜》所載，是由甘泉自述、陳謨編、蔣信續編的
《甘泉先生年譜言行錄六卷》，〔註 22〕惟今已不傳。今日可見的材料中，最重
要的是甘泉晚生羅洪先所撰的《墓表》，及甘泉門人洪垣所撰的《墓誌銘》，
二者載於《甘泉文集》末卷。其他成果可散見於各種傳記資料。〔註 23〕現代
對甘泉的專家研究中亦有處理。〔註 24〕

甘泉入正史儒林，其人於政治、社會的作爲固不被看重，對甘泉政治表
現的研究多可視爲生平經歷的記載，極少專論。〔註 25〕經學方面，《四庫全書
總目》〔註 26〕中於甘泉經學著作收有《春秋正傳三十七卷》，於存目中列《二
禮經傳測六十八卷》、《古樂經傳三卷》等二書。四庫提要評《春秋正傳》說：
「春秋，治亂世之書。謂聖人必無特筆於其間，亦不免矯枉過正。然比事屬
辭，春秋之教，若水能舉向來穿鑿破碎之例一掃空之，而核諸實事以求其旨，
猶說經家之謹嚴不支者矣。」（《總目》，頁 583）其中稱許甘泉掃除春秋學中
力取筆法義例以求微言大義的作法。提要評《二禮經傳測》言：「標目殊傷煩
瑣，所註亦皆空談」（《總目》，頁 514），評《古樂經傳》則曰：「是書補樂經
一篇，若水所擬。……其大旨以論度數爲主，以論義爲後，故以己所作者反
謂之經，而《樂記》以下古經反謂之傳。然古之度數，其密率已不可知。非
聖人聲律身度者，何由於百世之下，闇與古合，而用以播諸金石管弦之器？

〔註 20〕舉如：清・陳田：《明詩紀事》，清・朱彝尊：《靜志居詩話》。
〔註 21〕黃宗羲《明儒學案・發凡》中說：「嘗謂有明文章事功皆不及前代，獨於理學，
　　　　前代所不及也。」
〔註 22〕王德毅：《中國歷代名人年譜總目》（台北：新文豐出版社，民國 88 年元月增
　　　　訂一版）。其中卷三、頁 143 載：「《甘泉先生年譜言行錄》，明湛若水自述、
　　　　陳謨編、蔣信續編、明嘉靖間刊本。」
〔註 23〕可參看：周駿富輯：《明代傳記叢刊》（台北：明文書局，民國 80 年元月版）。
〔註 24〕本章第三節「現代學者的研究成果」另有敘述。
〔註 25〕今人於甘泉的政治表現討論甚少，然亦有一篇專論：朱鴻林：〈明儒湛若水撰
　　　　帝王用書《聖學格物通》的政治背景與內容特色〉，《中央研究院歷史語言研
　　　　究所集刊》，六十二卷三期（民國 82 年 4 月），頁 495～530。
〔註 26〕參考、引文版本：《欽定四庫全書總目》（台北：藝文印書館，民國 86 年 9 月）。

若水遽定爲經，未免自信之過矣。」則又以甘泉自信太過、無徵立言的方式不甚認同。今人對甘泉經學方面的研究亦屬零星，張曉生：〈湛若水經學初探〉〔註27〕可謂先驅，其結論經本文整理，重要的有：一、甘泉經學見解的新意、啓發不多；二、甘泉「希望藉著全面性的注經、改經，以取代朱子的經學典範地位」；三、注解方法上甘泉反映了「六經註我心」的心學特色。其中第一項結論與四庫提要相合；第二項結論缺少直接文獻佐證，「典範」一說似乎又過分強化、簡化了學術史的發展與爭議；〔註28〕至於第三項結論，甘泉經學中信心自是的表現是否即可稱爲心學特色，則限於本文學力不足，未作更多求證前尚不敢肯定。總而言之，學界目前對甘泉經學方面的研究尚未成體系。

二、黃宗羲的《甘泉學案》

前人對甘泉的研究大多注重在理學方面，其中又可分作幾端，一專就甘泉理學思想的內容言；一比較甘泉與陽明思想異同；一欲定位甘泉在明代理學思想史的意義。這幾端自然互相涵攝。最早具有代表性的研究，可說是黃宗羲的《明儒學案》。《明儒學案》可說是後人研究明代理學時最基本的二手資料，今人對很多理學家生平、思想內容與評價的基本理解大抵以此爲準。

〔註27〕 張曉生：〈湛若水經學初探〉，《東吳中文研究集刊》，第三期（民國85五年5月），頁1～20。

〔註28〕 此「典範」說來自孔恩《科學革命的結構》（孔恩著，程樹德、傅大爲、王道還、錢永祥譯：《科學革命的結構》（台北：遠流出版社，2000年5月二版））。「典範」說原爲解釋自然科學的發展機制，其中對於「典範」的特徵有如下說明：「第一，作者的成就實屬空前，因此能從此種科學活動中的敵對學派中吸引一群忠誠的歸附者。第二，著作中仍留有許多問題能讓這一群研究者來解決。具有這兩個特徵的科學成就，我以後就稱之爲"典範"（paradigms）。」（頁54）本文認爲，若非要將「典範」應用於人文學科的發展中，「空前」一義當改爲「新穎意義中具代表性者」；而前典範與典範之間的衝折相對地比自然科學要爲和緩而非截然。人文學科發展中的複雜與岐異程度，決不可類比自然科學中簡單、確定的推理，孔恩本人亦有如此見解。欲將「典範」說來解釋中國學術思想的發展，需要有更大的修正與更多的條件限定。至於如此更改與修訂的結果，是否還能以孔恩的「典範」來稱呼，那可能就是見仁見智的問題了。有趣的是，這個「見仁見智」，恰好說明了「典範」說在人文學界中難以成立的事實。在人文學中，就算以同一個命題作爲學說理論的邏輯起點，每個學者接連所講出的一大串說法幾乎不可能完全一樣；而自然科學中由同一個命題的起點到子命題、次命題都以數學形式作了「完全一樣」、「唯一不二」的聯繫、推演。兩者實有不可取消的差異。

黃宗羲以甘泉爲甘泉學案的案主，對於甘泉生平有簡明的敘述，其言甘泉思想史的意義，則曰：

> 王、湛兩家，各立宗旨。湛氏門人雖不及王氏之盛，然當時學於湛者，或卒業於王；學於王者，或卒業於湛。亦猶朱、陸之門下遞相出入也。其後源遠流長，王氏之外，名湛氏學者，至今不絕。即未必仍其宗旨，而淵源不可沒也。（〈甘泉學案〉）

此處指出，甘泉與陽明可說是當時學術界領導一時的人物，而立教宗旨不同。其門下各自有別，但遞相出入，互動不可謂不多，而甘泉後學亦有流衍傳承，爲王學之外又一大宗，可知甘泉對當時理學發展有一定的影響力。

宗羲評論甘泉學說，則從甘泉與陽明的論辨異同入手。其言曰：

> 先生〔甘泉〕與陽明分主教事，陽明宗旨致良知，先生宗旨隨處體認天理，學者遂以良知之學，各立門户。其間爲之調人者，謂「天理即良知也，體認即致也，何異？何同？」然先生論格物，條陽明之說四不可。陽明亦言隨處體認天理爲求之于外，是終不可強之使合也。先生大意，謂陽明訓格爲正，訓物爲念頭，格物是正念頭也，苟不加學問思辨行之功，則念頭之正否未可據。夫陽明之正念頭，致其知也，非學問思辨行，何以爲致？此不足爲陽明格物之說病。先生以爲心體萬物而不遺，陽明但指腔子裏以爲心，故有是內而非外之誚。然天地萬物之理，不外於腔子裏，故見心之廣大。若以天地萬物之理即吾心之理，求之天地萬物以爲廣大，則先生仍爲舊說所拘也。天理無處而心其處，心無處而寂然未發者其處，寂然不動，感即在寂之中，則體認者，亦唯體認之於寂而已。今曰隨處體認，無乃體認於感。其言終覺有病也。（〈甘泉學案〉）

這段文獻細究起來，可以突顯許多理學史上的重要問題。首先宗羲指出了甘泉與陽明各別立宗旨、主教事的時候，已有調和二家宗旨的論調，則甘泉似與陽明同調之處干係不小。但是二位先生往來書信的內容或是講學語錄，都可見到對於對方學說有明確的負面批評，則又不能無視於二者的衝突。其實任何二個不同的生命個體，各自所展現的辭氣文理就決不可能完全一樣，表現在學理上固然有可能整理出一些大的同調之處，但除非二人文獻是彼此抄書，不然其中差異就知識的標準來看還是可以有所檢別。從湛、王二先生之間的相互批評固然可顯見衝突，但這個衝突卻不一定純然是知識學理上的問

題，文人意氣之爭是我們無法完全排除的因素。作爲一個現代讀者，我們當更謹慎地從湛、王二人其他大部分的言論當中去檢別異同。正如引文中黃宗羲爲陽明答辨，認爲甘泉對陽明的理解基本上就不準確，其批評自然是矢不中的。

接下來黃宗羲對甘泉提出批評：「先生以爲心體萬物而不遺，陽明但指腔子裏以爲心，故有是內而非外之誚。

然天地萬物之理，不外於腔子裏，故見心之廣大。若以天地萬物之理即吾心之理，求之天地萬物以爲廣大，則先生仍爲舊說所拘也。」錢穆先生《陽明學述要》中解讀這段文獻認爲：「一個說天地萬物之理即吾心之理，和一個說吾心之理即天地萬物之理，看似一樣，實有極大的歧趨，這本是朱、陸兩家的老爭點。」（《陽明學述要》，頁 26）「理即心」與「心即理」看起來像是倒語，其中卻隱含了不同的工夫意義在裡頭。天理即吾心之理，又物物中皆有天理，心欲得理則向物物求之。反過來，吾心即天理，心欲得理則自求可得，不假外求。以「理即心」與「心即理」來分判朱、陸或湛、王，到底恰不恰當呢？朱、陸的部分我們暫且不去討論。黃宗羲此處似乎是在爲陽明說話，而批評「理即心」的說法，但是陽明自己的文獻裡對「理即心」或「心即理」卻主張調和的意見：

> 世儒之支離，外索於刑名器數之末，以求明其所謂物理者，而不知吾心即物理，初無假於外也。佛、老之空虛，遺棄其倫事物之常，以求明其所謂吾心者，而不知物理即吾心，不可得而遺也。（〈象山文集序〉）〔註29〕

陽明「物理即吾心」與「以天地萬物之理即吾心之理」幾乎是同義語，則宗羲此辨不切可知（今人常以「心即理」爲陸、王心學，以「性即理」爲程、朱理學，陽明既不可單憑「心即理」來看，則此說已失於粗闊。又陳白沙可符合「心即理」之說，而陽明之學豈同於白沙？若是如此，則陽明與白沙在工夫動靜觀的嚴重差異將不能解釋）。宗羲說：「夫陽明之正念頭，致其知也，非學問思辨行，何以爲致？」則陽明之學不可無學問思辨等知識活動可知。宗羲既已明陽明乃「即物」推致其良知，則甘泉「隨處」二字亦未必爲病。此處宗羲說甘泉「仍爲舊說所拘」，亦不當理解爲「黃宗羲認爲甘泉學說與舊

〔註29〕明・王守仁撰，吳光、錢明、董平、姚延福編校：《王陽明全集》（上海：上海古籍出版社，1992 年 12 月）卷七，頁 245。

說無異」，宗羲只是認爲甘泉未能盡脫舊說影響而已。於別處宗羲又說：

> 先生〔李經綸〕與王、湛之學異者，大旨只在窮理二字。然先生之所
> 謂理者，制度文爲，禮樂刑政，皆是枝葉邊事，而王、湛之所謂理，
> 則是根本。根本不出一心，由一心以措天地萬物，則無所不貫，由天
> 地萬物以補湊此心，乃是眼中之金屑也。（《明儒學案·諸儒學案中》）

由此可知，黃宗羲其實還是認爲，甘泉的工夫論合於「理」、「心」本體，是
「根本」之學，甘泉的「隨處體認天理」並非專求聞見之末，非「由天地萬
物以補湊此心」，而是「窮此心之萬殊」的本體工夫。這與上述引文中宗羲論
甘泉曰「若以天地萬物之理即吾心之理，求之天地萬物以爲廣大，則先生仍
爲舊說所拘也」的說法似乎又有差別。又宗羲評述甘泉弟子唐樞時言：

> 唐樞字惟中，號一菴，浙之歸安人。嘉靖丙戌進士。除刑部主事。
> 疏論李福達，罷歸。講學著書，垂四十年。先生初舉於鄉，入南雍，
> 師事甘泉。其後慕陽明之學而不及見也。故於甘泉之隨處體認天理，
> 陽明之致良知，兩存而精究之。卒標「討眞心」三字爲的。夫曰眞
> 心者，即虞廷之所謂道心也。曰討者，學問思辨行之功，即虞廷之
> 所謂精一也。隨處體認天理，其旨該矣，而學者或昧於反身尋討。
> 致良知，其幾約矣，而學者或失於直任靈明。此討眞心之言，不得
> 已而立，苟明得眞心在我，不二不雜，王、湛兩家之學，俱無弊矣。
> 然眞心即良知也，討即致也，於王學尤近。第良知爲自然之體，從
> 其自然者而致之，則工夫在本體之後，猶程子之以誠敬存之也。眞
> 心蔽于物欲見聞之中，從而討之，則工夫在本體之先，猶程子之識
> 仁也。陽明常教人于靜中搜尋病根，蓋爲學胸中有所藏躲，而爲此
> 言以藥之，欲令徹底掃淨，然後可以致此良知云爾。則討眞心，陽
> 明已言之矣，在先生不爲創也。（〈甘泉學案〉）

唐樞的「討眞心」，是一種自覺地繫合「學、問、思、辨、行」與「反身操持」
的工夫論。黃宗羲似乎認爲「討眞心」乃調和王、湛「不得已」而發者，而
只要能時時掌握眞誠內省的態度，則王、湛二家的教法都不會產生弊病。又
「討眞心」近似陽明所謂「致良知」工夫。則黃宗羲在眞本體、眞工夫的意
義上，對於王、湛都給予肯定，但若要細究王、湛同異，則宗羲更肯定陽明。
因爲陽明的「致良知」實已兼該內、外；「學、問、思、辨、行」與「反身操
持」，是一種簡明完整的工夫論。至於宗羲認爲甘泉學的瑕疵，應該就是從所

謂體認於「感」或「寂」的問題。上述引文中評甘泉有言：

> 天理無處而心其處，心無處而寂然未發者其處，寂然不動，感即在寂之中，則體認者，亦唯體認之於寂而已。今日隨處體認，無乃體認於感。其言終覺有病也。（〈甘泉學案〉）

又宗羲評述甘泉弟子洪垣時言：

> 先生謂體認天理，是不離根之體認，蓋以救師門隨處之失，故其工夫全在幾上用。……先生調停王、湛二家之學，以隨處體認，恐求理於善惡是非之端，未免倚之於顯，是矣。（〈甘泉學案〉）

則黃宗羲認為甘泉工夫論有「體認於感」、「倚之於顯」的毛病。本文並不肯定黃宗羲此處的判斷。甘泉與陽明的差別，用「體認於感」、「體認於寂」的說法不夠準確，二先生皆嘗點明動靜合一，不主靜（坐）的意見，又不大以「寂」、「感」為言說，則以「寂」、「感」為辨似又著力不定。但至少我們可以確定的是，黃宗羲並沒有截決地將王、湛之學作分判，換言之黃宗羲認為王學、湛學在義理上大致可以相通，其中差別絕對不是簡單的對立。只是甘泉的立言、教法，總不如陽明般準確簡明，而帶著些缺點或毛病。所以，我們可以說，黃宗羲認為甘泉學大致正確，但並不完美。

　　在黃宗羲的評述中，我們不能很明確地看出他對於甘泉學說具體、細部的批評。本文以黃宗羲所說的明學特色為觀點，亦認為甘泉學當可滿足所謂明學特色的要求，甘泉學不論在本體論與工夫論上，都與朱子學有明顯的差異。甘泉學案中選錄了甘泉的論著、書信、語錄，除了是黃宗羲自己的觀點之外，這些文獻又構成了一般學人對甘泉學說的基本認識。

三、現代學者的研究成果

　　現代學者對甘泉理學研究成果的方面，早先多集中在一些思想通史的著作中為章節，舉如容肇祖的《明代思想史》；〔註30〕錢穆的《陽明學述要》、《宋明理學概述》；唐君毅的《中國哲學原論原教篇》，〔註31〕大陸地區舉如侯外廬等人主編的《宋明理學史》。〔註32〕此外又有一些專論甘泉交遊、思想的單篇論文，

〔註30〕 容肇祖：《明代思想史》（台北：臺灣開明書店，民國71年7月臺六版）。
〔註31〕 唐君毅：《中國哲學原論原教篇》（台北：臺灣學生書局，民國79年9月全集校訂版）。
〔註32〕 侯外廬、邱漢生、張豈之主編：《宋明理學史》（北京：人民出版社，1987年6月）。

可見於參考書目。這些都屬於短篇論述。此外有陳郁夫的《江門學記》，〔註33〕其中白沙學述與甘泉學述，對於甘泉思想有較爲詳細的論述。其中江門學譜爲白沙與甘泉的年譜，將許多相關文獻作繫年，提供後人研究很重要的參考。再來就是幾部以現代學位論文格式寫成的甘泉專家思想研究。〔註34〕

幾部後來的學位論文認爲，早先短篇論述對於甘泉理學思想內涵講得不夠明確，〔註35〕其中黃敏浩認爲前人對甘泉思想中「一致性的基本預設」仍揭露不足；〔註36〕而喬清舉與賴昇宏則指出前人對於甘泉的思想史定位莫衷一是，或將甘泉屬朱，或屬陸，或爲二者過渡，而形成截然相反的認識。〔註37〕這些不同的派別定位在他們看來是不可相容並存的衝突。其實，人文學的研究成果從來都是紛云不一的，每個研究者在詮釋作品時所使用的語言脈絡也難盡同。派別定位本來就不見得是嚴格的說法，將朱、陸視爲水火不容、完全異質不通的對立面，亦可能是過度簡化的結果，前人如唐君毅、錢穆等等就常從會通處看朱陸問題，前人即使對甘泉有屬朱或屬陸的不同定位，亦不能代表前人對於甘泉的理解爲南轅北轍。前人研究的異同處當從其對甘泉思想內容的解釋去看。「夫先儒之語錄，人人不同，只是印我之心體，變動不居，若執成定局，終是受用不得。」（《明儒學案·序》）人文學中，前人研究成果必然莫衷一是，取其啓發借鑑則可，刻意求同則不必。早先分散的短篇論述，不是以現代論文格式寫成的研究，但其中內涵或精闢周延，實開啓後人範圍。

幾部學位論文，由於與本文體例、性質相等，就當代學術的規範，必須要略作評述，以明本文研究的意義。

黃敏浩《甘泉的生平及其思想》沿用、發展了甘泉學案中以「湛、王論爭」入手的方法，並証諸其他，歸結出甘泉思想的特點，是「勿忘勿助」、「知

〔註33〕陳郁夫：《江門學記》（台北：臺灣學生書局，民國73年3月）。

〔註34〕最早是黃敏浩：《湛甘泉的生平及思想》（台北：國立臺灣大學中國文學研究所碩士論文，民國77年5月）；其次是潘振泰：《湛若水與明代心學》（台北：國立臺灣師範大學歷史研究所碩士論文，民國81年6月）；同時有北大哲學所博士論文，喬清舉的《湛若水哲學思想研究》（台北：文津出版社，民國82年3月）；而後是賴昇宏：《湛甘泉理學思想之研究》（台北：中國文化大學中國文學研究所碩士論文，民國87年6月）。

〔註35〕除上註潘振泰外，其他三部學位論文均於前言或緒論中提到欲釐定前人未定的甘泉思想地位。

〔註36〕參見於：黃敏浩：《湛甘泉的生平及思想》第一章前言，頁3～4。

〔註37〕參見於：喬清舉：《湛若水哲學思想研究》引言，頁14；賴昇宏：《湛甘泉理學思想之研究》第一章緒論，頁1。

行並進」、「有善無惡」三點，正對比於陽明的「必有事焉」、「知行合一」、「無善無惡」等。而甘泉背後的預設是「心性相即」型態，既不同於陽明的「心性同一」，又不同於朱子的「心性合一」，恰介於二者之間，而可通過「辨證的貫通」加以會通。在生平方面，黃敏浩參考古今多種甘泉的傳記資料，於異同處常加以考辨，體例嚴謹周延，對後人研究甘泉生平助益不少。

潘振泰《湛若水與明代心學》，提出在明代理學中，有所謂程朱理學的「舊學」與陸王心學「新說」二派，而甘泉置身於心學陣營，又難以擺脫舊說影響，所以甘泉最能反映出明代心學家面臨的時代性問題。故潘振泰以甘泉的學行和思想，看甘泉對白沙的改造，與對陽明的互動，以點出明代心學由隱微到昌盛的過程中，不斷面對著程朱舊學的壓力並回應。則潘振泰更從思想史的角度作觀察，在湛、王比較之外，又提到甘泉與明初理學家、白沙的比較。這種研究方式，可突顯研究甘泉在我們理解明代理學發展的重要性。對甘泉的思想內容，潘振泰認為甘泉在「人心與天理」的想法駁雜不一，從而在工夫論上游移於朱、陸之間，將白沙的「自然」置在程朱「主敬」的規範下。

喬清舉《湛若水哲學思想研究》是大陸地區的博士論文。書中附錄有《甘泉的生平、著作考》，對甘泉著作有一番詳細的考證，為前人所無的貢獻。其中分析了幾種不同版本的甘泉文集，認為最完整的版本是北圖所藏的「萬曆七年本」，比臺灣能見的通行本內容豐富許多。對於甘泉的哲學思想，喬清舉大抵分本體論與工夫論二大部分討論，其中又分為精細複雜的節目，認為甘泉在本體論上突破於程朱，在工夫論上則糾正程朱與陽明，從而是突破理學又吸收理學，主張心學又糾正心學的體系。喬清舉認為，甘泉的良知可以分析，是與天理一致的能動作用；陽明的良知不能分析，是一個純粹的道德主體。其次又對於甘泉門人學傳有簡單的敘述，尤其提到劉宗周與甘泉的三傳關係與學說相近之處。本書涉及完整，取材豐富，於義理分析細緻，亦為後人研究的重要參考。此外，本書有前面有喬清舉的指導老師——朱伯崑先生的序，對甘泉思想亦有見解，認為湛、王大同小異，此則不盡同於其弟子。

賴昇宏《湛甘泉理學思想之研究》，寫成在前述三本論文研究之後，對於甘泉的生平、理學內容與思想史意義都有照顧，尤其具體地論述了明初理學家的概況，並對於甘泉門人學傳亦有較詳細的敘述，並在結論中點出甘泉對後學的可能影響。在甘泉思想方面，分理氣論、心性論、修養論三項。理氣

論方面又處理了甘泉與羅欽順的比較。對於王學與湛學亦作比較。最後認為甘泉工夫是嘗試由「認知心」到「道德心」的轉化，由於「認知心」與「道德心」分屬不同範疇，則甘泉此項嘗試實不可行。

　　從前人對甘泉的專論中，我們可以發現，甘泉的學行與思想在明代理學史上有重要的意義，處理甘泉則不能避免與陽明的對比。尤有進者，更將甘泉對比於白沙以及明初其他理學家，藉以更突顯甘泉的思想史定位。上述研究中往往預設了明初理學中，有所謂程朱理學與陸王心學的分別，且幾乎為截然對立。一言性即理，一言心即理，在工夫論上一則認知外索與主敬分立，一則反求即是。而甘泉介乎二端，或認為甘泉思想駁雜，或認為甘泉思想仍有「一致性的預設」。此外，甘泉生平與著作的考述，可說已具有相當豐富的成果。

　　討論至此，一個嫻熟當代學術規範的讀者，必然會提出一個疑問，即：「本文研究有何不同價值？」本文大體結構的確不出前人範圍，對於甘泉的生平、思想內容、比較及思想史定位，都有處理。這種情況並非一味沿襲，而是處理像甘泉這樣一位有思想史意義的理學家，要想對於其人思想有較為周延的把握，就必然得考慮、處理這些項目，甘泉學案早已有這樣的架構，不必以同於前人為嫌。在生平部分，本文實未能有特殊超越之處，因為材料幾乎相同，前人早有靈活的創意與嚴謹處理的成果。稍有不同之處有二，一則在於利用現今更為方便的檢索系統，〔註38〕試著挖掘一些前人未曾引述的有用文獻。二則試著努力將甘泉的部分生平，置入於更廣大的背景中，如政治環境，冀以在更深入的瞭解下，提出評論。其實不同的研究者對同一個人的生平研究，自有不同的觀察焦點。本文試著從生平資料中，看出甘泉的性格，藉以參照瞭解他學術、思想的性格。

　　在思想內容與比較上，本文有不同的觀點與處理。第一點，本文不採取明代有所謂程朱理學與陸王心學的斷然判別。明代理學確實有異於前代的特色，但本文以上述黃宗羲所提出者為觀察，避免將其中差別過於簡化，而有水火不容的理解，如「認知心」與「道德心」。對於明代理學中「舊說」與「新說」的分別可能來自於《明史·儒林傳》：〔註39〕

　　　　原夫明初諸儒，皆朱子門人之支流餘裔，師承有自，矩矱秩然。曹

〔註38〕如：《明代傳記叢刊》、《文淵閣四庫全書電子全文檢索》等。
〔註39〕引文版本：清·張廷玉等：《明史》（北京：中華書局，1974 年 4 月）。

端、胡居仁篤踐履,謹繩墨,守先儒之正傳,無敢改錯。學術之分,
則自陳獻章、王守仁始。

而《明儒學案・姚江學案》云:

有明學術,從前習熟先儒之成說,未嘗反身理會,推見互隱,所謂
此亦一述朱,彼亦一述朱耳。……自姚江〔陽明〕指點出「良知人
人現在,一反觀而自得」,便人人有個作聖之路。故無姚江,則古來
之學脈絕矣。

但黃宗羲未將「述朱者」與「陽明」斷然為嚴重區別,其言曰:

以程朱一派為正統,是矣。薛敬軒、吳與弼、陳勝夫、胡敬齋、周
小泉、章楓山、呂涇野、羅整庵、魏莊渠、顧涇陽、高景逸、馮少
墟十餘人,諸公何以見其滴骨程朱也。如整庵之論理氣,專攻朱子,
理氣乃學之主腦,則非其派下明矣。莊渠言:「象山天資高,論學甚
正,凡所指示,坦然如由大道而行,昔疑其近於禪學,此某之陋也。」
若使朱、陸果有異同,則莊渠亦非朱派。(《南雷文定前集》卷四,〈移
史館不宜立理學傳書〉)

則宗羲又不認同將朱、陸視作相反對立的二端。所以,我們對於不同理學家
的比較應該有更具體、更細緻的把握。二分法有時只是方便我們辨別與記憶,
本文一開始所引述到黃宗羲用「道問學為主」、「尊德性為宗」區分朱、陸即
是如此,但又不必推致太過,「為宗」、「為主」等用語雖點出其大致差別,然
並未推二者為非彼即此、水火不容的關係。我們對理學家思想的掌握應該儘
量以人為主,儘量掌握他的整體精神,而不只是以若干命題為主。

第二點,本文不欲將甘泉思想作過於系統化的處理,因為甘泉並未自覺樹
立一套繁複的邏輯系統,而且甘泉思想文獻多為語錄、書信及其他應用文,多
緣境而發,非刻意著述成書者。其次,甘泉自述其工夫與本體實不可分,〔註40〕
此亦為本文特別提點者,則分論已屬強分,自然不當推之過細。再來,就現實
材料來看,甘泉思想文獻多涵融語,引文敘述時難於分離。相對而言,《朱子語
類》分為「理氣、太極、天地」、「鬼神」、「性理」、「學」等名目,自是文獻性
質有不同者。又如《象山文集》與《傳習錄》即難以析分。

第三點,在不夠瞭解西方哲學的情況下,避免使用西哲詞語如「主體性」、
「形上學」等等。但這並不表示本文未曾接受或拒絕西方哲學的影響。事實

〔註40〕 詳見第四章「甘泉心學的本體論與工夫論」。

上，本文亦受惠於西方「哲學詮釋學」的啓迪，〔註41〕從而嘗試不用「道德主體性」去解釋儒家心性學。而且在研究方法、若干行文語氣上受到影響。

第四點，研究甘泉必然牽涉比較，尤其是湛、王的比較。本文對陽明的瞭解與上述學位論文不同，〔註42〕則比較的結果自然會有出入。而且本文將不完全採信湛、王論爭書信的字面意思，因爲二人書信往來實帶有意氣之爭，甘泉尤是。〔註43〕陽明曾曰：「書札往來，終不若面語之能盡，且使人溺情於文辭，崇浮氣而長勝心。」此即指甘泉而言。湛、王二人的往來爭論不能排除文人意氣的成分，與其將這些文獻視爲理解甘泉的起點，不如與其他文獻並列參考。〔註44〕而且，展示甘泉學說內容也不必處處從湛、王的比較入手，這樣的作法，似乎將甘泉學問精神只視爲陽明的反對派，縮小了甘泉學的品格與關懷。

第五點，不同研究者對同一個題材處理的問題意識不同，則結論亦難盡同，所得於心的體會更是不同。本文問題意識已見於上，即知識學問、歷史在儒學成德論的意義，以及相應世界觀的預設等問題。於本體論上，本文提出「氣一本論」，強調以氣爲本的理氣論，呼應以心爲本的心性論，亦即是以工夫爲本的本體論。於工夫分論上，尤其特殊之處在於用孟子「知言養氣章」的架構突顯甘泉學說，其中又點出「知言」工夫的特殊意義。本文研究無法取代前人成果，但也許能成爲一偏之見。

第三節　研究方法說明

本論文研究的是明代理學家湛甘泉的心學思想，屬於專家思想研究。題目定爲「心學思想」而不是「理學思想」，是出於甘泉自己所標榜：

> 夫聖人之學，心學也。如何謂心學？萬事萬物莫非心也。《記》曰：
> 「人者天地之心」，如何謂天地之心？人與天地同一氣，人之一呼一

〔註41〕具體說，有：袁保新：〈盡心與立命——從海德格基本存有論重塑孟子心性論的一項試探〉，收於：李明輝主編：《孟子思想的哲學探討》（台北：中央研究院文哲研究所籌備處，民國84年）；以及：洪漢鼎：《詮釋學——它的歷史和當代發展》（北京：人民出版社，2001年9月第一版）。

〔註42〕可參見第五章關於王陽明的部分。

〔註43〕前人研究中對於甘泉與陽明書信已不完全採信，如錢穆《宋明理學概述》，頁292～296；唐君毅《中國哲學原論原教篇》，頁361～362。

〔註44〕可詳見第三章「甘泉的生平與交遊」。

吸與天地之氣相通爲一氣，便見天地人合一處。（卷二十・講章・泗
洲兩學講章，57-57）

「心學」一詞可溯源至宋代，《黃氏日鈔》中已有評述。心學屬於理學中的一
個特色，非在理學之外。作狹義解者，別立於程朱理學之外有所謂陸王心學。
然又有將「心學」作廣義解，謂儒學皆重於心地工夫，則總括孔、孟、荀、
程、朱、陸、王皆爲心學。〔註 45〕《明史》將甘泉入於儒林傳二，與儒林傳
一有別，又曰：「時天下言學者，不歸王守仁，則歸湛若水，獨守程、朱不變
者，惟柟與羅欽順云」（《明史・儒林傳一》），則就《明史》近於狹義的眼光
來看，甘泉不能屬程朱理學。若就廣義的眼光與甘泉自述來看，「甘泉心學」
一語亦成立正當。其實甘泉與陽明同時，又稍爲年長，我們不該以狹義的「陸
王」去衡定甘泉是否同屬心學。況且在陽明之前早有「心學」一詞，雖有如
《黃氏日鈔》將「心學」視作異端，然亦有將「心學」視同於理學者。〔註 46〕
我們沒有任何反證，認爲甘泉學不屬於心學。

　　專家思想研究的作法，基本上是從個別人物的生平、著述等文獻資料當
中，勾玄出一些主要的端點，並條理成相互統系的結構，以爲該專家思想的
大體呈現。這種基本作法重在結構性。如果我們將這個結構，放置於更廣大
的時間、空間條件等理解脈絡當中，便可將這分知識結構作歷史性的展演，
從而達到更爲豐富、鮮明的理解。質而言之，一切的理解都是解釋，都是用
彼物認識此物，都是在經驗、在語言活動中進行者。心中理會是如此，發爲
言、行於文，亦是如此。所以，一切理解都需要用一些「相類從」的語詞，
這些相類從的語詞來自於我們研究者的日常生活與閱讀經驗。本文標榜的歷
史性作法，是強調在進行專家思想研究時，加入一些與該專家時空條件、思
想條件相關相近的知識內容，以寬廣理解。具體來說，本文研究的是明代理

〔註 45〕 錢穆即倡廣義解，將「心學」用於孔、孟、荀與宋明儒者。參見：〈孔子之心
　　　　學〉，收於《錢賓四先生全集》（台北：聯經出版社）。
〔註 46〕 如：宋・胡宏《知言》（文淵閣四庫全書本）卷三：「人之所以惡死者，亦以
　　　　欲也。生求稱其欲，死懼失其欲，憧憧天地之間，莫不以欲爲事，而心學不
　　　　傳矣。」又如宋代《木鐘集》（文淵閣四庫全書本）：「下學中天理便在，此無
　　　　兩個塗轍，此心學也。」又如明永樂《性理大全》（文淵閣四庫全書本）卷三
　　　　十二：「臨川吳氏曰：心學之妙，自周子程子發其秘，學者始有所悟。」又與
　　　　甘泉同時的夏良勝：《中庸衍義》（文淵閣四庫全書本）云：「自堯執中之訓，
　　　　而後有建中、建極之論。自堯舜精一之傳，而後有協一、純一、一貫之統。
　　　　皆不外乎一心，故曰：道學也者，心學之謂也。」

學家湛甘泉的心學思想，而意圖加入理學史的眼光。這裡的「理學史」不只是針對理學家們著述中的學說體系而言，而更要考慮理學家們的時代生活。理學家們的思考活動永遠都與他們的生活有關，理學史學說的問題思辨只是他們生活中的一部分，而他們的理學學說卻是立基於整體的生活經驗。

本文是對傳統學術的研究，其中所用的語詞、概念或研究方法，將儘量從我們自己傳統的文獻中找到依憑。在不夠深入瞭解西方理論的情形下，本文認爲，作爲一個當代的中文生活者，從同樣是中文的傳統文獻裡，閱讀所得的語詞、概念，用在理解解釋傳統的作品上，有某種「內証」的意義。當然我們得用更多的是現代人日常使用的語詞。上一輩的學者面對的問題與任務是中西學術的比較、會通，而我們現在多了一個新的問題，就是對傳統知識的陌生與疏離。用這種「內証」的方法，是本文對熟悉傳統知識的一點努力。

本文歷史性的作法一方面要看出甘泉心學內涵的寬廣意義，一方面於異同對比中，試圖看出理學共通的精義；或者說，看理學的精義在甘泉這裡是如何地展現，由殊途見同歸。如果在這個研究中，能夠超越「窮萬物之萬殊」的思辨工巧，而達到「窮此心之萬殊」的本體工夫，那就不是本文所敢妄許者。

本文的敘述，將先交待「甘泉的時代學術環境」，指出甘泉學承及其面對的學風、學術問題，而更欲章顯甘泉在理學史上的意義。其中分爲三個部分，一是「明初政教關係分合」，二是「朱子理學大要及反省」，三是「甘泉之前的明代理學」。明初政教關係的分合，影響了明代中期的學術風氣與知識分子的生活、出處態度，甘泉亦承此影響。明初的政教措施，其中一項是確定以朱學作爲科舉考試的標準，〔註47〕故朱學是絕大多數讀書人用力、講習的對象；又加上朱學本身集理學大成，實開奠定後世理學討論的基本規模，逐可說是明代士子對理學的基本認識，他們要在理學上有創獲，便離不開對朱學的反省或突破。則朱學大略條目亦爲甘泉所面對的理學題目。所以，對朱子理學大要有所把握，才能站在明代理學家基礎視野上，討論他們的反省與突破，也才能具體深入地看出明代理學的獨特之處。這裡所講的朱學，雖然仍偏向朱子本身的文獻內容而言，但明初學者所感受到的朱學並不僅僅是如此，而是他們的舉業之學。舉業之學屬於官方，自永樂、宣德後，一些理學家處於在野、隱退的姿態，以清修、講學爲事，便與朝廷功令形成一種疏離的關係。他們的學問態度已不甚追求書本的知識講習，而偏向身心實踐的省

〔註47〕此說成立亦經周折，可詳見於本文第二章。

察修養，其立說內容也漸異於朱子風格，開出了一種新風氣。甘泉學承即由此出。所以本文又處理了甘泉之前的幾個重要的理學家及其學說大要，以更具體地托出長養甘泉學說的理學氛圍。

甘泉棄舉業、從學白沙，到後來復出登進士第，倡「二業合一」（德業與舉業），展開長久順利的仕途，終身設學、講學不輟，這些作為相較前輩又有了轉變。這一點，與陽明一方面積極參與政事，一方面隨處民間講學的方式是相同的。在出處去就之間，甘泉與陽明有一種新變於前輩的展現。這種精神反映在學說內容上，可能是強調心、物；內、外；動、靜合一的貫徹。所以本文繼之以交待「甘泉的生平與交遊」，除了是知人論世的基本掌握，更欲以明其時代意義。其中將特別點出甘泉與陽明的交遊與論爭，以明二人論爭實帶有意氣，辯論內容不必完全加以深論。關於二人差異，將據其他材料於後文論之。有了這些準備，接著將正式敘述甘泉心學的思想內涵，從本體與工夫的分論中，展示甘泉心學大概。繼之以比較會通的討論，確定甘泉心學的思想史意義。

如第一節「問題意識與研究動機」中所述，本文在敘述不同理學家的學說內容時，都將以本體、工夫分論為架構；在處理思想史意義時，以黃宗羲所提的明學特色為重要的依據。在面對每一個思想家時，冀能「不以文害辭，不以辭害志，以意逆志」，去看出一個思想家生命學問的關懷與精采，避免過分地用系統性計較其字句枝節，察於秋毫之末而不見大體。其中不同思想家的異同比較，除了學說上相互辨明的意義之外，也希望從中勾勒出思想史的痕跡。

思想史上充滿了人與人的爭議，無論是同時代、相際會的，還是不同時代的，這些爭議都曾反歸為內心的衝突感。〔註48〕陳白沙語：「前輩謂學貴知疑，小疑則小進，大疑則大進。疑者，覺悟之機也。一番覺悟，一番長進，更無別法也，即此便是科級，學者須循次而進，漸到至處耳。」白沙所說的「疑」，就是這分衝突感。在裁量這分衝突感的同時，我們也衡定了自己的分位，甚至可能認識到自己的方向。貴疑，並非為了樹異於他人，而是強調自我真誠地投入與抉擇。於是，不同思想家的學說就當有不同的趣味或情調。黃宗羲說：

〔註48〕此義參考、啟迪於：周師志文：〈迴音壁旁的爭議〉，這篇文章為《晚明學術與知識分子論叢》（台北：大安出版社，1999年3月）一書自序。

> 盈天地皆心也，變化不測，不能不萬殊，心無本體，工夫所至，即
> 其本體。故窮理者，窮此心之萬殊，非窮萬物之萬殊也。是以古之
> 君子，寧鑿五丁之間道，不假邯鄲之野馬，故其途亦不得不殊。奈
> 何今之君子，必欲出於一途，使美厥靈根者，化爲焦芽絕港。夫先
> 儒之語錄，人人不同，只是印我心體，變動不居，若執成定局，終
> 是受用不得。（《明儒學案‧序》）

面對各家學說的千差萬殊，我們不必過於設定單一的理論標準去貶斥其他，
因爲那些差異的背後，可能是不同的心靈，在體會道德、闡述道德上所作的
努力。有些思想家的學說也許不夠精采動人，但只要他是眞誠的，他的學說
就至少獨具一個可貴的意義。理學家的學說往往當作一種教法，不同的教法，
適合不同的情況。我們希望用更爲中庸體貼的眼光，在歷述哲人先進之後，
試著掌握自己心靈的方向。

第貳章　甘泉的時代學術環境

第一節　明初政教關係分合

　　明太祖本為布衣起事，於學術文明所識甚淺，然用功自修，竟能通曉文義。開國之初，懲元季廢弛，立法定制，治尚嚴峻。復獎掖學術，信用儒者。

　　首言獎掖學術。洪武初，立府、州、縣學，其入國學者可得官，為天下遍設學校之始。〔註1〕國學分六堂以館諸生，曰率性、修道、誠心、正義、崇志、廣業。所習自四子、本經之外，兼及劉向說苑及律令、書、數、御制大誥。衣冠、步履、飲食，必嚴飭中節。其教育內容主儒學經術，兼及言行舉止。觀其標榜四書，與夫六館名目，則基礎義理要為所重。於學校外又設科舉。洪武三年詔曰：「漢、唐及宋，取士各有定制，然但貴文學而不求德藝之全。前元待士甚優，而權豪勢要，每納奔競之人，夤緣阿附，輒竊仕祿。其懷材抱道者，恥與並進，甘隱山林而不出。風俗之弊，一至於此。自今年八月始，特設科舉，務取經明行修、博通古今、名實相稱者。」由是而制定八股文取士。《明史・選舉志》載：

> 科目者，沿唐、宋之舊，而稍變其試士之法，專取四子書及易、詩、書、春秋、禮記五經命題試士。蓋太祖與劉基所定。其文略仿宋經

〔註1〕　參見：《明史》之太祖本紀。又：孟森曰：「學校之制，至明而始普及，且為經制之普及。古時祇有國學、郡縣學。守令得人則興，去官輒罷。或因尊師而設書院，皆人存政舉之事。洪武元年7月，帶刀舍人周宗上疏，請天下府、州、縣開設學校。上嘉納之。是為天下遍設學校之始。」（孟森：《明清史講義》（台北：里仁書局，民國71年9月），頁49。）

> 義，然代古人語氣爲之，體用排偶，謂之八股，通謂之制義。……
> 四書主朱子集註，易主程傳、朱子本義，書主蔡氏傳及古註疏，詩
> 主朱子集傳，春秋主左氏、公羊、穀梁三傳及胡安國、張洽傳，禮
> 記主古註疏。

傳統儒學中本有對天人性命等義理基礎的講論，四子書可屬此類。理學就是本於傳統義理，又回應、吸收釋道思想，而發展出來的學問。理學在儒學中本屬基礎性的部分，理論層級較高，具有領導學術的效果。朱子集理學大成，學說規模弘大，理學中探討的主要題目、基本概念，可說都爲朱子所整理奠定。甚至理學的「理」，亦可說是在朱子手上才告確立的講法。太祖仍元舊，以朱子《四書集註》作爲科考要項，則能大力促進理學的講習與傳播，而理學亦當在一定程度上，作爲理解、詮釋五經的基礎。

太祖又信用儒者，樂聞儒術之言。《明史‧儒林傳》載太祖下婺州時召范祖幹事：

> 祖幹持《大學》以進，太祖令剖陳其義，祖幹謂帝王之道，自修身
> 齊家以至治國平天下，必上下四旁，均齊方正，使萬物各得其所，
> 而後可以言治。太祖曰：「聖人之道所以爲萬世法。吾自起兵以來，
> 號令賞罰，一有不平，何以服眾。夫武定禍亂，文致太平，悉是道
> 也。」深加禮貌。

又如《明史‧宋濂傳》載：

> 〔太祖〕車駕祀方丘，患心不寧，濂從容言曰：「養心莫善於寡欲，
> 審能行之，則心清而身奉矣。」帝稱善者良久。嘗問以帝王之學，
> 何書爲要，濂舉《大學衍義》。乃命大書揭之殿兩廡壁。

書《大學衍義》於兩廡壁，以示時時誦覽提醒之義。由此可見太祖尊重儒者，推崇儒術。雖然太祖對文人切加禮遇招納，但事實上明初文人對於朝廷多採取一個疏離的態度。上舉范祖幹，與葉儀同受召婺州，然祖幹以親老辭歸，儀以老病辭，皆不仕而去。試觀《明史‧儒林傳》洪武間人物，幾無一人願受官職。文學如楊維楨，《明史‧文苑傳》載：

> 洪武二年，太祖召諸儒纂禮樂書，以維楨前朝老文學，遣翰林詹同
> 奉幣詣門，維楨謝曰：「豈有老婦將就木，而再理嫁者邪？」明年，
> 復遣有司敦促，賦〈老客婦謠〉一章進御，曰：「皇帝竭吾之能，不
> 強吾所不能則可，否則只有蹈海死耳。」帝許之，賜安車詣闕廷，

　　留百有一十日，所纂敍例略定，即乞骸骨。帝成其志，仍給安車還
　　山。史館胄監之士祖帳西門外，宋濂贈之詩曰：「不受君王五色詔，
　　白衣宣至白衣還」，蓋高之也。抵家卒，年七十五。

黃宗羲曾點出明初這種文人不仕的風氣：

　　國初〔明初〕之盛，當大亂之後，士皆無意於功名，埋身讀書，而
　　光芒卒不可掩。（《南雷文定前集・卷一・明文案序》）

清・趙翼亦有舉證析論：

　　明初文人多有不欲仕者。丁野鶴、戴良之不仕，以不忘故國也。他
　　如楊維楨，……蓋是時明祖懲元季縱弛，一切用重典，故人多不樂
　　仕進。……當時以文學授官，而卒不免於禍，宜維楨等之不敢受職
　　也。〔註2〕

趙翼又點出洪武文字之禍：

　　明祖通文義，固屬天縱。然其初學問未深，往往以文字疑誤殺人，
　　亦已不少。……時帝意右文，諸勳臣不平，上語之曰：「世亂用武，
　　世治宜文，非偏也。」諸臣曰：「但文人善譏訕。如張九四厚禮文儒，
　　及請撰名，則曰士誠。」上曰：「此名亦美。」曰：「孟子有『士誠
　　小人也』之句，彼安知之。」上由此覽天下奏章，動生疑忌，而文
　　字之禍起云。（《廿二史劄記》・明初文字之禍，頁740～741）

趙翼將這種風氣，主要歸因太祖猜疑殘忍的文字禍事，於楊維楨則不忘前朝
故也。然錢穆先生於〈讀明初開國諸臣詩文集〉〔註3〕中稍有不同的看法。除
文字禍外，錢先生又加強點出：明初文人一方面對元朝多有繫心懷念的情感，
一方面點出當時讀書人實對於起義之布衣草莽多有輕鄙之意，明祖亦其類
耳。即如開國名臣劉基、宋濂，初亦不得已而仕者。錢先生似乎任爲這種對
元朝更加推重的心情，更是明初文人多不意仕的主因。二家見解可並而不悖，
本文兼採之。元儒多隱逸山林，風氣因仍至於明，此又不可略者。

　　太祖以草莽起事，立國之初，亟欲徵求文人學士以爲建制。自身又能好
儒術，大抵禮遇賢士，寬納進言。唯納諫雖寬，拒諫之烈亦奇，其任性殺戮

〔註2〕　清・趙翼：《廿二史劄記》（台北：仁愛書局，民國73年9月）。「明初文人多
　　　　不仕」條，頁741～742。

〔註3〕　錢穆：〈讀明初開國諸臣詩文集〉，收於《中國學術思想論叢（六）》（台北：
　　　　蘭臺出版社，民國89年11月）。

諫臣亦有之。〔註4〕又創設學校，制定科目，提倡學術可謂不遺餘力。唯其時士風偏向隱逸疏淡，政、教之間實爲相即相離的關係。而太祖又始作錦衣衛設詔獄，又卒犯廷杖惡行，於士風有或打擊或激烈之效，要之能間政教關係。弔詭的是，政、教過於疏離者，固冷淡士風；政、教切於合一者，又未必能使士風高蹈厲節。〔註5〕

明初那種政教疏離氣氛的轉變，可以方孝孺爲代表。孝孺有〈後正統論〉，曰：

> 正統之名何所本也？曰：本於春秋。何以知其然也？春秋之旨雖微，而其大要，不過辨君臣之等，嚴華夷之分，扶天理，遏人欲而已。

〔註6〕

又其〈釋統〉三篇論正統與變統，中篇有：

> 朱子之意，曰周、秦、漢、晉、隨、唐皆全有天下矣，固不得不與之以正統。苟如是，則仁者徒仁，暴者徒暴，以正爲正，又以非正爲正也，而可乎？吾之說則不然。所貴乎爲君者，豈謂其有天下哉？以其建道德之中，立仁義之極，操政教之原，有以過乎天下也。有以過乎天下，斯可以爲正統。不然，非其所據而據之，是則變也。以變爲正，奚若以變爲變之美乎？故周也，漢也，唐也，宋也，如朱子之意則可也。晉也，秦也，隋也，女后也，夷狄也，不謂之變何可哉？（《遜志齋集》卷二）

孝孺大倡華夷之辨，正式以元爲變統。明代元而起，則固爲正統且所當效力者。據《明儒學案・師說》，劉宗周列方孝孺爲明儒第一人，稱曰：

> 神聖既遠，禍亂相尋，學士大夫有以生民爲慮、王道爲心者絕少。

> 宋沒，亦不可問。先生〔方孝孺〕稟絕世之資，慨焉以斯文自任。

此處亦以方孝孺爲明初開斯文風氣者。孝孺師事宋濂，濂又爲開國大臣，何宗周許孝孺而不取濂等？又黃宗羲將孝孺列在「諸儒學案」，不舉其師承。凡此皆可窺見明初學風至孝孺一變的消息。

太祖崩，惠帝即位，爲建文年，方孝孺受到極大的重用。《明史・方孝孺

〔註4〕 參考：孟森：《明清史講義》第二編・第一章・第三節「洪武年中諸大事」，據葉伯臣、李仕魯、陳汶輝、王朴等人事所論。（頁74）

〔註5〕 參考：孟森：《明清史講義》。

〔註6〕 參見：明・方孝孺：《遜志齋集》四部備要本（台北：臺灣中華書局，民國59年6月臺二版），卷二。

傳》載：

> 惠帝即位，召爲翰林仕講。明年遷仕講學士，國家大政事輒咨之。
> 帝好讀書，每有疑，即召使講解。臨朝奏事，臣僚面議可否，或命
> 孝孺就辰前批答。時修太祖實錄及類要諸書，孝孺皆爲總裁。更定
> 官制，孝孺改文學博士。

惠帝於讀書、政事多請益孝孺，甚至或命孝孺於帝座前批答臣議，禮遇尊重可見。時燕王朱棣起兵反，廷議討之，詔檄皆出孝孺之手。燕王起兵，自稱其師爲靖難，遂纂位爲明成祖，年號永樂。成祖將詔天下，命孝孺起草，孝孺不從而罵之，成組怒，命磔諸市，株連十族，坐死者凡八百四十七人。〔註7〕先是，成祖發北平，姚廣孝以孝孺爲託，曰：「城下之日，彼必不降，幸勿殺之。殺孝孺，天下讀書種子絕矣。」〔註8〕可見孝孺聲望。成祖靖難實爲纂位，乃不義之舉。命孝孺草詔，欲以其名獲取士人認同，無乃竟磔之，株連十族，要爲殘酷已極。摧折士風之鉅，可以想見，眞可謂絕天下讀書種子矣！成祖又復錦衣衛詔獄，更倚宦官設東廠，執御臣下眞是不擇手段。至此，天下之忠正誠實者益將疏離於朝廷，在朝者或隱忍全性，或昏瞶附聲，竟成大勢。

永樂間又頒定三大全書。《四書大全》、《五經大全》爲科考標準，因而廢註疏不用。至於《性理大全》，據其序所稱：

> 朕爲此懼乃者，命儒臣編脩五經、四書，集諸家傳註而爲《大全》，
> 凡有發明經義者取之，悖於經旨者去之。又輯先儒成書及其論議格
> 言，輔翼五經、四書，有禆於斯道者，類編爲帙，名曰《性理大全
> 書》。〔註9〕

而《明史‧藝文志》載：

> 永樂中，既命胡廣等纂修經書大全，又以周、程、張、朱諸儒性理
> 之書，類聚成編。

可知《性理大全》內容以宋代理學爲主，本用來作爲《五經大全》、《四書大全》的「輔翼」，亦爲科考必當熟讀者。又《性理大全》屬儒學基本義理，理論品位較爲基礎，則所謂「輔翼」之功竟爲「領導」矣。今觀《性理大全》

〔註7〕　參見：《明史‧方孝孺傳》；《明儒學案‧諸儒學案上一》。
〔註8〕　參見：《明史‧方孝孺傳》。
〔註9〕　明‧胡廣等纂修：《性理大全》，收於：孔子文化大全部編輯：《孔子文化大全》
　　　　（濟南：山東友誼出版社，1989年7月一版）。

篇目，除理學家著作外，又以理論內容為題，如鬼神、性理、理氣、……等等，極近似《朱子語類》編題。蓋朱子既為理學集大成者，視《性理大全》主要為朱學著作亦是。此外，《四書大全》雖采諸家之說所成，實則以朱子註為主。觀其凡例曰：「四書大書，朱子集註、諸家之說分行小書」，以朱註區隔於諸家說前，自是地位不同之故。凡例又載「引用先儒姓氏」，先書朱子，次行以下則為降一格依序為歷代註家，其尊奉朱子可見。由此可窺知朱註於《四書大全》中的分量。至此可說朝廷以朱學為考試標準。

　　清·顧炎武曾對《四書大全》、《五經大全》的編定過成與內容提出負面批評：

> 當日儒臣奉旨修四書五經大全，頒餐錢，給筆札。書成之日，賜金遷秩，所費於國家者不知凡幾。將謂此書既成，可以章一代教學之功，啟百世儒林之緒。而僅取已成之書，抄騰一過，上欺朝廷，下誑士子。唐、宋之時，有是事乎？豈非骨鯁之臣已空於建文之代，而制義初行，一時人士盡棄宋、元以來所傳之實學。上下相蒙，以利饕錄，而莫之問也？嗚呼！經學之廢實自此始。後之君子欲掃而更之，亦難乎其為力矣！〔註10〕

據顧炎武考證，這兩大全書的內容又多為宋、元儒者的舊著，實為抄騰，無創作之功，編者享受官祿卻苟且了事。炎武又將洪武間的「書傳會選」比於永樂間的「尚書大全」：

> 洪武二十七年四月丙戌，詔徵儒臣定宋如蔡氏書傳。……每傳之下繫以經文及傳音釋。於字音、字體、字義，辨之甚詳。其傳中用古人姓字，古書名目，必具出處。兼亦考證典故。蓋宋以來諸儒之規模猶在，而其為此書者皆自幼為務本之學，非緣八股發身之人。故所著之書雖不及先儒，而尚有功於後學。至永樂中修尚書大全，不惟刪去異說，并音釋亦不存矣。愚嘗謂自宋之末造，以至有明之初年，經術人材，於斯為盛。自八股行而古學棄，大全出而經說亡，十族誅而臣節變。洪武、永樂之間，亦世道升降之一會矣！（《日知錄》·書傳會選，頁 526）

炎武指出，洪武書傳會選附注周詳，並照顧到字體、字義、字音等細節，見

〔註10〕清·顧炎武：《日知錄》（台北：明倫書局，民國 68 年版）「四書五經大全」條，頁 525～526。

考定嚴謹之功，由此反觀永樂尚書大全便覺疏陋。綜合上段引文，顧炎武指出：宋、元甚至明初那種淳謹、誠實的學風，至永樂有變得苟且而空疏。造成這種轉變的原因之一，顧炎武認爲是朝士趨利的結果，所謂「十族誅而臣節變」，成祖殺戮既使士風流離，留朝者志短趨利，至於逢迎在上，乃自然之勢。此外，洪武初實施八股制義的科考方式，其弊至建文、永樂時已經呈現。八股文取士的缺點，是否全如顧炎武所論，本文暫且不加深論。據前處引選舉志載，八股制義由太祖與劉基所定，用以作爲考試選才的一個辦法，所謂「其文略仿宋經義，然代古人語氣爲之，體用排偶」，八股文格式上要求排偶，要求以古人語氣爲之，重在化用讀書心得發爲文章，兼取明經與文學之意：要求考生必須十分那些熟習經典，並得具備一定程度的文字運用能力。其中固然有死板、僵化處，也有可能是爲了達到較爲「客觀公平」的效果所設計者。問題出在於，許多學子們將考試的方法作爲學問的方法去追求，過分把學問之道從屬於生計、名利，而空疏虛僞生矣。恰好考試的標準內容，偏偏是「正其誼而不謀其利，明其道而不計其功」（董仲舒語）的儒學精義。其下者，以一番自私貪利之心，倡論至仁至正之理，湊爲華麗文章，可令人鄙夷生厭。一般學子縱非唯利是圖之人，在現實競爭壓力下，也不得不用絕大部分的心力，去專門準備考試，實學之功也可能受到排擠。但是這些弊病也不能完全歸罪於八股制義，因爲幾乎任何一種考試方法都有它的限制，考試既干係於名利競爭，就一定會出現投機取巧的門道，而弊病終究難以避免。朝廷明令提倡理學（朱學），固然有所流弊，也使得理學（朱學）世俗化，背負著一定的腐敗印象；但功令所至也大大推動了理學的發展，也曾爲朝廷培養出一批一批自奉謹愼、志氣耿直的文官士子。觀嘉靖間大禮議事，朝臣們剛直強諫，前仆後繼，不計生死，亦可謂氣節表現。〔註11〕

永樂以來，殺戮十族與詔獄執御業已深化士人對朝廷的疏離感。仁宗、宣宗時的政教關係，據孟森先生所論：

> 當是時，太祖以不學之人，而天資獨高，能追上理，一以孔之遺書身體力行，爲天下先，可云政教合一之日。殆成祖則好尚以不如是歸一，猶知選用儒臣，輔導太子太孫，純謹之風，在士林未甚漓喪。仁宗享國日淺。宣宗自命文字甚高，然不解吾儒篤實之學，陳祚以大學衍義勸令儒臣講說，無得間斷。帝大怒，謂：「豎儒薄朕未讀大

─────────────────

〔註11〕嘉靖間大禮議事將於第三章再次提及，並簡述始末，讀者可參考。

學。」因繫祚合家，終其世不赦，致其父瘐獄中。試較太祖時之璧
上遍書，願時時省覽之意，令人嘆不學者獨尊正學，雜學者竟以務
習聖學爲菀己。政與教不得不分，正學既不爲君心所悅服，而上自
公卿，下自士庶，猶知受教於純儒，使孔、孟之道未墜於地，則不
能不推講學之功矣。(《明清史講義》，頁118～119)

由此可知，仁宗、宣宗時的政教關係越益疏離。(此處孟森稱太祖時爲「政教
合一」，與本文採取其他意見，判斷明初政教關係爲相即相離者稍有不同。可
參見上文。)又理學(朱學)因舉業而有世俗化的發展。以仁義道德爲口實，
卻不脫私心、虛假的口耳俗學，雖是旁支末流，然爲數必不在少。正式的學
者遂多表現爲一種退隱的姿態，以反身躬行、私下講學爲務，正式理學的生
命力就寓寄在這些理學家與他們的講聚活動當中。

第二節　朱子理學大要及反省

　　以朱學作爲明代理學對比、反省的對象，主要原因在於：朱學在明代是
科舉考試的標準，是絕大多數讀書人用力、講習的對象，更是他們對理學的
基本認識。他們要在理學上有創獲，便離不開對朱學的反省或突破。

　　朱子本身即是集理學大成，理論規模弘大，理學中探討的主要題目、基
本概念，可說都爲朱子整理奠定。試觀《朱子語類》，其中對於理、氣、天、
地、鬼、神、心、性、情、知、行、……等等題目，多作有分明的界說，《性
理大全》於此分題方式幾乎全部承襲。《語類》中時而援引古籍爲證，在規模、
篇幅上皆爲可觀。此外，朱子對於各種經典古籍當中的問題，有許多討論，
甚至作爲傳注。所以，朱子可說對儒家義理學作了一番整理的工作，其中也
展示了自己的思想。朱學本身既已爲理學大成，復以舉業功令所趨，則朱學
大略條目爲明初理學家共同素養可知。以下簡述朱子理學大要，末了點出朱
學遺留的問題或可能突破、修正的空間。

一、本體論——理先氣後、理一分殊、心統性情

　　朱子論理氣，有所謂「理先氣後」的題目：

　　　或問：「必有是理，然後有是氣，如何？」曰：「此本無先後之可言，
　　　然欲必推其所從來，則須說先有是理。然理又非別爲一物，即存乎

是氣之中。無是氣則是理亦無掛搭處。氣則爲金木水火，理則爲仁義禮智。」（《朱子語類》卷一，〈理氣上‧太極天地上〉）

問：「先有理，抑先有氣？」曰：「理未嘗離乎氣。然理，形而上者。氣，形而下者。自形而上下言，豈無先後！理無形，氣便粗，有渣滓。」（《朱子語類》卷一，〈理氣上‧太極天地上〉）

問：「昨謂未有天地之先，畢竟是先有理，如何？」曰：「未有天地之先，必竟也只是理。有此理，便有此天地。若無此理，便亦無天地，無人無物，都無該載了。有理，便有氣流行，發育萬物。」（《朱子語類》卷一，〈理氣上‧太極天地上〉）

問：「有是理便有是氣，似不可分先後？」曰：「要之，也先有理。只不可說是今日有是理，明日卻有是氣。也須有先後，且如萬一山河大地都陷了，畢竟理卻只在這裡」（《朱子語類》卷一‧理氣上，〈太極天地上〉）

或問先有理後有氣之說。曰：「不消如此說。而今知得他合下是先有理，後有氣邪？後有理，先有氣邪？皆不可得而推究。然以意度之，則疑此氣是依傍這理行。及此氣之聚，則理亦在焉。蓋氣能凝結造作，理卻無情意、無計度、無造作。只此氣凝聚處，理便在其中。且如天地間人物草木禽獸，其生也莫不有種，定不會無種子白地生出一箇物事，這箇都是氣。若理，只是箇潔淨空闊底世界，無形跡，他卻不會造作。氣則能醞釀凝聚生物也。但有此氣，則理便在其中。」（《朱子語類》卷一，〈理氣上‧太極天地上〉）

所謂理先氣後，不是指時序上的先後，而是指形而上下言。理屬於形而上，無形跡，無造作，是「潔靜空闊底世界」；氣屬於形而下，有形跡，有聚散，能絪縕生物。理是氣之「所從來」，品級優上於氣，是氣的依傍，或理論根本。實際上理氣從不相離，除卻氣則理亦無掛搭發見處，因爲品級不同，當然又不能相雜。這種理氣不離不雜的關係，就是所謂的「理先氣後」。推致地說，「理」像是一個永恆、純粹、完美的無限世界，「氣」則有聚散，有變化，是真實生發不斷的紅塵俗世，有渣滓，有缺有限。理是氣的守護，提供了無所不在的照耀與支持。故曰：「有理，便有氣流行，發育萬物」，又曰：「天下未有無理之氣，亦未有無氣之理」（《朱子語類》卷一，〈理氣上‧太極天地上〉），

理氣始終相即合立。

生化流行的世界，只是一氣的聚散變化而已，天地萬物莫非氣化而生，朱子曰：

> 天地初間只是陰陽之氣。這一箇氣運行，磨來磨去，磨得急了，便拶許多渣滓。裏面無處出，便結成箇地在中央。氣之清者便爲天，爲日月，爲星辰，只在外，常周環運轉。地便只在中央不動，不是在下。(《朱子語類》卷一‧理氣上‧太極天地上)

> 自天地言之，只是一箇氣。(《朱子語類》卷三，〈鬼神〉)

> 要之，通天、地、人只是這一氣，所以說：「洋洋然如其在上，如其在左右。」(《朱子語類》卷三，〈鬼神〉)

則眞實世界就只是氣的世界。如前所述，朱子拈出一個「理」，「理」並非有形地干預著氣，卻在無形之中「使」氣成生成化。朱子曰：

> 問生死鬼神之理。曰：「天道流行，發育萬物，有理而後有氣。雖是一時都有，畢竟以理爲主，人得之以有生。……夫聚散者，氣也。若理，則只泊在氣上，初不是凝結自爲一物。但人分上所合當然者便是理，不可以聚散言也。……」(《朱子語類》卷三，〈鬼神〉)

由此可知，「理」是人去分出來的，本不當與「氣」決爲二層。拈出「理」的意義就在於提出一個「當然」，以作爲人生就現實求進步、求超越的歸嚮。唯既曰天地間只是一氣，又別分出一理來，則語意不免爲二，條理煩折。

附帶一提，朱子言氣，從來就肯定志、氣能交相感應。此義尤見於論鬼神事，朱子曰：

> 鬼神，不過陰陽消長而已。亭毒化育、風雨晦冥皆是。在人則精是魄，魄者鬼之盛也。氣是魂，魂者神之盛也。精氣聚而爲物，何物而無鬼神。遊魂爲變，魂遊則魄之降可知。(《朱子語類》卷三，〈鬼神〉)

> 鬼神只是氣。屈伸往來者，氣也。天地間無非氣。人之氣與天地之氣常相接，無間斷，人自不見。人心才動，必達於氣，便與這屈伸往來者相感通。(《朱子語類》卷三，〈鬼神〉)

此處朱子簡直將鬼神作爲整個氣化活動的形容，爲氣之屈伸往來、陰陽消長，化育流行亦不外此。如此一來，寬廣了鬼神的意義，也沖淡了鬼神恐怖神祕的性格。值得一提的是，鬼神既是有精神性活動的況味，又是氣化流行，而

氣之濁重者爲形質，則知朱子不將精神與物質作二分解。整個氣化流行與精神知覺感應相互渾融，同體影響。現代讀者於此處當可留意。

　　所以，朱子認爲「人心才動，必達於氣，便與這屈伸往來者相感通」，此即志氣感應之義。志氣相感應，即人事影響自可及於鬼神，則與其求取、依賴於幽遠不可測的鬼神，不如作好切近明白的人事工夫。故朱子曰：

> 鬼神事自是第二者。那箇無形影，是難理會底，未消去理會，且就日用緊切處做工夫。子曰：「未能事人，焉能事鬼？未知生，焉知死？」此說盡了。此便是合理會底理會得，將間鬼神自有見處。若合理會底不理會，只管去理會沒緊要底，將間都沒理會了。（《朱子語類》卷三，〈鬼神〉）

由是便將人生完全交由人生自己作主。鬼是已死之人，人是未死之鬼，氣化往來即爲相通處。然朱子則更重於人，似乎只有人從生到死的生命歷程，才有自由、主動的力量。朱子云：

> 鬼神依憑言語，乃是依憑人之精神以發。（《朱子語類》卷三，〈鬼神〉）

則鬼神似乎還依待著人精神意志的召喚，屬於被動的劣位。值得注意並引申的是，朱子此處拈出「語言」一項，作爲人精神的具體形式，則由名定實、正名正分，語言不但是對事物的描述，更可能導引、創造事物的變化。尤有進者，人生前的意志與活動，亦可能延長影響至死後，試觀朱子論伯有爲厲事：

> 伯有爲厲之事，自是一理，謂非生死之常理。人死則氣散，理之常也。它卻用物宏，取精多，族大而強死，故其氣未散耳。（《朱子語類》卷三，〈鬼神〉）

伯有事見於《左傳》。伯有家族三世從政，活動廣大旺盛，又是在意念十分緊張的情況下去世者，所以在死後能惟持較大的影響，包括成爲厲鬼出現。所以，本家祖先的意志與活動亦能影響後人。更進一步，若後人不絕其祀，則先人之氣便能不斷得到召喚而凝聚成精。故朱子又論及祭祀感格之理：

> 問：「性即是理，不可以聚散言。聚而生，散而死者，氣而已。所謂精神魂魄，有知有覺者，氣也。故聚則有，散則無。若理則古今常存，不復有聚散消長也。」曰：「只是這箇天地陰陽之氣，人與萬物皆得之。氣聚則爲人，散則爲鬼。然其氣雖已散，這箇天地陰陽之理生生而不窮。祖考之精神魂魄雖已散，而子孫之精神魂魄自有些小相屬。故祭祀之禮盡其誠敬，便可以致得祖考之魂魄。這箇自是

難說。看既散後，一似都無了。能盡其誠敬，便有感格，亦緣是理常只在這裏也。」（《朱子語類》卷三，〈鬼神〉）

祭祀之感格，或求之陰，或求之陽，各從其類，來則俱來。然非有一物積於空虛之中，以待子孫之求也。但主祭祀者既是他一氣之流傳，則盡其誠敬感格之時，此氣固寓此也。（《朱子語類》卷三，〈鬼神〉）

人死，雖是魂魄各自飛散，要之，魄又較定。須是招魂來復這魄，要他相合。復，不獨是要他活，是要聚他魂魄，不教便散了。聖人教人子孫常常祭祀，也是要去聚得他。（《朱子語類》卷三，〈鬼神〉）

問：「人死氣散，是無蹤影，亦無鬼神。今人祭祀，從何而求之？」曰：「如子祭祖先，以氣類而求。以我之氣感召，便是祖先之氣，故想之如在，此感通之理也。」（《朱子語類》卷三，〈鬼神〉）

問：「鬼神以祭祀而言。天地山川之屬，分明是一氣流通，而兼以理言之。人之先祖，則大概以理為主，而亦兼以氣魄言之。若上古聖賢，則只是專以理言之否？」曰：「有是理，必有是氣，不可分說。都是理，都是氣。那箇不是理？那箇不是氣？」問：「上古聖賢所謂氣者，只是天地間公共之氣。若祖考精神，則畢竟是自家精神否？」曰：「祖考亦只是此公共之氣。此身在天地間，便是理與氣凝聚底。天子統攝天地，負荷天地間事，與天地相關，此心便與天地相通。不可道他是虛氣，與我不相干。如諸侯不當祭天地，與天地不相關，便不能相通。聖賢道在萬世，功在萬世。今行聖賢之道，傳聖賢之心，便是負荷這物事，此氣便與他相通。如釋奠列許多籩豆，設許多禮儀，不成是無此姑謾為之！人家子孫負荷祖宗許多基業，此心便與祖考之心相通。祭義所謂『春禘秋嘗』者，亦以春陽來則神亦來，秋陽退則神亦退，故於是時而設祭。初間聖人亦只是略為禮以達吾之誠意，後來遂加詳密。」（《朱子語類》卷三，〈鬼神〉）

人死則氣自消散，無影無蹤，不得保存于虛空之氣中。氣只是一個公共的氣，不是許多鬼魂聚集的某個所在，人氣消散則復歸於一氣。所謂祭祀感格，是以後人的追念與召喚，也許透過一些儀式，將先人風氣再一時凝聚致得。後代子孫與其先人有血氣傳承，從類號召更為便宜。此處可進一步推想，血氣骨肉是一「類從」，那文化智慧又何嘗不能成一「類從」呢？讀書、思慮亦可

能如同祭祀禱告，是一種召喚前哲先進的「儀式」，是一種「氣類相求」，則血統之外可開出道統。此處朱子並未依此推廣。

「氣」是寬泛地說天地萬物，具體地說天地萬物與「理」的關係，就是「理一分殊」。朱子云：

> 問理與氣。曰：「伊川說得好，曰：『理一分殊。』合天地萬物而言，只是一箇理；及在人，則又各自有一箇理。」（《朱子語類》卷一，〈理氣上‧太極天地上〉）

此處朱子詮釋伊川所謂的「理一分殊」，以說明理與氣的關係。所謂「理一」者，是就「一氣之化的所有天地萬物」而言，這是總合的說法。如果不從「一氣」的立場去看，而就形殊紛紛的個人而言，則是所謂「分殊」。其實此處的個人亦同為「個別物」，則天地萬物各成一理之分殊，物物皆具一分「理」。物物所分之理，則曰「性」。朱子云：

> 性是許多理散在處為性。（《朱子語類》卷五，〈性理二〉）

> 天所賦為命，物所受為性。賦者，命也。所賦者，氣也。受者，性也；所受者，氣也。（《朱子語類》卷五，〈性理二〉）

> 生之理謂性。（《朱子語類》卷五，〈性理二〉）

> 性是天生成許多道理。（《朱子語類》卷五，〈性理二〉）

物在生成賦形時即「被付予」該物之「性」，也就是該物得之於「理一」者。這裡似乎點出了一個「理合氣而生物」的模型，物即是「天命之性」（理）合上「形殊氣質」（氣）生成者。在物上的「天命之性」，不是「理一」的全貌，而是「分殊」。但這個「分殊」又不能說是「理一」分割成若干部分的其中之一，而是理一「映照」在形殊氣質上的情況。朱子云：

> 性如日光，人物所受之不同，如隙竅之受光有大小也。人物被形質局定了，也是難得開廣。如螻蟻如此小，便只知得君臣之分而已。（《朱子語類》卷四，〈性理一〉）

> 或說：「人物性同。」曰：「人物性本同，只氣稟異。如水無有不清，傾放白碗中是一般色，及放黑碗中又是一般色，放青碗中又是一般色。」又曰：「性最難說，要說同亦得，要說異亦得。如隙中之日，隙之長短大小自是不同，然卻只是此日。」（《朱子語類》卷四，〈性理一〉）

> 人物之生，天賦之以此理，未嘗不同。但人物之稟受自有異耳。如
> 一江水，你將杓去取，只得一杓。將碗去取，只得一碗。至於一桶、
> 一缸，各自隨器量不同，故理亦隨以異。(《朱子語類》卷四，〈性理
> 一〉)

> 人之所以生，理與氣合而已。天理固浩浩不窮，然非是氣，則雖有
> 是理而無所湊泊。故必二氣交感，凝結生聚，然後是理有所附著。
> 凡人之能言語動作，思慮營爲，皆氣也，而理存焉。故發而爲孝弟
> 忠信仁義禮智，皆理也。(《朱子語類》卷四，〈性理一〉)

> 天下無無性之物。蓋有此物，則有此性。無此物，則無此性。(《朱
> 子語類》卷四，〈性理一〉)

由此可知，朱子言「分殊」一向就物之氣質形殊而別，於性理則時言「理一」，
時言「分殊」。我們可以發現，朱子使用、表達這些詞彙如「性」、「理」、「氣」
時並非固定的用法，朱子往往在說了物物之性、物物之理等「別異」時，又說
「同一」。這種看似混淆不一的說法其實正突顯了朱子的用心，那就是：一、理
一必須被肯定，「一」則不能分割。理分散在萬物爲性，但分散的是萬物本身，
不是理；二、萬物之「性理」必須與萬物之「形氣」合一，沒有該物之形氣「側
寫」了理一，亦不能說有該物之性理。如此一來，理就像是一絕頂光明體，在
光明體的映照中，事事物物按照自己的樣子反映光明，在其中現形。這就是「理
一分殊」。朱子的「理先氣後」，必得先有了這個光明體，再去映照氣，使萬物
現形。另一種想法是這樣的，沒有了氣或萬物，光明體失去了照耀的對象，則
光明體又何以能成其光明呢？這種觀點的貫徹，就是明代理學對朱子的扭轉。

　　朱子「理先氣後」的堅持，表現在「理一分殊」的具體情況，還有一種
描述、理解的方式，此即「天地之性」與「氣質之性」之辨。朱子云：

> 論天地之性，則專指理言。論氣質之性，則以理與氣雜而言之。未
> 有此氣，已有此性。氣有不存，而性卻常在。雖其方在氣中，然氣
> 自是氣，性自是性，亦不相夾雜。至論其遍體於物，無處不在，則
> 又不論氣之精粗，莫不有是理。(《朱子語類》卷四，〈性理一〉)

> 性非氣質，則無所寄。氣非天性，則無所成。(《朱子語類》卷四，〈性
> 理一〉)

天地之性專指理言，而氣質之性是理、氣相雜言，可知朱子認爲眞實情況就

只是氣質之性，理、氣之別是人於其中分出者，所以性（理）與氣其實不能獨立存在。可是朱子偏偏又一再標舉氣有不在，性（理）卻常存，則語意仍不免有二。對於性（理）、氣的矛盾，朱子又是如何解釋的呢？試觀以下對問：

> 謙之問：「天地之氣，當其昏明駁雜之時，則其理亦隨而昏明駁雜否？」曰：「理卻只恁地，只是氣自如此。」又問：「若氣如此，理不如此，則是理與氣相離矣！」曰：「氣雖是理之所生，然既生出，則理管他不得。如這理寓於氣了，日用間運用都由這箇氣，只是氣強理弱。」（《朱子語類》卷四，〈性理一〉）

這裡朱子說理生氣成性之後，便是氣強理弱，則理、氣究爲二致，朱子理氣不離不雜的本體論終脫不了二分的論調。所謂「理便管他不得」一義亦不知其詳。也許這種區分超越與現實的論調，是爲了提領、安慰人世間種種的不善、挫折與苦厄，讓人生永遠有一個超越現實的「理」可以追求，讓人永遠保留一個可能。因此，朱子的理氣二分，是就人生而言，不是就其他物而言。

繼以論人、物之辨。在朱子看來，理只是一，人、物之別不在於所生之理，而在於氣。朱子曰：

> 問：「人物皆稟天地之理以爲性，皆受天地之氣以爲形。若人品之不同，固是氣有昏明厚薄之異。若在物言之，不知是所稟之理便有不全耶，亦是緣氣稟之昏蔽故如此耶？」曰：「惟其所受之氣只有許多，故其理亦只有許多。如犬馬，他這形氣如此，故只會得如此事。」（《朱子語類》卷四，〈性理一〉）

> 人、物都是理與形氣合和而生。在物而言，受氣多少，則顯現的理、能做的事亦只有多少。在人而言，雖然亦受形氣多少的限制，得於理有厚薄輕重，但人卻有一種其他物所沒有的稟賦，能夠自由地變化命定的限制，天地間非特人爲至靈，自家心便是鳥獸草木之心，但人受天地之中而生耳。（《朱子語類》卷四，〈性理一〉）

人所受之氣有所謂「天地之中」，便在於這點不同，人因此有了卓然萬物的一個使命、一個責任。朱子又云：

> 或問：「人物之性一源，何以有異？」曰：「人之性論明暗，物之性只是偏塞。暗者可使之明，已偏塞者不可使之通也。橫渠言，凡物莫不有是性，由通蔽開塞，所以有人物之別。而卒謂塞者牢不可開，厚者可以開而開之也難，薄者開之也易是也。」又問：「人之習爲不

善，其溺已深者，終不可復反矣。」曰：「勢極重者不可反，亦在乎識之淺深與其用力之多寡耳。」(《朱子語類》卷四，〈性理一〉)

天地間只是一箇道理。性便是理。人之所以有善有不善，只緣氣質之稟各有清濁。(《朱子語類》卷四，〈性理一〉)

物之性只有所謂偏塞，一成不變。人之性卻有明暗可說，或明或暗，除了有初生賦形、後天習染等既成的影響，人還可以自己作主，去用力用功，至於變化氣質，通達理一。唯其氣質如何，則得於理如何，這變化氣質，就是朱子工夫論的大原理、大頭腦。故朱子言：「人之爲學，卻是要變化氣稟。」(《朱子語類》卷四，〈性理一〉)

人生要作工夫，就在心上作。論心統性情。朱子云：

理者，天之體；命者，理之用。性是人之所受，情是性之用。(《朱子語類》卷五，〈性理二〉)

命猶誥敕，性猶職事，情猶施設，心則其人也。(《朱子語類》卷五，〈性理二〉)

「命」是理對氣實際的作用、指令，而規定爲「性」。「情」是依循「性」的具體作爲。而「心」則是奉「命」依「性」成「情」的推動力，有自主的執行權。朱子每以主宰言心：

嘗曰：「性者，心之理；情者，性之動；心者，性、情之主。」(《朱子語類》卷五，〈性理二〉)

心，主宰之謂也。動靜皆主宰，非是靜時無所用，及至動時方有主宰也。言主宰，則混然體統自在其中。心統攝性、情，非儱侗與性、情爲一物而不分別也。(《朱子語類》卷五，〈性理二〉)

性以理言，情乃發用處。心即管攝性、情者也。(《朱子語類》卷五，〈性理二〉)

心兼體、用而言。性是心之理，情是心之用。(《朱子語類》卷五，〈性理二〉)

性對情言，心對性、情言。合如此是性，動處是情，主宰是心。大抵心與性，似一而二，似二而一，處最當體認。(《朱子語類》卷五，〈性理二〉)

性是未動，情是已動，心包得已動、未動。蓋心之未動則爲性，已

動則爲情，所謂「心統性情」也。(《朱子語類》卷五，〈性理二〉)

心無間於已發、未發。徹頭徹尾都是，那處截做已發、未發！如放
僻邪侈，此心亦在，不可謂非心。(《朱子語類》卷五，〈性理二〉)

性、情相對而言，性是體、是靜、是未發，情是用、是動、是已發。心不能
與性、情並對爲三，而是與「性情」相對爲主宰。性屬理，情屬氣，心乃合
理氣而名者，故朱子曰：「心者，氣之精爽」；「心比性，則微有跡。比氣，則
自然又靈」，此即「心統性情」。心既爲神化的作用，則非固爲一物、一體者，
故朱子又常以虛靈言心：

靈處只是心，不是性。性只是理。(《朱子語類》卷五，〈性理二〉)

虛靈自是心之本體，非我所能虛也。耳目之視聽，所以視聽者即其
心也，豈有形象？然有耳目以視聽之，則猶有形象也。若心之虛靈，
何嘗有物！(《朱子語類》卷五，〈性理二〉)

心官至靈，藏往知來。(《朱子語類》卷五，〈性理二〉)

問：「五行在人爲五臟。然心卻具得五行之理，以心虛靈之故否？」
曰：「心屬火，緣是箇光明發動底物，所以具得許多道理。」(《朱子
語類》卷五，〈性理二〉)

心本來就是虛靈，凌越形物，能夠藏往知來，容受管攝許多道理。正因爲心
有虛靈的高度，有卓越的視角，所以能明察變化，具知覺能力：

問：「知覺是心之靈固如此，抑氣之爲邪？」曰：「不專是氣，是先
有知覺之理。理未知覺，氣聚成形，理與氣合，便能知覺。譬如這
燭火，是因得這脂膏，便有許多光燄。」問：「心之發處是氣否？」
曰：「也只是知覺。」(《朱子語類》卷五，〈性理二〉)

所覺者，心之理也。能覺者，氣之靈也。(《朱子語類》卷五，〈性理
二〉)

心具理與氣而言，有感有知，則知覺亦不離於氣感活動。心所以能知覺固是
依稟其理（性）而爲，然理本身亦無知覺可言，必待理氣和合而成。由上述
可知，朱子言心統性情，心有主宰、虛靈、知覺等義。其中心既爲主宰，有
自由權宜，則或善或惡、或明或暗之幾亦在於是：

心有善惡，性無不善。若論氣質之性，亦有不善。(《朱子語類》卷
五，〈性理二〉)

於是心便有或善或惡可說，心若著了私欲，蒙蔽於氣之濁者，便失卻靈明，遂或成惡。值得注意的是，朱子言心，並不侷限在人心，而是天地萬物之心：

> 天地間非特人爲至靈，自家心便是鳥獸草木之心，但人受天地之中而生耳。（《朱子語類》卷四，〈性理一〉）

> 天下之物，至微至細者，亦皆有心，只是有無知覺處爾。且如一草一木，向陽處便生，向陰處便憔悴，他有箇好惡在裏。（《朱子語類》卷四，〈性理一〉）

若順此推致，心可能爲天地萬物生化之幾，爲理、氣合一之功，則亦可能推言「盈天地皆心」也。但是朱子對此義似乎沒有更多的發揮，要等到明代理學那裡去展示了。唯草木之心無知覺處，則心的活動只能在人這裡發用。

其次，朱子以知覺言心，又言心之虛靈能藏往知來，甚至將「識得道理」作爲人、物之辨，此所以成就本體者。朱子曰：

> 且如人，頭圓象天，足方象地，平正端直，以其受天地之正氣，所以識道理，有知識。物受天地之偏氣，所以禽獸橫生，草木頭生向下，尾反在上。物之間有知者，不過只通得一路，如烏之知孝，獺之知祭，犬但能守禦，牛但能耕而已。人則無不知，無不能。人所以與物異者，所爭者此耳。（《朱子語類》卷四，〈性理一〉）

識得許多道理既是成「人」關鍵，則求取知識在朱子工夫論裡自有不可取代的重要意義。前面說到，「變化氣質」是朱子工夫論的原理，則知識活動亦可能有變化氣質之功。然知識活動如何能變化氣質，在朱子這裡沒有進一步說明。

二、工夫論

甲、小學與大學

朱子工夫論的大原理是變化氣質，進一步言之，又可分爲小學工夫與大學工夫二端。朱子曰：

> 古者初年入小學，只是教之以事，如禮樂射御書數及孝弟忠信之事。自十六、七入大學，然後教之以理，如致知、格物及所以爲忠信孝弟者。（《朱子語類》卷七，〈學一〉）

> 小學者，學其事。大學者，學其小學所學之事之所以。（《朱子語類》卷七，〈學一〉）

小學是事，如事君，事父，事兄，處友等事，只是教他依此規矩做去。大學是發明此事之理。(《朱子語類》卷七，〈學一〉)

小學是學事親，學事長，且直理會那事。大學是就上面委曲詳究那理，其所以事親是如何，所以事長是如何。古人於小學存養已熟，根基已深厚，到大學，只就上面點化出些精彩。(《朱子語類》卷七，〈學一〉)

小學是直理會那事；大學是窮究那理，因甚恁地。(《朱子語類》卷七，〈學一〉)

小學是指幼年兒童所學，大學是指較為年長之後所學。小學主要是灑掃、應對、進退等等日常儀節的實踐操作，是直接從處事當中領會道理、涵養氣質。大學則是在小學的基礎上，去思辨、推理那些儀節物事背後的道理，即對這些倫理建立概念性、系統性的理解。朱子又曰：

古者小學已自養得小兒子這裏定，已自是聖賢坯璞了，但未有聖賢許多知見。及其長也，令入大學，使之格物、致知，長許多知見。(《朱子語類》卷七，〈學一〉)

古人小學養得小兒子誠敬善端發見了。然而大學等事，小兒子不會推將去，所以又入大學教之。(《朱子語類》卷七，〈學一〉)

朱子認為小學的成果，已從身心上作調養，應該具備了初步的聖賢氣質，到大學就能一向去開發、推理知識。但小學的成果不理想時，又當如何呢？朱子云：

古人便都從小學中學了，所以大來都不費力，如禮樂射御書數，大綱都學了。及至長大，也更不大段學，便只理會窮理、致知工夫。而今自小失了，要補填實是難。但須莊敬誠實，立其基本，逐事逐物，理會道理。待此通透，意誠心正了，就切身處理會，旋旋去理會禮樂射御書數。今則無所用乎御。如禮樂射書數，也是合當理會底，皆是切用。但不先就切身處理會得道理，便教考究得些禮文制度，又干自家身己甚事！(《朱子語類》卷七，〈學一〉)

「古者，小學已自暗養成了，到長來，已自有聖賢坯模，只就上面加光飾。如今全失了小學工夫，只得教人且把敬為主，收斂身心，卻方可下工夫。」又曰：「古人小學教之以事，便自養得他心，不知不覺自好了。到得漸長，漸更歷通達事物，將無所不能。今人既無

> 本領，只去理會許多閒汩董，百方措置思索，反以害心。」(《朱子
> 語類》卷七，〈學一〉)

> 明德，如八窗玲瓏，致知格物，各從其所明處去。今人不曾做得小
> 學工夫，一旦學大學，是以無下手處。今且當自持敬始，使端慤純
> 一靜專，然後能致知格物。(《朱子語類》卷十四，〈大學一〉)

小學涵養氣質的工夫沒做好，就算進入格物致知的窮理工夫，也只是空做文字知解，不能真誠地從心中領會一番道理。今人於小學多有缺失，則必須有收補小學的工夫，此即「持敬力行」。推而致之，這種收斂身心、涵養氣質的工夫，是終日終身不可廢的，朱子曰：

> 器遠前夜說：「敬當不得小學。」某看來，小學卻未當得敬。敬已是
> 包得小學。敬是徹上徹下工夫。雖做得聖人田地，也只放下這敬不
> 得。如堯舜，也終始是一箇敬。如說「欽明文思」，頌堯之德，四箇
> 字獨將這箇「敬」做辦初頭。如說「恭己正南面而已」，如說「篤恭
> 而天下平」，皆是。(《朱子語類》卷七，〈學一〉)

由此可知朱子論工夫的一個重點，那就是：格物窮理的工夫必須以持敬涵養為基礎，然後為學問之全功。這就立定了朱子工夫論的兩大端。

乙、居敬涵養與格物窮理

朱子曰：

> 致知、力行，用功不可偏。偏過一邊，則一邊受病。如程子云：「涵
> 養須用敬，進學則在致知。」分明自作兩腳說，但只要分先後輕重。
> 論先後，當以致知為先。論輕重，當以力行為重。(《朱子語類》卷
> 九，〈學三〉)

> 只有兩件事，理會、踐行。(《朱子語類》卷九，〈學三〉)

> 學者工夫，唯在居敬、窮理二事。(《朱子語類》卷九，〈學三〉)

可知朱子工夫論二端符合程頤所言「涵養須用敬，進學在致知」，致知指格物窮理一事，持敬涵養則兼力行而言。以下分論居敬涵養與格物窮理。

朱子論居敬涵養，曰：

> 敬，只是此心自做主宰處。(《朱子語類》卷十二，〈學六〉)

> 敬字，前輩都輕說過了，唯程子看得重。人只是要求放心。何者為
> 心？只是箇敬。今纔敬時，這心便在身上了。(《朱子語類》卷十二，

〈學六〉〉

由此可知，朱子言敬，實是一反省操持的心地工夫。朱子又提出「靜坐」以為持敬涵養之功。朱子云：

> 「明道教人靜坐，李先生亦教人靜坐。蓋精神不定，則道理無湊泊處。」
> 又云：「須是靜坐，方能收斂。」（《朱子語類》卷十二，〈學六〉）

> 始學工夫，須是靜坐。靜坐則本原定，雖不免逐物，及收歸來，也有箇安頓處。譬如人居家熟了，便是出外，到家便安。如茫茫在外，不曾下工夫，便要收斂向裏面，也無箇著落處。（《朱子語類》卷十二，〈學六〉）

靜坐是使身心暫時放下日常酬酢的思慮反應，持續一種凝肅近乎哀傷的底蘊，而可能達到極柔軟、極寬容的心境。當我們從靜坐回到日常的待人接物時，雖然不一定還能維持那種心境，但靜坐至少有安慰、休息的效果，或是使我們的心智開了另一扇窗，一個參照。朱子認為靜坐有安定氣質、收斂身心之功，所以提倡學者能有這一段工夫。

其次論格物窮理。朱子云：

> 所謂致知在格物者，言欲致吾之知，在即物窮其理也。蓋人心之靈莫不有知，而天下之物莫不有理，惟於理有未窮，故其知有不盡也。是以大學始教，必使學者即凡天下之物，莫不因其已知之理而益窮之，以求至乎其極。至於用力之久，而一旦豁然貫通焉，則眾物之表裡精粗無不到，而吾心全體之大用無不明矣。此謂物格，此謂知之至也。〔註12〕

> 或問「理一分殊」。曰：「聖人未嘗言理一，多只言分殊。蓋能於分殊中事事物物，頭頭項項，理會得其當然，然後方知理本一貫。不知萬殊各有一理，而徒言理一，不知理一在何處。聖人千言萬語教人，學者終身從事，只是理會這箇。要得事事物物，頭頭件件，各知其所當然，而得其所當然，只此便是理一矣。如顏子穎悟，『聞一知十』，固不甚費力。曾子之魯，逐件逐事一一根究著落到底。孔子見他用功如此，故告以『吾道一以貫之』。若曾子元不曾理會得萬殊之理，則所謂一貫者，貫箇什麼！蓋曾子知萬事各有一理，而未知萬理本乎一

〔註12〕宋・朱熹：《四書章句集注》（台北：大安出版社，1994 年 11 月）大學章句・格物補傳。

理，故聖人指以語之。曾子是以言下有得，發出忠、恕二字，太煞分明。且如『禮儀三百，威儀三千』，是許多事，要理會做甚麼？如〈曾子問〉一篇問禮之曲折如此，便是理會得川流處，方見得敦化處耳。孔子於鄉黨，從容乎此者也；學者戒慎恐懼而慎獨，所以存省乎此者也。格物者，窮究乎此者也；致知者，真知乎此者也。能如此著實用功，即如此著實到那田地，而理一之理，自森然其中，一一皆實，不虛頭說矣。」(《朱子語類》卷二十七，〈論語九〉)

理離氣不得。而今講學用心著力，卻是用這氣去尋箇道理。(《朱子語類》卷四，〈性理一〉)

性不是卓然一物可見者。只是窮理、格物，性自在其中，不須求，故聖人罕言性。(《朱子語類》卷五，〈性理二〉)

朱子認為人心要知覺理，不是直接去知得那「理一」。「理一」形而上者，無跡可求。可求者唯在於氣，在於分殊物事之「性」（理）。然而各各分殊物事皆為理一的「側寫」，並不完全，那我們要如何知得完全之理呢？所以得就普天下的事事物物，不斷地理會追求，並用已知之理推廣新知，積累到一定程度時，自能豁然地把這些分殊的性理貫通起來。至此田地，就能將一切物事之理看得十分透徹明白，而將人心知覺、虛靈、主宰等功用完全發揮實現。

但是人生有限，才知的高下賢愚有不同差別，不是一個人都有足夠的天分與時間，將天下物事一一窮格，那怎麼辦呢？朱子便提出了「讀書」一法來補救。朱子曰：

讀書已是第二義。蓋人生道理合下完具，所以要讀書者，蓋是未曾經歷見許多。聖人是經歷見得許多，所以寫在冊上與人看。而今讀書，只是要見得許多道理。及理會得了，又皆是自家合下元有底，不是外面旋添得來。(《朱子語類》卷十，〈學四〉)

學問，就自家身己上切要處理會方是，那讀書底已是第二義。自家身上道理都具，不曾外面添得來。然聖人教人，須要讀這書時，蓋為自家雖有這道理，須是經歷過方得。聖人說底，是他曾經歷過來。(《朱子語類》卷十，〈學四〉)

本來學問道理應該要親身經歷體會始得，其次才是藉讀書採取他人經驗。不過古聖先賢卓越的智慧、細膩深刻的經驗，卻是一般人不易親身體會的。如

果我們能夠藉由讀書，流覽聖賢的寶貴經驗，並誠實地、眞切地從自己的經歷去理會這些道理，這些道理便能昭然於我們心中。因此，在朱子的工夫論裡，讀書便成了一項不可或缺的教法。甚至朱子說：

> 人之爲學，固是欲得之於心，體之於身。但不讀書，則不知心之所得者何事。(《朱子語類》卷十一，〈學五〉)

則讀書竟成爲理會道理的必要方法。此處可以透露朱子正視理解活動必須依憑經驗、文字的況味。朱子又說：

> 讀書閒暇且靜坐，教他心平氣定，見得道理漸次分曉。(《朱子語類》卷十一，〈學五〉)

> 學者讀書須要斂身正坐，緩視微吟，虛心涵泳，切己省察。(《朱子語類》卷十一，〈學五〉)

> 讀書，須要切己體驗。不可只作文字看，又不可助長。(《朱子語類》卷十一，〈學五〉)

則朱子提醒我們，要準備好一個冷靜安詳的心境，才能清白明靈地將書中道理看得透。甚至可輔以靜坐。朱子又曰：

> 泛觀博取，不若熟讀而精思。(《朱子語類》卷十，〈學四〉)

> 讀書，不可只專就紙上來理義，須反來就自家身上推究。秦漢以後無人說到此，亦只是一向去書冊上求，不就自家身上理會。自家見未到，聖人先說在那裏。自家只借他言語來就身上推究始得。(《朱子語類》卷十一，〈學五〉)

> 讀六經時，只如未有六經，只就自家身上討道理，其理便易曉。(《朱子語類》卷十一，〈學五〉)

可知朱子讀書的大目的，並不在單純獲取知識，而是在使自己身心得到一種道德領會。即使吸收了許多知識，那也是從道德倫理的實用性爲出發的知識，與今人言爲知識眞理而知識眞理的態度不同，亦與科學求知的態度不同。試觀以下對問：

> 問：「枯槁有理否？」曰：「才有物，便有理。天不曾生箇，人把兔毫來做筆。才有筆，便有理。」

> 又問：「筆上如何分仁義？」曰：「小小底，不消恁地分仁義。」(《朱子語類》卷四，〈性理一〉)

由此可知，朱子所謂的即凡天下之物一一格致，並沒有誇張到需要真的將大小事物都領會出它的道理來。事實上有許多事物並沒有太多的人倫道理可說，如此當適可而止。只是在格物窮理中必然有包括了對事物本身「物性」的把握。朱子曰：

> 學之之博，未若知之之要；知之之要，未若行之之實。(《朱子語類》卷十三，〈學七〉)

> 人言匹夫無可行，便是亂說。凡日用之間，動止語默，皆是行處。且須於行處警省，須是戰戰兢兢，方可。若悠悠汎汎地過，則又不可。(《朱子語類》卷十三，〈學七〉)

> 講學固不可無，須是更去自己分上做工夫。若只管說，不過一兩日都說盡了。只是工夫難。(《朱子語類》卷十三，〈學七〉)

> 聖賢千言萬語，只是教人做人而已。(《朱子語類》卷十三，〈學七〉)

由此可知，學之博不是主要，知之要、行之篤才是重點。則判斷朱子為「客觀認知心」實不妥當。那種純粹只求知識記憶、文字推理的態度，被朱子批評為「俗學」：

> 今人讀書，多不就切己上體察，但於紙上看，文義上說得去便了。如此，濟得甚事！「何必讀書，然後為學？」子曰：「是故惡夫佞者！」古人亦須讀書始得。但古人讀書，將以求道。不然，讀作何用？今人不去這上理會道理，皆以涉獵該博為能，所以有道學、俗學之別。
> (《朱子語類》卷十一，〈學五〉)

而朱子又批評舉業之學：

> 專一做舉業工夫，不待不得後枉了氣力，便使能竭力去做，又得到狀元時，亦自輸卻這邊工夫了。人於此事，從來只是強勉，不能捨命去做，正似今人強勉來學義理。然某平生窮理，惟不敢自以為是。
> (《朱子語類》卷十三，〈學七〉)

> 今來專去理會時文，少間身己全做不是，這是一項人。又有一項人，不理會時文，去理會道理，少間所做底事，卻與所學不相關。又有依本分，就所見定是要躬行，也不須去講學。這箇少間只是做得會差，亦不至大狼狽。只是如今如這般人，已是大段好了。(《朱子語類》卷十三，〈學七〉)

專做時文底人，他說底說都是聖賢說話。且如說廉，他且會說得好；說義，他也會說得好。待他身做處，只自不廉，只自不義，緣他將許多話只是就紙上說。廉，是題目上合說廉；義，是題目上合說義，都不關自家身己些子事。(《朱子語類》卷十三，〈學七〉)

科舉累人不淺，人多爲此所奪。但有父母在，仰事俯育，不得不資於此，故不可不勉爾。其實甚奪人志。(《朱子語類》卷十三，〈學七〉)

理人心之所同然，人去講求，卻易爲力。舉業乃分外事，倒是難做。可惜舉業壞了多少人！(《朱子語類》卷十三，〈學七〉)

此處所論，簡直與陽明「拔本塞源論」相同：

蓋至於今，功利之毒淪浹於人之心髓，而習以成性也，幾千年矣。相矜以知，相軋以勢，相爭以利，相高以技能，相取以聲譽。其出而仕也，理錢穀者則欲兼夫兵刑，典禮樂者又欲與於銓軸，處郡縣則思藩臬之高，居臺諫則望宰執之要。故不能其事則不得以兼其官，不通其說則不可以要其譽。記誦之廣，適以長其敖也。知識之多，適以行其惡也。聞見之博，適以肆其辨也。辭章之富，適以飾其僞也。是以臯、夔、稷、契所不能兼之事，而今之初學小生皆欲通其說，究其術。其稱名僭號，未嘗不曰吾欲以共成天下之務，而其誠心實意之所在，以爲不如是則無以濟其私而滿其欲也。(《傳習錄》卷中，〈答顧東橋書〉)

只是陽明所言尤爲激切，蓋自有世變之故。不過，朱子和陽明雖然對舉業有強烈的批評，但是仍然對於應舉一事表示尚且能接受的態度。〔註13〕尤有進者，朱子逕將讀書窮理與持敬涵養打成一片：

人也有靜坐無思念底時節，也有思量道理底時節，豈可畫爲兩塗，說靜坐時與讀書時工夫迥然不同！當靜坐涵養時，正要體察思繹道理，只此便是涵養，不是說喚醒提撕，將道理去卻那邪思妄念。只自家思量道理時，自然邪念不作。「言忠信，行篤敬」，「立則見其參於前，

〔註13〕如朱子云：「嘗論科舉云：「非是科舉累人，自是人累科舉。若高見遠識之士，讀聖賢之書，據吾所見而爲文以應之，得失利害置之度外，雖日日應舉，亦不累也。居今之世，使孔子復生，也不免應舉，然豈能累孔子邪！自有天資不累於物，不須多用力以治之者。……」(《朱子語類》卷十三〈學七〉)」而陽明亦曾勸弟子王畿、錢德洪進舉，參見：周師志文：〈仕進與講學——以王畿、錢德洪的選擇爲例〉(收於：《晚明學術與知識分子論叢》)。

在輿則見其倚於衡」，只是常常見這忠信篤敬在眼前，自然邪妄無自
而入，非是要存這忠信篤敬，去除那不忠不敬底心。今人之病，正在
於靜坐讀書時二者工夫不一，所以差。(《朱子語類》卷十二，〈學六〉)

致知，即心知也。格物，即心格也。克己，即心克也。非禮勿視聽
言動，勿與不勿，只爭毫髮地爾。所以明道說：「聖賢千言萬語，只
是欲人將已放之心收拾入身來，自能尋向上去。」(《朱子語類》卷
十二，〈學六〉)

則敬而窮理集義，義而持敬昭然，知善即是去惡。至此格物窮理工夫又完全
轉化至操心持念了。朱子又曰：

先立乎其大者。(《朱子語類》卷十二，〈學六〉)

凡學須要先明得一箇心，然後方可學。譬如燒火相似，必先吹發了
火，然後加薪，則火明矣。若先加薪而後吹火，則火滅矣。(《朱子
語類》卷十二，〈學六〉)

涵養須用敬，處事須是集義。(《朱子語類》卷十二，〈學六〉)

敬、義只是一事。如兩腳立定是敬，才行是義；合目是敬，開眼見
物便是義。(《朱子語類》卷十二，〈學六〉)

則致知窮理的工夫亦須在持敬的態度上進行，即先立其大而後學。朱子其實
並未將持敬涵養與致知窮理作出清楚的分割，持敬涵養始終必須具備，這是
小學之功，是一切工夫學問的基本。但人生應接物事愈為繁多，若不能窮理
明白，則無法於實際情況中恰當地持敬行為，則持敬操心實與知識明白不能
析分，二者皆是此心「覺察」的活動。最後我們再看一次《格物補傳》：

所謂致知在格物者，言欲致吾之知，在即物而窮其理也。蓋人心之
靈莫不有知，而天下之物莫不有理，惟於理有未窮，故其知有不盡
也。是以大學始教，必使學者即凡天下之物，莫不因其已知之理而
益窮之，以求至乎其極。至於用力之久，而一旦豁然貫通焉，則眾
物之表裏精粗無不到，而吾心之全體大用無不明矣。此謂物格，此
謂知之至也。(《四書章句集注》)

又朱子注《大學》中「大學之道，在明德，在親民，在止於至善」一語曰：

大學者，大人之學也。明，明之也。明德者，人之所得乎天，而虛
靈不昧，以聚眾理而應萬事者也，但為氣稟所拘，則有時而昏，然

其本體之明，則有未嘗息者。故學者當因其所發而遂明之，以復其初也。新者，革其舊之謂也，言既自明其德，又當推己及人，使之亦有以去其舊染之汙也。止者，必至於是而不遷之意。至善，則事理當然之極也。言明明德、新民，皆當至於至善之地而不遷。蓋必其有以盡夫天理之極，而無一毫人欲之私也。（《四書章句集注》）

朱子言格物乃心「聚理」的過程，累積到一個程度則可能「豁然貫通」，達到一個近乎「全知」的境界。其實我們要注意一點，朱子所說的窮理乃至於「豁然貫通」，實在不全就著現代人所說的「道德體驗」而言。他是就一個「至善」、一個完成「大人之學」而言者。他並沒有將「明明德」就視為業已「新民」，甚至業已「止於至善」，也不可能認為沒有達到這種境界就是道德上的小人、惡人，朱子論「至善」只是點出一個人生所當追求、所當完成的大目標。朱子格物窮理等聚理過程，和著居敬涵養甚至靜坐的工夫，不但是心性的一再琢磨，也是積聚「事理」的過程。

三、朱子理學遺留的問題

總結上述可知，朱子理學系統宏大，實奠定理學討論規模，有很強的籠罩力。尤其在本體論方面，從理氣論到心性論，種種語詞名義都作了界說，後學於此大致只有修正、圓融、補充的空間，不大容易別開範圍。但是朱子「理氣不離不雜」的說法，帶有一而二、二而一的兩可論調，立論實未盡瑩。而在明代理學那裡，「天地之心」、「萬物一體」等題目得到究竟的發揮，修去了朱子的兩可論調，也使得本體論直與工夫論渾融在一起。

如上所述，朱子工夫論的大原則是「變化氣質」，具體方法是「讀書窮理」與「居敬涵養」二大端，但是朱子並沒有清楚交待何以這二種方法可能「變化氣質」。而工夫次第從小學，到大學「明明德」、「新民」、「止於至善」，有各種不同的目標。究竟「讀書窮理」與「居敬涵養」這二種方法，與那些不同次第目標的關係是什麼呢？現代理學研究者最常質疑朱子的道德心性修養問題，用朱子的話來說，是「讀書窮理」與「居敬靜坐」等方法與「明明德」之間關係的問題。朱子曾說「人之為學，固是欲得之於心，體之於身。但不讀書，則不知心之所得者何事。」可見得朱子當認為二種方法都與「明明德」有直接的關係。「讀書窮理」等語言理會與涵養脫不了關係。「居敬」屬於語言理會知覺，「靜坐」則完全不是，但卻同樣都有「涵養」的效果。「讀書窮

理」、「居敬」、「靜坐」三者的關係是什麼呢？朱子並沒有清楚地交待。這些問題，就留待明代理學進一步討論。

「靜坐」與「讀書」兩項工夫教法，到明代更有見仁見智的取擇與批評。〔註 14〕這二種教法都帶有「士」階層專屬的味道，一般的農、工、商則不一定都有機會使用這二種教法。若是過分專注於「靜坐」與「讀書」，又可能有脫略人倫世情的毛病，而失去外向積極的活動力。畢竟工夫論與思想家個人的生命氣質息息相關，不同的人自然會有不同的主張，故始終有很大的空間去討論、變化。

此外，朱學到明代已成爲官方舉業之學，結繫朝廷功令，使得朱學加入了很重的利祿、通俗成分，漸漸有如朱子自己所批評的「俗學」味道了。這是科舉制度對一門學問巧妙的影響，一方面有提倡，一方面又有雜染。此即「以應舉故而讀書，讀書僅爲應舉計，則萬變而萬不當而已。」〔註 15〕朱學這種世俗陳腐的印象，也能造成後代讀書人批評反省的動力。

第三節　甘泉之前的明代理學

承上述，明初的正式學術，在永樂之後漸漸與朝廷功令之間形成疏離的關係，更別於所謂俗學。而當時的理學內容，可說都在朱學的籠罩之下，尚無特起之秀。據劉宗周所稱，方孝孺之後，重要的第一位理學家就是曹端：

> 按先生〔曹端〕門人彭大司馬澤嘗稱：「我朝〔明朝〕一代文明之盛，經濟之學莫盛於劉誠意、宋學士，至道統之傳則斷自澠池曹先生始〔曹端〕。」上章請從祀孔廟廷。愚〔劉宗周〕謂方正學而後，斯道之絕而復續者，實賴有先生一人。薛文清亦聞先生之風而起者。
> （《明儒學案・師說》）

此處提出了曹端及薛瑄作爲明初理學繼起者。以下分別述之。

一、曹月川

曹端，字正夫，號月川，河南澠池人。永樂六年舉於鄉，明年登乙榜第

〔註14〕可參考周師志文：〈明儒中的主動派與主靜派〉（收於：《晚明學術與知識分子論叢》）。

〔註15〕呂思勉：《中國制度史》（上海：上海教育出版社，1998 年 5 月）第十五章選舉，頁 736。

一。授山西霍州學正。歷九年，丁憂廬墓。永樂二十年起補蒲州。明仁宗洪熙考績，兩學諸生皆上章請復任霍州，上遂許之。又歷十年而卒。曹端仍主張理氣二分，其言曰：

> 天地間凡有形象、聲氣、方所者，皆不甚大。惟理則無形象之可見，無生氣之可聞，無方所之所指，而實充塞天地，貫徹古今，大孰加焉！故周子言無極而太極。（〈諸儒學案上二〉）

此處的「理」，超越於空間之上，不能用視聽碰觸等感官去知覺，是一個永恆無時間的世界，而「無生氣之可聞」，把「理」與時間中活動的「氣」區隔得很清楚。「理」既無形聲方所可求，人又要從何知「理」呢？曹端曰：

> 道無形體可見，而聖人一身渾然此道。故無形體之道，皆聖人身上形見出來。（〈諸儒學案上二〉）

則無形體的「理」要在人這裡發見。那麼人又如何能夠「渾然此道」呢？曹端曰：

> 人之所以可與天地參爲三才者，惟在此心，非是軀殼中一塊血氣。

可知人是因爲「心」而能得「理」。但人「心」要如何得「理」呢？這就是工夫論了。曹端曰：

> 事事都於心上做工夫，是入孔門底大路。（〈諸儒學案上二〉）

則操心持念是工夫的大原則。曹端又曰：

> 事心之學，須在萌上著力。（〈諸儒學案上二〉）
>
> 一誠足以消萬僞，一敬足以敵千邪，所謂先立乎其大者，莫切於此。（〈諸儒學案上二〉）
>
> 吾輩作事，件件不離一敬字，自無大差失。（〈諸儒學案上二〉）
>
> 天理存亡，只在一息之間。（〈諸儒學案上二〉）
>
> 生死路頭，惟在順理與從欲。（〈諸儒學案上二〉）
>
> 爲仁之功，用力特在勿與不勿之間而已。自是而反則爲天理，自是而流則爲人欲。自是克念則爲聖，自是罔念則爲狂。特毫忽之間，學者不可不謹。（〈諸儒學案上二〉）

可知曹端的工夫論就是恭謹莊重的態度，去體察起心動念處萌發的或善或惡念頭，爲善去惡，存天理而去人欲，聖凡之際即在此。但人心在體察善惡之前，當運用讀聖人經典去培養正確的判斷力，曹端曰：

> 六經、四書,聖人之糟粕也,始當靠之以尋道,終當棄之以尋眞。(〈諸
> 儒學案上二〉)

曹端只說學之初當靠聖人經典尋道,並沒有說是否不讀書就無法尋得道理。
但可以確定的是,曹端指出一味閱讀經典是不夠的,最終還要能夠體貼身心,
才是眞實的學問。曹端又注重「謹言」的工夫:

> 今人輕易言語,是他此心不在,奔馳四出了。學者當自謹言語,以
> 操存此心。(〈諸儒學案上二〉)

則充分重視到言語對心境的影響。總而言之,曹端的工夫論還是專以敬操持
爲主,可用「言忠信,行篤敬」概括。對於朱子提倡的格物窮理(讀書)等
大學工夫,似乎不大運用,而偏重「涵養用敬」的小學工夫了。在本體論上,
曹端因仍理氣二分的論調;提出「心不是軀殼中一塊血氣」,則似乎注意到以
「作用」言「心」之義。

二、河東學派薛敬軒

薛瑄,字德溫,號敬軒,山西河津人。薛瑄於理氣論,既言「理在氣中」,
又說氣有形有聚散,裡無形無聚散,氣有時而盡,理則永恆都在。可說實與
朱子的「理氣不離不雜」完全相同。言工夫,強調一切工夫都須自家身心領
會:

> 工夫緊貼在身心上做,不可斯須外離。(〈河東學案上〉)

工夫內容恪守朱子「居敬」與「窮理」的規格,而二者須相互支援:

> 纔收斂身心,便是居敬。纔思義理,便是窮理。二者交資,而不可
> 缺一也。(〈河東學案上〉)

> 居敬有力,則窮理愈精。窮理有得,則居敬愈固。(〈河東學案上〉)

至此皆不脫朱子所言,唯格外強調「言意之知」,較爲特出的部分。薛瑄曰:

> 心一收而萬理咸至,至非自外來也,蓋常在而心存,有以識其妙耳。
> 心一放而萬理咸失,失非向外馳也,蓋雖在是而心亡,無以察其妙
> 耳。(〈河東學案上〉)

此處直以心能得萬理之所在,又曰:「理明則心定」(〈河東學案上〉),則心存
在的意義就在於「明」理。但是要如何明理呢?薛瑄曰:

> 常存心於義理,久久漸明,存心於閒事,即於義理日昧矣。(〈河東
> 學案上〉)

則明理之法就是將心放在「義理」上，熟習之後便能明。這個「義理」相對於「閒事」，可能是嚴肅、具指導性的的一些觀念、知識。薛瑄又曰：

> 凡聖賢之書所載者，皆道理之名也。至於天地萬物所具者，皆道理之實也。書之所謂某道某理，猶人之某名某性也，有是人之姓名，則必有是道理之實。學者當會於言意之表。(〈河東學案上〉)

可知薛瑄認為如果我們把聖賢經典等言意知識看懂了，又就能掌握到這些經典文句當初所指涉的道理或聖人的心得。這種對經典文字的念念思慮，應該就是薛瑄所謂的「存義理於心」。而此處又可見薛瑄十分肯定、重視聖賢經典的文句內容。相較於曹端以六經四書為糟粕，可謂大相逕庭。以經文為糟粕，則不必字字句句皆理解、採信並熟習念記。反之，於經文有未能領會明瞭處，必當又下記誦之功，一依經文為準。故薛瑄又曰：

> 知言者，書無不通，理無不明之謂。(〈河東學案上〉)

這種十足十崇信經文並要完全理會的態度，只在朱子《格物補傳》或論「知言」處有這種極端的傾向。如上所述，一般情況朱子講求的還是「學之之博，未若知之之要；知之之要，未若行之之實」(《朱子語類》卷十三，〈學七〉)，讀書學問終究還是要回到身心上體證。則薛瑄此處所論繼承了朱子若干極端追求知識的況味，又進一步發建立了由經典字句通道理的說法。

《明儒學案》列薛瑄為河東學案案主，明其下開河東學派之實，黃宗羲論之曰：

> 河東之學，恫恫無華，恪守宋人矩矱，故數傳之後，其議論設施，不問而可知其出於河東也。(〈河東學案上〉)

可知河東學派可說是明代理學中保守程朱的一派，則河東學者多以居敬、窮理為工夫法門可知。亦能培養出一批謹慎躬行的學者。

三、崇仁學派吳康齋

吳與弼字子傅，號康齋，撫州之崇仁人也。居鄉，躬耕食力，弟子從遊者甚眾。康齋工夫，亦不脫居敬、窮理，但這二項工夫在康齋這裡實踐起來，卻有個別異趣。康齋工夫，要為居貧處困、隨分讀書、反省思慮三者。

康齋之貧困大抵亦由環境與個性造成。在貧困的生活中，許多欲望不能滿足，兼以辛勞的農耕生活，時而財務窘迫，威脅生計，又容易使人煩憂。康齋自述：

因事知貧難處，思之不得，付之無奈。孔子曰「志士不忘在溝壑」，未易能也。又曰「貧而樂」，未易及也。然古人恐未必如吾輩之貧。夜讀子思子素位不願乎外，及游呂之言，微有得。游氏「居易未必不得，窮通皆好。行險未必常得，窮通皆醜」，非實經歷，不知此味，誠吾百世之師也。又曰：「要當篤信之而已。」從今安敢不篤信之也。（〈崇仁學案一〉）

處貧不易，貧而樂更難。要在物質生活貧乏的狀況下，還能有一個安定平和的心境，尤為可貴。康齋時時往這個方向努力，時有未逮，終能省思返途。康齋每每用思慮反省，來面對貧困的生活。康齋自述：

夜，病臥思家務，不免有所計慮，心緒便亂，氣即不清。徐思可以力致者，德而已，此外非所知也。吾何求哉？求厚吾德耳！心於是乎定，氣於是乎清。明日，書以自勉。（〈崇仁學案一〉）

在省思，康齋重新找到一個信念，專注於此，而能應對困苦的情境。此即：

雖萬變之紛云，而應之各有理。（〈崇仁學案一〉）

這種時時「以理應之」的方式，就是康齋最重要的工夫。優沃時有處於優沃的合理應對，貧困時有處於貧困的合理應對，只要掌握一「理」字，則無往而不自得。但是，要如何掌握這個「理」呢？康齋時常以讀書來求理。必須說明的是，康齋的「讀書求理」不一定是從書中找出符合現實問題的答案，常常是用讀書來使意念專注在義理上，心境自然能安定清明，也就不會僵執在眼前的問題上，而能冷靜地處理或面對。舉如：

貧困中，事務紛至，兼以病瘵，不免時有憤躁。徐整衣冠讀書，便覺意思通暢。古人云：「不遇盤根錯節，無以別利器。」又云：「若要熟，也須從這裏過。」然誠難能，只得小心寧耐做將去。朱子云：「終不成處不去便放下。」旨哉是言也！（〈崇仁學案一〉）

如此一來，讀書竟成為一種調養身心、恢復神明的方法。至於書中的知識，是否皆一一理會明白，已經顯得不太重要。所以，康齋讀書之要在專注意念，不在求取知識可知。故康齋曰：「應事後，即須看書，不使此心頃刻走作」（〈崇仁學案一〉），即是此義。讀書既非專為求取知識，貧困之中又沒有太多餘裕可以讀書，康齋曰「隨分讀書」：

讀罷，思債負難還，生理寒澀，未免起計較之心。徐覺計較之心起，則為學之志不能專一矣。平生經營，今日不過如此，況血氣日衰一

> 日，若再苟且因循，則學何由上？此生將何以堪？於是大書「隨分
> 讀書」於壁以自警。窮通、得喪、憂樂一聽於天，此心須澹然，一
> 毫無動於中可也。（〈崇仁學案一〉）

則生活中工夫修為的重點是達到「精白一心，對越神明」（〈崇仁學案一〉），能
讀書儘量讀書，不能讀書，亦不妨此心澹然。康齋極注重生活反省，其言曰：

> 日夜痛自檢點且不暇，豈有工夫檢點他人？責人密，自治則疏矣，
> 可不戒哉！明德、新民，雖無二致，然己德未明，遽欲新民，不惟
> 失先後本末之序，豈能有新民之效乎？徒增勞攘，成私意也。（〈崇
> 仁學案一〉）

所以，在貧困中時時思慮反省，或輔以讀書專注義理，即康齋篤實工夫，以
達「力除閒氣，固守清貧」（〈崇仁學案一〉）之效。

　　仍須說明，「讀書」在康齋這裡雖然不是工夫主軸，康齋也沒有如薛瑄般
極端的傾向知識的論調，但是「讀書」一法在康齋心目中仍然是很重要的部
分。故康齋云：「懼學之不繼也，故特書於冊，冀日新又新，讀書窮理，從事
於敬恕之間，漸進於克己復禮之地」（〈崇仁學案一〉），要為寫照。

四、江門學派陳白沙

　　陳獻章字公甫，新會之白沙里人。嘗受學於康齋先生，歸即絕意仕進，
築陽春臺，靜坐其中，不出門檻之外者數年。成化二年復遊太學，祭酒邢讓
試和楊龜山〈此日不再得〉詩，見白沙之作，驚曰：「即龜山不如也。」颺言
於朝，以為真儒復出，由是名動京師。歸而門人益進。成化十八年，因薦召
至京，政府或尼之，令就試吏部。辭疾不赴，疏乞終養，授翰林院檢討而歸。
自後屢薦不起。弘治十年卒，年七十三。甘泉往學江門時，白沙六十七歲，
蓋晚年所收弟子也。

　　白沙於本體論極少明講，所言皆工夫語。觀其〈復趙提學僉憲〉一書所
云：

> 執事為說，本之經訓，與僕所以為學、所以語人者同歸而殊途。但
> 僕前簡失之太略，執事見之太明，故疑僕之意異於執事，而實不異
> 也。執事謂浙人以胡先生不教人習「四禮」為疑，僕因謂禮文雖不
> 可不講，然非所急，正指四禮言耳，非統論禮也。禮無所不統，有
> 不可須臾離者，克己復禮是也。若橫渠以禮教人，蓋亦由是而推之，

教事事入途轍去，使有所據守耳。若四禮則行之有時，故其說可講而知之。學者進德修業，以造於聖人，緊要卻不在此也。程子曰：「且省外事，但明乎善，惟進誠心。」外事與誠心對言，正指文爲度數。若以其至論之文爲度數，亦道之形見非可少者。但求道者有先後緩急之序，故以且省爲辭。省之言略，謂姑略去之，不爲害耳。此蓋爲初學未知立心者言之，非初學不云且也。若以外事爲外物累己，而非此之謂，則當絕去，豈直省之云乎？不規規於往跡以干譽目前，僕之此言亦有爲而發，嘗與胡先生言之矣，非諷執事也。此不欲形於筆札，俟面告。執事於僕謂無間者也，苟事有未當，僕得盡言之，豈假諷哉？僕才不逮人，年二十七，始發憤從吳聘君學，其於古聖賢垂訓之書，蓋無所不講，然未知入處。比歸白沙，杜門不出，專求所以用力之方。既無師友指引，惟日靠書冊尋之，忘寢忘食，如是者亦累年，而卒未得焉。所謂未得，謂吾此心與此理未有湊泊吻合處也。於是舍彼之繁，求吾之約，惟在靜坐。久之，然後見吾此心之體隱然呈露，常若有物。日用間種種應酬，隨吾所欲，如馬之御銜勒也。體認物理，稽諸聖訓，各有頭緒來歷，如水之有源委也。於是渙然自信曰：「作聖之功，其在茲乎！」有學於僕者，輒教之靜坐，蓋以吾所經歷粗有實效者告之，非務爲高虛以誤人也。〔註16〕

由此可見，白沙雖曾受學崇仁，但白沙並沒有在那種讀書、苦行的工夫中體會到眞切的價值感。繼而閉門讀書數年之久，卻始終無所得於心。書本中講述的義理，始終沒有在白沙的心中引起充沛的共鳴。後來白沙使用「靜坐」一法，才漸漸感受到自己心體「隱然呈露，常若有物」，充實飽滿可知。重要的是，在由靜坐獲得這種價值感之後，再去「體認物理，稽諸聖訓」，則一切都能條理明白。則白沙行工夫，亦從居敬涵養、讀書窮理的規格中發展過來。其中有所轉化的是，居敬涵養的方式幾乎完全集中在「靜坐」一法，而與讀書窮理有個先後次第，靜坐是本，讀書窮理當於本立而後運用。只是白沙非常強調，立本不可能從讀書窮理那些聞見知識中求得來。白沙云：

抑吾聞之：「六經，夫子之書也」，學者徒誦其言而忘味，六經一糟粕耳，猶未免於玩物喪志。今是編也，采諸儒行事之跡與其論著之

〔註16〕明‧陳獻章：《白沙子全集》，清乾隆辛卯年刻版碧玉樓藏版（台北：河洛圖書出版社，民國63年9月臺景印初版），卷三‧書一。

言，學者苟不但求之書而求之吾心，察於動靜有無之機，致養其在
我者，而勿以聞見亂之，去耳目支離之用，全虛圓不測之神，一開
卷盡得之矣。非得之書也，得自我者也。蓋以我而觀書，隨處得益。
以書博我，則釋卷而茫然。此野人所欲獻於公與四方同志者之芹曝
也。(《白沙子全集》卷一，〈奏疏、記・道學傳序〉)

讀書就算有所得，那也是得之於天生具足的本心，這種本心是「虛圓不測之
神」，而不是來自後天的感官經驗。此處白沙分德性之知與聞見之知甚嚴。所
以在前一則引文中，白沙質疑友人用「四禮」等書本著作教人。白沙認爲，
那種抽象意義的「禮」是十分重要的，但是從文爲度數中不能領會到這種「禮」
的精神，只有反求於本心，才可能得到，而「靜坐」就是反求諸心的絕佳方
法。

　　必須注意的是，白沙的工夫論雖然以靜坐爲本，但在靜坐之後，還是會
有窮理的工夫，還是要躬行文爲度數。白沙云：

棄禮從俗，壞名教事，賢者不爲。願更推廣此心，於一切事不令放
倒。名節，道之藩籬。藩籬不守，其中未有能獨存者也。(《白沙子
全集》卷四，〈書二・與崔楫〉)

此則呼應前面白沙強調的「禮」。白沙的工夫，在靜坐立本之後，還要「推廣
此心」，去合禮（理）安排各種事情。如果沒有達到這種行爲操守，那表示自
己的本心已經放失不在了。故白沙嘗以「隨處體認天理」勉勵甘泉：

民澤足下：去冬十月一日發來書甚好。日用間隨處體認天理，著此
一鞭，何患不到古人佳處也？(《白沙子全集》卷三，〈書一・與湛
民澤〉)

「隨處體認天理」亦是一種窮理工夫。上述白沙認爲反求本心是虛圓不測之
神，與耳目支離、知識思索迥異，但「體認天理」顯然屬於後者。又白沙曰：

半江改稿，翻出窠臼，可喜。學詩至此，又長一格矣。前輩謂：「學
貴知疑，小疑則小進，大疑則大進。」疑者，覺悟之機也。一番覺
悟，一番長進。章初學時亦是如此，更無別法也。凡學皆然，不止
學詩，即此便是科級，學者須循次而進，漸到至處耳。(《白沙子全
集》卷三・〈書一・與張廷實主事〉)

則一切「學」包括聖學在內，都當有一番「疑」的工夫，才能眞正領會。這
「疑」當亦屬於知識思索的活動。由此更加確定，白沙工夫論雖以靜坐爲主、

為先，但立本之後的窮理、操守工夫亦不可少。黃宗羲即看出這一點，其論白沙學云：

> 先生之學，以虛爲基本，以靜爲門戶，以四方上下、往古今來穿紐湊合爲匡郭，以日用、常行、分殊爲功用，以勿助勿忘之間爲體認之則，以未嘗致力而應用不遺爲實得。(〈白沙學案〉)

則在「虛」、「靜」的基本入手，尚有「日用、常行、分殊」的功用。只是宗羲又說：

> 先生之學，由博而約，由粗入細，其於禪學不同如此。(〈白沙學案〉)

這或許是白沙求學過程的實況，但白沙自己卻不這樣主張，白沙曰：

> 爲學須從靜中坐養出個端倪來，方有商量處。(《白沙子全集》卷三，〈書一‧與賀克恭黃門〉)

則靜坐與窮理之間，必然有個本末、先後的關係。若非要說白沙之學「由博而約，由粗入細」，也是在「靜坐」之後進行窮理工夫所得者。白沙之學主要著眼在個人生活修養，而且又頗有一種「先知後行」、「先得本體後作工夫」的次第。白沙云：

> 承諭，進學所見，甚是超脫，甚是完全。病臥在床，忽得此束，讀之慰喜無量，自不覺呻吟之去體也。終日乾乾，只是收拾此而已。此理干涉至大，無內外，無終始，無一處不到，無一息不運，會此則天地我立，萬化我出，而宇宙在我矣。得此霸柄入手，更有何事？往古來今，四方上下，都一齊穿紐，一齊收拾，隨時隨處，無不是這個充塞。色色信他本來，何用爾腳勞手攘？舞雩三三兩兩，正在勿忘勿助之間。曾點些兒活計，被孟子一口打併出來，便都是鳶飛魚躍。若無孟子工夫，驟而語之，以曾點見趣，一似說夢。會得，雖堯、舜事業，只如一點浮雲過目，安事推乎？此理包羅上下，貫徹終始，滾作一片，都無分別，無盡藏故也。自茲以往，更有分殊處，合要理會，毫分縷析，義理儘無窮，工夫儘無窮。書中所云，乃其統體該括耳。(《白沙子全集》卷四，〈書二‧與林郡博〉)

析言之，白沙先點出「體道」或「得理」的境界。這種境界，是一種天人合一的境界，眼中所見無非是天機倡旺的生理不息，是一種「勿忘勿助之間」等自然而有主的心境，則無處不充滿讚美與感動。此「勿助勿忘之間」的心境在白沙而言，應該是通過「靜坐」得「心體呈露，常若有物」的價值感，

但不就是「靜坐」。不過，在這封信當中，白沙在稱許林郡博所見超脫之餘，還是提醒郡博必須於各「分殊」處一一「理會」，這是長遠無窮的工夫。由此可推知，那種「勿助勿忘之間」的心境，似乎只是對「理一」「統體該括」的寬泛體認，只是一個能依持以正確「入手」的「霸柄」。隨後還必須要有於「分殊」處的窮理工夫，才算是真正飽足圓滿的本體修為。

白沙學能夠針砭朱學中極端追求知識所可能帶來的弊病，但是仍帶有明誠兩進、敬義夾持的況味。然而這種格外突出靜坐自得，而先撇開讀書窮理的工夫論，亦是明初至中理學轉變的先聲。

又必須一提的是，我們應該充分重視白沙主張「靜坐」法的特殊性，它不是一般所謂的「求之在我」或「得之於心」，也不是後來陽明的「直任一箇真誠惻怛」〔註17〕，與「持敬」亦不同。「靜坐」畢竟脫略外物，而是一種反照內心、近乎神秘的體驗。本章於上述朱子靜坐時，曾如此說：「靜坐是使身心暫時放下日常酬酢的思慮反應，持續一種凝肅近乎哀傷的底蘊，而可能達到極柔軟、極寬容的心境。當我們從靜坐回到日常的待人接物時，雖然不一定還能維持那種心境，但靜坐至少有安慰、休息的效果，或是使我們的心智開了另一扇窗，一個參照。」此亦經訪問友人靜坐經驗，配合自身藝術欣賞心得，思慮整理所得，非真實表述。果如所言，靜坐絕倫自照，與格物致知或知行合一是完全不一樣的吧。

總而言之，甘泉之前的幾位明代理學家，在理氣論上沒有特出於朱子的突破，而在心性論上的著墨也不多。至於工夫論方面，可說都是從朱子主張的居敬、窮理二項為基礎，然其中或有變化，形成不同的趣味。河東學派可說是最保守於朱子學風格，其中或保留了極端追求知識的傾向。曹月川對於讀書教法的態度就已經放鬆，甚至有以六經為糟粕的說法，工夫則專注在心念的範省操持上。康齋極喜讀書，但讀書只是幫助生活中義理反省、調養身心的一種方式，而對書本本身的知識幾乎已不講究。白沙突出靜坐教法，視為入手的首要工夫，其次才是隨處體認天理，至於讀書一法，只是窮理工夫的一部分，幾乎沒有什麼特別的重要性。則甘泉之前的明代理學，在工夫論上大抵表現出一種特別強調自我身心體驗、重視生活實踐的窮理工夫，而追求知識的傾向顯得很冷淡，整體風格或迥異於朱子。這些理學家的工夫幾乎都專注在個人的生活上，有一種靜態內省的情調。

〔註17〕可詳見於本文第五章。

第參章　甘泉的生平及交遊

第一節　家世與早年學行

　　湛若水，字元明。初名露，字民澤，避祖父諱改名雨。後從今名。湛氏居廣之增城甘泉都，四方學者宗之，稱爲甘泉先生。〔註1〕生于明憲宗成化二年十月十三日巳時，卒于明世宗嘉靖三十九年，年九十五。其祖先爲莆〔註2〕人，有湛露者爲德慶路〔註3〕總管府治中，卜居在甘泉都的沙貝村，〔註4〕遂爲沙貝始祖。高祖父湛懷德，因元亂，率義兵保障其鄉。其部卒有罹於重典者，令歸辭其所親，約期赴死，如期悉至，咸貸之。人服其德，今有義士祠。〔註5〕祖父湛江，號樵林，以若水貴，累贈至資政大夫。父湛英，〔註6〕號怡

〔註1〕　參見：羅洪先：〈墓表〉。

〔註2〕　據載湛露當爲福建人，此處〝莆〞當屬今福建莆田縣。《福建通志》（文淵閣四庫全書本）卷二十四載湛露曾爲漳州府司戶糸軍。

〔註3〕　據載，德慶路當在廣東省內。《元史》載：「〔至元〕十七年，立德慶路總管府，後仍屬廣東道。」

〔註4〕　〝沙貝〞于廣東省境內，《廣東通志》（文淵閣四庫全書本）卷十・山川志・廣州府・南海縣載：「潯岡，在城西二十九里。數十峰相連，形如巨屏，高六十餘丈，下爲沙貝村。」

〔註5〕　《廣東通志》卷五十五載：「義士湛懷德墓」，其下注曰「增城人，葬永平火岡山，國子監祭酒楊起元銘墓」。

〔註6〕　於文獻記載中，湛〝英〞又有作湛〝瑛〞者。羅洪先〈墓表〉與王陽明《贈翰林院編修湛公墓表》（收於：《王陽明全集》（上海：上海古籍出版社，1992年12月））皆爲〝英〞，而洪垣〈墓志銘〉則作〝瑛〞字。於此黃敏浩已曾指出，且斷〝英〞字恐誤（見氏著頁50註3）。然考《廣東通志》，卷五十五載：「贈尚書湛英墓」；又卷三十七載：「湛瑛」，其下注曰：「以子若水贈禮部尚

菴，介直方嚴，刻行砥俗，斥人過惡至無所容。遭歹徒構誣，遂憤而發病死。以若水貴，累贈至南京禮部尚書。〔註7〕則知甘泉家世有耿介之風。又世居嶺南，家境富裕。〔註8〕據載，甘泉出世前有天象符應：

> 母陳氏以成化丙戌十月又十三日巳時生先生于沙貝。先是數月，有中星見于越之分野，識者以爲文明之象，今午會屬嶺南，當有聖賢生于其間，先生適應其期。（〈墓表〉）

而生來相貌殊異：

> 相甚異，顙中雙臚，隆然若輔弼。兩耳傍各有黑子，左七類北斗，右六類南斗。稍長，凝然如愚。（〈墓誌銘〉）

額上雙臚隆起，又有左七右六的黑痣，實異於常人。從小就有沉著的氣質。遭家多故，〔註9〕十四始入小學，十六學爲舉子業，二十二遊府庠。〔註10〕《墓表》載：

> 故居弟子員之時，都憲臨省視學，教官率諸生跪迎於門。先生獨昂立以門外非跪迎之地，後遂成式。

二十七歲時舉鄉試：

> 鄉試禁令，入試諸生皆徒跣，先生唱名當首，執不肯從，御史爲之廢法，以書經領鄉薦第四。鹿鳴宴用優樂，先生曰：「賓興盛典而可戲耶？」德器雅重，有台轉〔註11〕之望。（〈墓表〉）

> 弘治壬子，秋闈入試，士子例應徒跣聽檢閱。先生當首檢，固諍之曰：「此非所以禮士也。」以書經中式第一卷。（〈墓誌銘〉）

科舉仕宦是當時學子最主要追求的出路，甘泉從弟子員、考鄉試、到舉子宴會，對其中進行的儀節方式都有自己的意見，並以行動觸犯時令，不畏樹異

書」，〝英〞與〝瑛〞又皆具載，則二者未知孰是。此處且用王陽明、羅洪先所作〝英〞字。

〔註7〕 參見：〈墓表〉與《墓誌銘》。關於湛英行事，又參見：王陽明〈贈翰林院編修湛公墓表〉。

〔註8〕 《明史竊》載：「若水自蒙祖父故業，田連阡陌……。」（明・尹守衡：《明史竊》，收於：《明代傳記叢刊》戊・綜錄類）

〔註9〕 此處〝遭家多故〞未知是否指甘泉父湛英爲歹徒構誣遂憤而病死之事。

〔註10〕 參見：〈墓誌銘〉與《增城縣志》（清・熊學源 修、李寶中 纂：《增城縣志》（台北：成文出版社，《中國方志叢書・華南地方・第一六一號》，影印：清嘉慶二十五年刊本）卷十三・人物・湛若水傳。）

〔註11〕 此處〝台轉〞義不可解，疑爲〝台輔〞之誤，爲宰執之義。黃敏浩《湛甘泉的生平及其思想》中引用此段文獻即爲〝台輔〞。

當時、斷送前途的危險。反對跪迎門外、反對赤腳候檢，表示讀書人應受到尊重與信任。反對將輕俗的音樂用於舉子宴會，則重在典禮的莊嚴品格。由此可知，甘泉個性狷介，自有主見，對禮儀頗為敏感。隔年甘泉二十八歲，赴京參加會試，不第。南歸途中謁見莊定山，〔註12〕一望定山先生的人格風範，蓋有志於學。〔註13〕當時會試下第的舉人，當可入學國子監，受教諭之奉，等待下一次的會試。〔註14〕然而甘泉放棄這個機會，〔註15〕隔年二月即往學陳白沙。

第二節　從學江門

　　甘泉二十九歲時，由梁景行引見，往學陳白沙。時白沙已六十七歲，語之曰：「此學非全放下，終難湊泊。」甘泉遂焚原給會試部檄，絕意榮達。獨居一室，遊心千古，用靜坐工夫修養。從學之初，甘泉曾有自述如下：

> 初年，齋戒三日，始求教白沙先生。先生嘆曰：「此學不講三十年矣！」少頃，講罷。進問：「今門人有張廷實、李子長，而先生云『不講學三十年』何也？」先生曰：「子長只作詩。廷實尋常來只講些高話，亦不問，是以不講。蓋此學自林緝熙去後，已不講矣。」予後訪廷實，廷實因問：「白沙有古氏婦靜坐，如何？」予應曰：「坐忘耳。」張曰：「坐忘是否？」予應曰：「若說坐忘，便不識顏子。」張曰：「不然。三教本同一道。」予知其非白沙之學，因叩之云：「公曾問白沙

〔註12〕莊昶（1437～1499），字孔暘，號木齋，又號臥林居士，江浦人。成化二年進士，授翰林檢討，因疏諫内廷張燈忤旨，謫桂陽判官，尋改南京行人司副，以憂歸。卜居定山二十餘年，學者稱爲定山先生。弘治七年起爲南京吏部郎中，罷歸卒，年六十三，追諡文節。生平不尚著述，有自得輒見之於詩。（參見《明史》卷一七九）

〔註13〕甘泉子曰：「予癸丑下第，南歸，謁先生於定山，瀟然灑落，望之知爲有德人也。」（卷三十一，墓誌銘·明定山莊先生墓誌銘，57-226）；又：舉子時會試下第，歸必造定山謁莊先生，蓋有志於學矣。（明·鄧球編：《皇明泳化類編列傳》，收於：〔周駿富輯：《明代傳記叢刊》（台北：明文書局，民國80年元月版）戊、綜錄類。）

〔註14〕舉人入監，始於永樂中。會試下第，輒令翰林院錄其優者，俾入學以俟後科，給以教諭之奉。是時，會試有副榜，大抵署教官，故令監者亦食其祿也。（《明史·選舉志》）甘泉於從學沙之後，復入學南京國子監，則甘泉首次會試成績當可入國學。

〔註15〕甘泉於從學沙之後，復入學南京國子監，則甘泉首次會試成績當可入國學。

先生否?」張曰:「未曾問,只是打合同耳。」乃知先生之説不誣也。
(卷四,〈知新後語〉,56-543)

甘泉湛生因梁生景行以見,語之曰:「噫!久矣!吾之不講於此學
也!惟至虛受道,然而虛實一體矣。惟休乃得,然而休而非休矣。
惟勿忘勿助,學其自然矣。惟無在無不在,斯無助忘矣。」(〈明故
翰林院檢討白沙陳先生改葬墓碑銘〉)〔註16〕

根據這段說法,甘泉與當時白沙弟子張詡、李孔修的論調不同,而獨得白沙
學大體。其中載白沙認為李孔修專於作詩,不為聖學。而張詡務高,又不夠
踏實。白沙雖然提倡虛靜、休止等主靜工夫,然自覺未嘗隔絕事物變化,所
謂「虛實一體」、「休而非休」是也。照此義看,李孔修、張詡或偏於「虛」、
「休」,徒知「勿助」而不事「勿忘」。白沙以「勿忘勿助」面諭甘泉,則對
甘泉有特別的期許。白沙復李承箕守臺之問,則曰:「近得湛雨始放膽居之,
冷燄迸騰,直出楚雲之上。」〔註17〕又指先生於人曰:「此子為參前倚衡之
學者。」甘泉三十二歲時寫信向白沙提出「隨處體認天理」之旨,白沙覆曰:
「著此一鞭,何患不到古人佳處?」〔註18〕獲得老師的肯定,「隨處體認天
理」一語日後也成為甘泉一生的學問宗旨。在白沙的回信中還提到:

夫廷實近多長進,但憂其甚銳耳。子長病且愈,……作〈懷沙亭〉
於海上,此外有〈修古書院〉、〈冷香橋〉之作,所費不少,恨無以
成就之耳。民澤在鄉安否,禍福原於人情,不可不仔細察也。(《白
沙子全集》卷三〈遺言湛民澤〉)

其中白沙擔憂張詡、李孔修之蔽,正合於上述引文。白沙獨許甘泉,關切深
厚溢於言表。弘治十二年,甘泉三十四歲,白沙以江門釣臺付之甘泉,有七
言絕句〈江門釣瀨與湛民澤收管〉三首:

小坐江門不算年,蒲𧝬當膝幾回穿。

〔註16〕 收錄於《白沙子全集》附錄。《甘泉集》卷三十一中亦有收錄,然惟存銘文,
無誌文。

〔註17〕 〈墓表〉與〈墓誌銘〉均載此事,又白沙〈遺言湛民澤〉曰:「民澤足下,李
世卿書來問守臺者,老朽以民澤告之『冷燄迸騰殆出楚雲之山』,蓋以勉世卿
使求諸言語之外。」(《白沙子全集》卷三)

〔註18〕 白沙〈遺言湛民澤〉:「民澤足下,去冬十月一日發來書,甚好。日用間隨處
體認天理,著此一鞭,何患不到古人佳處也。……民澤在鄉安否,禍福原於
人情,不可不仔細察也。謾及之,不一一。戊午季春三月初二日,石翁在碧
玉樓疾書。」(《白沙子全集》卷三)

如今老去還分付，不賣區區敝帚錢。

皇王帝伯都歸盡，雪月風花未了吟。

莫道金針不傳與，江門風月釣臺深。

江門魚父與誰年，慚愧公來坐榻穿。

問我江門垂釣處，囊裡曾無料理錢？

其跋云：

達摩西來，傳衣為信。江門釣臺，病夫之衣缽也。今付與民澤收管，

將來有無窮之祝。珍重！珍重！（《白沙子全集》卷十）

此處江門釣臺代表白沙學的衣缽，白沙頗以得甘泉繼承為恃。再言「珍重」，殷切之情可以想見。是年八月，甘泉與友人遊西樵，觀覽山水而嘆造化，得天地在我之悟。〔註19〕

弘治十三年，甘泉三十五歲。二月，白沙歿，甘泉曰：「道義之師。成我者與生我者等。」為之制斬衰之服，廬墓三年，不入室，如喪父然。〔註20〕甘泉年少喪父，在道術學問上，可說以白沙為父。白沙傳授衣缽，以甘泉為傳人，亦如父之傳子。白沙遺言民澤多述心事，甘泉為之服喪三年，師弟情誼深切若此。

相對於張詡、李孔修偏於清空高蹈，甘泉拘謹狷介的個性，雖然得到白沙的肯定，然超逸未逮。白沙曾叮嚀甘泉：

承示教近作，頗見意思，然不欲多作，恐其滯也。人與天地同體，

四時以行，百物以生。若滯在一處，安能為造化之主耶？古之善學

者，常令此心在無物處，便運用得轉耳。學者以自然為宗，不可不

著意理會。俟面盡之。（《白沙子全集》卷三〈遺言湛民澤〉）

則在白沙看來，甘泉似又過於拘謹，有助而滯之病。上一章已提過，白沙在當時極不喜仕宦，亦不喜門人弟子入仕。甘泉不入國學，又受白沙影響，曾絕意仕進，卻在三年守喪後隔一年，入學南京國子監，此則與白沙學行頗有異趣。

〔註19〕「弘治己未秋，予與張博之、鄧順之、趙景鳳約遊西樵，……吾以是知天下之
　　　　山水，勝者不必名，名者不必勝，高者不必高，而深者不必深也。惟吾耳目之
　　　　所得，精神之所通，而未始有窮焉。由是以往，殆將與夫造物者遊於無極，則
　　　　天地之間，高深上下之妙，莫非吾之所有，而與之相為無窮也。又豈但如西樵
　　　　而已耶！八月廿六日，甘泉居士湛某書。」（卷十八‧記‧遊西樵記‧57-24）

〔註20〕參見：〈墓表〉與〈墓誌銘〉。

第三節　重登舉業

宗弘治十七年，甘泉三十九歲，入學南京國子監。先是，甘泉不肯會試者將十二年之久，後來在徐紘、好友謝佑的勸說、與母親的命令下，方入國學以俟來科。〔註21〕從絕意仕進，到重登舉業，當中轉變甚巨。從甘泉自述來看，除了母親的盼望之外，好友謝佑的勸說很有影響：

> 初甘泉子不肯會試者將十二、三年矣，天錫勸之駕，乃因母命赴禮闈，辱上第。（卷三十一‧墓誌銘‧逸士謝癸山先生墓碣銘，頁 57 ～235）

謝佑亦為白沙弟子，棄府庠生從學江門，嘗築室葵山之下，并日而食，襪不掩脛。名利之事，纖毫不入。〔註22〕有趣的是，謝佑本身是一個不仕的隱士，卻能勸服甘泉出仕。甘泉家境富裕，又不必謀食官場，以甘泉狷介的性格，重登仕途，除了外在的壓力或影響，自己心中也當有認同。無論如何，甘泉後來對重登仕途一事相當肯定：

> 或問曰：子何以拳拳教人以二業合一也？甘泉子曰：吾實身踐焉，吾嘗試之矣。昔者吾自二十而學，至二十七年而舉於鄉，其業猶夫人也。自聞學於君子，舍舉業而涵養者十有三年，及乙丑之試也，而舉業則若大有異。夫昔者也，其源源而來也，若有神開之也。然猶有說焉，乃離舉業而涵養也猶若是，若夫不外舉業而涵養存存焉，其成也勃焉矣。（卷五，〈二業合一訓〉，56-549）

引文中甘泉標榜所謂「二業合一」，就是德業與舉業的合一。在重登舉業的過程中，甘泉體認到道德涵養其實不一定要舍棄舉業，甚至德業的修養能與舉業合一並進，成就會更高。甘泉北上南京國子監，會見當時祭酒章懋。章懋試以〈睟面盎背論〉，論君子所性，奇之，遂傾倒納交，不敢以舉子視之。〔註23〕

　　入監翌年，甘泉四十歲，參加乙丑科會試，學士張元禎、楊廷和為考官，

〔註21〕參見：〈墓表〉、〈墓志銘〉、《明儒學案‧甘泉學案》、與〈逸士謝癸山先生墓誌銘〉。〈墓表〉與〈墓志銘〉皆載甘泉受徐紘勸，乃依母命入南雍，而甘泉於〈逸士謝癸山先生墓碣銘〉中卻說：「初甘泉子不肯會試者將十二、三年矣，天錫勸之駕，乃因母命赴禮闈，辱上第。」（卷三十一，墓誌銘‧逸士謝癸山先生墓碣銘，頁57～235）則特舉出謝佑，而未提到徐紘。其中差異未知何故，且一并採取之。

〔註22〕參見：〈逸士謝癸山先生墓碣銘〉與《明儒學案‧白沙學案》。

〔註23〕參見：〈墓表〉與〈墓志銘〉。

在闈中得其卷曰:「此非白沙之徒,不能爲此」,拆名果然。又張元禎嘆曰:「眞儒復出矣。」置名第二,賜進士出身,廷試選翰林院庶吉士。

正德元年,甘泉四十一歲,在京師結識時年三十五的王陽明〔註24〕。甘泉曾自述之:

〔陽明〕會甘泉子於京師,語人曰:「守仁從宦三十年來,未見此人。」甘泉子語人亦曰:「若水泛觀於四方,未見此人。」遂相與定交講學,一宗程氏『仁者渾然與天地萬物同體』之指。……銘曰:……丙寅之年,懈逅語契,相其共詣:天地爲體,物莫非己。(卷三十一·墓誌銘·明故總制兩廣江西湖廣等處地方提督軍務奉天翊衛推誠宣力守正文臣特進光祿大夫柱國少保兼太子太保新建伯南京兵部尚書兼都察院左都御史陽明先生王公墓誌銘,57-231,57-234)

先是,陽明開始授徒講學,教人必先立爲聖人之志。不久後結識甘泉,遂相與講學。〔註25〕湛、王二人皆以「未見此人」形容相識之情,則當於學問上大爲契合,尤其在於程明道所謂「仁者渾然與天地萬物同體」,爲二人共識宗旨。未幾,陽明即下詔獄,謫貴州龍場驛驛丞。

正德二年十月,甘泉任翰林院編修。明年,充會試同考試官,考生中特別賞識高陵呂柟。〔註26〕此年陽明在龍場始悟格物致知之旨。正德五年十一月,陽明進京入覲,引見甘泉,訂與終日共學。十二月,陽明陞南京刑部四川清吏司主事,甘泉與黃綰言於冢宰楊一清,改留吏部。職事之暇,始遂講聚。方期各相砥切,飲食啓處必共之。〔註27〕又呂柟、王崇慶和之,此時甘

〔註24〕關於湛、王結識的時間有二種說法,一種是正德元年,乃甘泉於〈奠王陽明先生文〉與〈陽明先生王公墓誌銘〉中自述者;一種是明·錢德洪所撰《陽明年譜》,繫於正德元年前一年弘治十八年陽明在京講學事下。二者未知孰是,然據《陽明年譜》載,正德元年二月陽明即下詔獄,則二人結識或在年關之交。此處且以甘泉本人所述爲準。

〔註25〕據《陽明年譜》載:「十有八年乙丑,先生三十四歲,在京師。是年先生門人始進。學者溺於詞章記誦,不復知有身心之學。先生首倡言之,使人先立必爲聖人之志。聞者漸覺興起,有願執贄及門者。至是專志授徒講學。然師友之道久廢,咸目以爲立異好名,惟甘泉湛先生若水時爲翰林庶吉士,一見定交,共以倡明聖學爲事。」(收於:明·王守仁撰,吳光、錢明、董平、姚延福編校:《王陽明全集》(上海:上海古籍出版社,1992年12月)卷三十三。)

〔註26〕參見:〈墓誌銘〉。

〔註27〕《陽明年譜》:「五年庚午,先生三十九歲,在吉。陞盧陵縣知縣。……冬十

泉道學聲名日著，學者稱爲甘泉先生。〔註28〕據甘泉所述，此時湛、王論學已見出入，陽明以釋、道爲「聖人枝葉」，甘泉則嚴加抵斥之。〔註29〕

　　正德七年，甘泉四十七歲，奉命封安南國王黎晭正使，賜一品服以行。出使前，陽明懼聖學難明而易惑，人生別易而會難也，乃爲〈別湛甘泉序〉以贈，〔註30〕其中：

> 居今之時而有學仁義，求性命，外記誦辭章而不爲者，雖其陷於楊、墨、老、釋之偏，吾且猶以爲賢，彼其心以求自得也。夫求以自得，而後可與之言學聖人之道。……晚得友於甘泉湛子，而後吾之志益堅，毅然若不可遏，則予資於甘泉多矣。甘泉之學，務求自得者也。世未之能知其知者，且疑其爲禪。誠禪也，吾猶未得而見，而況所志卓爾若此。則如甘泉者，非聖人之徒歟！多言又烏足病也！夫多言不足以病甘泉，與甘泉之不爲多言病也，吾信也。吾與甘泉友，意之所在，不言而會，論之所及，不約而同，期於斯道，斃而後已者。（《王陽明全集》卷七）

此處可見陽明相當肯定甘泉「學在自得」，而與辭章俗學絕異。白沙謂甘泉「多作」，陽明又謂甘泉「多言」，則知甘泉學或有學究繁瑣的傾向。甘泉當時名氣日著，批評也隨之出現，「多言」、「禪」者皆是。甘泉二月七日啓行安南，明年正月十七日始達其國。觀民物風俗，點陋無足異者，怪往時相傳過實。〔註31〕

有一月，入覲。……明日引見甘泉，訂與終日共學。……十有二月，陞南京刑部四川司吏司主事」；「六年辛未，先生四十歲，在京師。……送甘泉奉使南安。先是，先生陞南都，甘泉與黃綰言於冢宰楊一清，改留吏部。職事之暇，始遂講聚。方期各相砥切，飲食啓處必共之。」

〔註28〕《續藏書》：「時陽明公在吏部，相與倡道京師，場屋所取士修撰呂柟、主事王崇輿和之，道價日著，學者稱甘泉先生。」此處〝王崇慶〞闕一〝慶〞字。（明·李贄：《續藏書》，收於：《明代傳記叢刊》戊、綜錄類）

〔註29〕甘泉自述：「聚首長安，辛、壬之春，兄復吏曹，與我卜鄰。自公退食，坐膳相以，存養心神，剖析疑義。我云聖學，體認天理，天理何問？曰廓然爾。兄時心領，不曰非是，言聖枝葉，老耼釋氏。予曰同枝，必一根柢，同根得之，伊尹夷惠，佛與我孔，根株咸二。奉使安南，我行兄止。」（卷三十·祭文·奠王陽明先生文，57-219）

〔註30〕《陽明年譜》：「至是甘泉出使安南封國，將行，先生懼聖學難明而易惑，人生別易而會難也，乃爲文以贈。」

〔註31〕湛若水：〈交南賦〉：「予奉命往封安南國王晭，正德七年二月七日出京，明年正月十七日始達其國。觀民物風俗，點陋無足異者，怪往時相傳過實。」此篇未收入《甘泉集》中，文獻載於：《御定歷代賦彙》（文淵閣四庫全書本）

安南王以金餽，甘泉不受，三卻之，其耿介又可一見。〔註32〕正德九年，甘泉由安南北返途中，與陽明會於滁州，〔註33〕甘泉自述，此次與陽明會面講論，於儒、釋究竟之辨各持異見：陽明主其通同，甘泉力辨其異。之後與陽明書曰：

> 昨承面諭大學格物之義，荷教多矣。但不肖平日所以受益於兄者，尚多不在此也。兄意只恐人舍心求之於外，故有是說。不肖則以爲人心以天地萬物爲體，心體物而不遺。認得心體廣大，則物不能外矣。故格物非在外也。格之、致之之心，又非在外也。於物若以爲「心意之著見」，恐不免有外物之病。（卷七・書・與陽明鴻臚，56-560）〔註34〕

此處甘泉批評陽明「意之所在便是物」（《傳習錄》）的說法，爲心、物二分，有將「物」別置於外的危險。所以要謹守「格物」的工夫，才能體物不遺。甘泉此論就陽明而言實不成問題，陽明「物爲心意之所著」、「意之所在便是物」，亦未嘗自外於物。無論如何，此時甘泉論學已自覺異於陽明。

第四節　西樵卜居

正德十年，甘泉五十歲，二月，其母卒於京師。據載，甘泉奉柩南歸，過大庾嶺，恐震驚，扶靈輀山行數十里，暮臥於旅次。葬於荷塘，甘泉廬墓其側，朝夕號泣。禽鳥爲之喧噪，助其悲哀。時方多，有筍生于廬墓外，有五色瓜生于墓新土上，一本數蔓，九實連蒂。正德十二年，服闋，上疏養病，許之。築室于西樵山大科峰下，日與泉石猿鶴優游，非問學之士不接。〔註35〕甘泉在西樵卜居，不用處理公務，而積極地從事講學與著述的工作，又常與友人有論學書信。《續藏書》載：

> 多士來學，支與日給錢米，開禮舍於僧寺，至齋戒三日，習禮成而

卷四十。
〔註32〕參見：〈墓表〉。
〔註33〕「兄遷太僕，我南于北。一晤滁陽。斯理究極，兄言迦聃，道德高博，焉與聖異？子言莫錯。我謂高廣，在聖範圍，佛無我有，中庸精微，同體異根，大小公私，斁敘彝倫，一夏一夷。夜分就寢，晨興兄嬉：夜談子是。吾亦一疑。」（卷三十・祭文・奠王陽明先生文，57-219）；《陽明年譜》：「〔正德〕九年甲戌，先生四十三歲，在滁。四月，陞南京鴻臚寺卿。」
〔註34〕陽明任鴻臚之期爲正德九年四月至十一年九月。
〔註35〕參見：〈墓表〉與〈墓誌銘〉。

後聽講。講必端坐觀心，不遽與言。

可知甘泉贊助來學者的生活開銷，又特別要求學生有充分習禮、凝斂的工夫，而後才與之討論學問。大科書院亦在此時建造。甘泉此時與陽明的來往書信中，頻頻出現對陽明學說的批評。舉如：

> 所示前此支離之憾，恐兄前此為相悉之深也。所謂支離者，非二之之謂也。非徒逐外而忘內謂之支離，是內而非外者亦謂之支離，過猶不及耳。必體用一原、顯微無間、一以貫之，乃可免此。(卷七，〈書・答陽明〉，56-567)

「逐外忘內」之弊向為陽明所批評，則知甘泉實認為陽明乃「是內非外之支離」，則循滁州會後所謂「外物」之譏未改。面對這一類的批評，陽明並未直接答辯，在正德十四年與甘泉的信中，陽明曰：

> 此心同，此理同，苟知用力於此，雖百慮殊途，同歸一致。不然，字字而證，句句而求，其始也毫釐，其末也千里。老兄造詣之深，涵養之久，僕何敢望？至共向直前，以求必得乎此之志，則有不約而棄、不求而合者。其間所見，時或不能無小異，然吾兄既不屑屑於僕，而僕亦不以汲汲於兄者。正以志向既同，如兩人同適京都，雖所由之途間有迂直，知其異日之歸終同耳。(《王陽明全集》卷四，〈答甘泉〉)

此處陽明已無意與甘泉細辨，而以「殊途將同歸」為共同期許，亦有緩和、禮讓之意。然而同一年陽明與方獻夫書中，以甘泉為求意氣者：

> 甘泉所舉，誠得其大，然吾獨愛西樵子〔方獻夫〕之近而切也。見其大者，則其功不得不近而切。然非實加切近之功，則所謂大者，亦虛見而已耳。自孟子道性善，心性之原，世儒往往能言，然其學卒入於支離外索而不自覺者，正以其功之未切耳。此吾所以獨有喜於西樵之言，固今時對證之藥也。古人之學，切實為己，不徒事於講說。書札往來，終不若面語之能盡，且使人溺情於文辭，崇浮氣而長勝心。求其說之無病，而不知其心病已多矣。此近世之通患，賢知者不免焉，不可不察也。(《王陽明全集》卷四，〈答方叔賢〉)

方獻夫時居西樵，為湛、王學友，湛、王爭議常與方獻夫討論，類此，亦有楊仕德一人。此處譏評甘泉可謂十分嚴厲，以甘泉為切近之功不足實，而落於意氣求勝。甘泉性耿介，當不至褊狹至此。但甘泉極欲求得陽明認同，又

屢譏陽明爲外物、支離，又不可謂全無求勝之氣。正如陽明所言，書札文辭易使人陷，即使面論亦未必能溝通相知。陽明立言精微巧妙，甘泉未能透知其言亦不爲怪。

正德十六年，陽明與甘泉書中，評論甘泉的《學庸測》，認爲：

> 其中有大發明處，然與鄙見尚大同小異耳。「隨處體認天理」是眞實不誑語，鄙說初亦如是，及根究老兄命意發端處，卻似有毫釐未協，然亦終當殊途同歸也。修、齊、治、平，總是格物，但欲如此節節分疏，亦覺說話太多。且語意務爲簡古，比之本文反更深晦，讀者愈難尋求，此中不無亦有心病。莫若明白淺易其詞，略指路徑，使人自思得知，更覺意味深長也。老兄以爲如何？致知之說，鄙見恐不可易，亦望老兄更一致意，便間示知之。此是聖學傳心之要，於此既明，其餘皆洞然矣。(《王陽明全集》卷五，〈答甘泉〉)

此處陽明對於自「格物致知」之說表示堅定的態度，指出甘泉立論的缺點，又認爲甘泉《學庸測》、「體認天理」的意見與自己大同小異。則知在陽明看來，二人差異當不至於爲水火不容的對立，言論中交集之處亦不在少。甘泉後來寫了一封〈答陽明都憲論格物〉，於格物問題上，條陽明「正念頭」說之不可者三，而自己的「體認天理」說之可採者五，爲長篇述論。〔註36〕這但封信最後沒有得到陽明的任何回應，〔註37〕陽明確實已不欲再與之辯論言辭。其實陽明那段期間有許多軍務，常帶兵作戰，而且人際廣泛，待人接物、書信往復的情形複雜頻繁，此時還要再與甘泉書信詳論，恐怕也沒有多餘的心力。甘泉對此耿耿於懷，至陽明去世之後，於祭文中曰：「我居西樵，格致辨析，兄不我答，遂爾成默。」(卷三十・祭文・奠王陽明先生文，57-220) 這些論爭著實於二人友情造成傷害。其實湛、王以學問契合而相知相惜，學問異了不能相知，則相惜亦遠矣。「遂爾成默」比之當初「未見此人」，有昨是今非之慨。

總而言之，甘泉西樵卜居，無論是著述編書，講學教育，書札辯論，其實都是自我思想整理、反省與確定的過程。甘泉自述其學歷曰：

> 必體用一原，顯微無間，一以貫之，乃可免此。僕在辛、壬〔正德六年、七年〕以前，未免有後一失，若夫前之失，自謂無之。而體

〔註36〕 參見：《甘泉集》卷七・書・答陽明都憲論格物，56-571 到 56-573。
〔註37〕 「我居西樵，格致辨析，兄不我答，遂爾成默。」(卷三十・祭文・奠王陽明先生文，57-220)

用顯微，則自癸、甲之後〔正德九年、十年〕，自謂頗見歸一。（卷
七，〈書·答陽明〉，56-567，56-568）

西樵卜居在所謂「辛、壬，癸、甲」之後，則甘泉已自認於「體用顯微」已
能歸一。再加上居樵時五、六年的學術經驗，謂其學大抵已成可也。此時甘
泉辦學、講學的經驗，也成為往後不論是居官、致仕後的講學的基礎。據喬
清舉的考證，這段時間甘泉又留下了《樵語》、《新論》、《知新後語》等語錄。
〔註38〕事實上，今傳甘泉著述、講學的文獻，也都從西樵卜居開始。

第五節　嘉靖仕宦

嘉靖元年，甘泉以五十七歲的高齡，復出展開長達十八、九年的平順仕
途。其時受都御史吳公廷舉、御史朱公節交薦，復補編修同脩武宗實錄。六
月，因世宗暑月輟講，進〈初入朝豫戒遊逸疏〉，言：

> 夫人之心無所用則放，有所儆則存，故廢於講學，則或繼以欲逸，
> 此人情之所必有者。……臣竊謂陛下今雖未御經筵日講，然而憂勤
> 之念，兢業之心，蓋不可以寒暑間者。臣願聖明以深居靜思為本，
> 以溫習尋求為業，以敬親事天為職分，以勤政親賢為急務，隨處操
> 存，體認天理，俾此心無異於經筵日講之時。稍萌逸欲，即為禁止。
> 舊德老臣，如大學士楊廷和等，新起宿望，如戶部尚書孫交、尚書
> 林俊等，及九卿大臣之賢，時賜召問，以興其成王畏相之心。尤擇
> 內臣之老成忠厚者，俾給侍左右，以責其旦夕承弼之益。（卷十九，
> 〈章疏·初入朝豫戒遊逸疏〉，57-31）

先是，正德十六年，以武宗無嗣，世宗以興獻王世子，十五歲入繼大統。世
宗因張璁疏，手詔欲尊父為興獻皇帝，楊廷和等持不可，帝不聽，後遂尊之。
嘉靖元年正月十一，清甯宮後殿災，楊廷和因言興帝后加稱皇，列聖神靈容
有未安，世宗不得已遂改稱孝宗為皇考，興獻帝后為本生父母，此則「大禮
議」事之始。〔註39〕先是世宗以少年即位，於改稱興獻王為皇叔父一事，與
楊廷和為首的朝中文官們早有間隙。甘泉初入朝即以豫戒遊逸上疏，語帶責

〔註38〕 參見：喬清舉：《湛若水哲學思想研究》，附錄《甘泉生平、著作考》。
〔註39〕 此處敘述大禮議事多參見：孟森：《明清史講義》（台北：里仁書局，民國71
　　　　年9月）。

備，又請親廷和等老臣，則知非取悅於上者。隨後，甘泉復上〈再論聖學疏〉，言聖學以求仁爲要，當與三公九卿、百官萬民、宮中府中，俱爲一體，疾痛痾癢無不相關。而當體悉禮遇百官，嘉納諫言，不宜遠之，又必以天下窮民如疾痛在身。〔註40〕則知甘泉直言，請上親臣納諫，不以忤上爲意。嘉靖二年，陞翰林院侍讀。之後，又上〈乞謹天戒急親賢疏〉言：

> 一二年間，天變地震，山川崩湧，人饑相食，報無虛月，莫非徵召所至。夫聖人不以屯否之時而緩視賢之訓，明醫不以深錮之疾而廢元氣之劑。……今之元氣之劑，即急親賢是已。（卷十九，〈章疏・乞謹天戒親賢疏〉，57-34）

則知甘泉對於當時世宗與大臣們的疏離關係感到十分憂心，甚至以「屯否之時」此一重話責之。嘉靖三年，是大禮議事衝突最嚴重的時候。三年正月，桂萼疏請改稱孝宗爲皇伯考，興獻帝爲皇考，帝得疏心動，手詔下廷臣議。於是禮部尙書汪俊會廷臣七十三人議萼疏非是，議上留中。而特召張璁、桂萼、席書於南京。二月，罷華蓋殿大學士楊廷和。三月，甘泉亦俱奏，上不聽。〔註41〕又罷禮部尙書汪俊，以席書代之。四月，上追尊興獻帝曰本生皇考恭穆獻皇帝，疏諫者有編修鄒守益，下詔獄拷掠，謫廣德州判官。修撰呂柟復以十三事自陳。據載：

> 修撰呂柟、編修鄒守益各言陛下徇情以爲孝，群臣順令以爲忠。此而不已，則陛下獨斷於上，不顧萬世之公論；群臣依阿於下，以苟一時之富貴，非國家之福也。（《皇明永陵編年信史》卷一，頁120）

〔註42〕

其論至當。議者謂大臣宰執之職，不宜引爲己責。因下詔獄。尋謫解州判官。〔註43〕甘泉此時上奏內容如何未詳，甘泉學友呂柟與未來學友鄒守益皆下獄謫遷，甘泉卻在不久後陞南京國子監祭酒，則甘泉於追尊一事亦反對不甚力。甘泉往後自述此時事言：

〔註40〕 參見：〈再論聖學疏〉，收於《甘泉集》卷十九。

〔註41〕 參見：清・谷應泰：《明史紀事本末》（台北：華世出版社，民國65年2月），卷五十：「時湛若水、石瑤、張翀、任洛、汪舉等皆具奏，不聽。於是汪俊求去，上切責罷之。」

〔註42〕 ・明・支大綸：《皇明永陵編年信史》（台北：臺灣學生書局，民國59年12月，景印明萬曆二十四年刊本）

〔註43〕 此處述呂柟事又參見《續藏書》。

〔甘泉〕先生所議大禮，初與諸公之見大略亦同，及其後來覺得未安，不敢復守前說，實以三年名分已定耳。先生嘗曰：「聖明因心之孝，何所不可？諸公爲宰執者，只宜請朝廷斷之。非天子不議禮，臣下不敢議，奉而行之，不至有後來大害事無限矣。只謂天子無宗，於吾心終有未然，謂之宗廟已是宗了。」（卷二十三，〈天關語通錄〉，57-113）

世宗欲追尊親身父母曰皇，楊廷和等欲使世宗稱孝宗爲皇考。世宗懷孝親之情，廷和等持國家體統之義，其實二者各有理由。只是這樣的衝突沒有謹慎成熟地處理，乃致激切相爭，小人從中梯榮，忠臣反被罷絀，世宗與廷和等皆有責任。甘泉於此事的態度頗有曲折，不知確於心未安否？觀鄒守益與呂柟後皆復與甘泉論學爲友，則二人未疑之也。其時大禮議衝突雙方皆有甘泉的學友，如方獻夫疏即支持世宗者。而陽明此時又是如何看法呢？《陽明年譜》載：

是時大禮議起，先生〔陽明〕夜坐碧霞池，有詩曰：「一雨秋涼入夜心，池邊孤月倍精神。潛魚水底傳心訣，棲鳥枝頭說道眞。莫謂天機非嗜慾，須知萬物是吾身。無端禮樂紛紛議，誰與青天掃舊塵。」又曰：「獨坐秋庭月色興，乾坤何處更閒人？高歌度與清風去，幽意自隨流水春。千聖本無心外訣，六經須拂鏡中塵。卻憐擾擾周公夢，未及惺惺陋巷貧。」蓋有感時事，二詩已示其微矣。四月，服闋，朝中履疏引薦。霍兀厓、席元山、黃宗賢、黃宗明先後皆以大禮問，竟不答。

則陽明認爲大禮議的衝突已經偏於爭執、失去反省，於雙方不置可否，亦不願捲入無端是非之中。未知甘泉心意亦近此否？總之，甘泉在此風波中未受牽連。

嘉靖三年秋天，甘泉陞南京國子監祭酒。上〈途中進申明學規疏〉，申明監規，陳爲六事：

一曰推聖學以明道術，二曰示大公以孚生徒，三曰立鄰朋以勵德業，四曰視生徒以恤病苦，五曰慎陞等以立勸懲，六曰署材長以備器使。（卷十九，〈章疏・途中進申明學規疏〉，57-35）

此六項大原則強調人倫的關懷與分際，兼德行道藝之教。甘泉任祭酒期間，亦增設書院，與何塘修明古太學之法，學者翕然宗之。〔註44〕時門下士多使

〔註44〕「〔何塘〕嘉靖初，起山西提學副使，以父憂不赴。服闋，起提學浙江。敦

蔣信分教，〔註45〕又收門人唐樞。〔註46〕甘泉自述此時抱負曰：

> 及臣爲祭酒……臣不肯隨俗學將仁義禮智等名言止以供作文字，則曰：「從古聖賢名言」，皆教人隨處體認天理功夫也，則欲監生講明而見於體行，不過日用常道而已矣。臣悲爲俗學者教人以舉業，非祖宗以道德成賢之意，而談聖學者又專教人德業，而棄祖宗以舉業選賢之法。臣則兼教之以德業、舉業合一進修，其書名曰《二業合一訓》，即古先王德行道藝之遺意焉，使所養即所用。（卷十九，〈章疏‧三乞歸田疏〉）。

南、北國子監可說是舉業學的大宗，甘泉正欲於南監實行「二業合一」的理想，以期修正當時在野的理學家，只講求德業而不積極致用的缺點。《二業合一訓》，表示甘泉充分自覺地在出處問題上，與白沙及明初理學家的不同。此時期又作《心性圖說》以教士，〔註47〕《心性圖說》連《四勿總箴》一起，可說是甘泉心學思想的結晶，此義待第四章詳說。嘉靖六年，冬，甘泉秩滿考績。嘉靖七年，夏，陞南京吏部右侍郎，倣《大學衍義補》，作《格物通》上於朝。〔註48〕時鄒守益爲南京禮部郎中，與甘泉、呂柟共主講席。〔註49〕

本尚實，士氣丕變。未幾，晉南京太常少卿。與湛若水等修明古太學之法，學者翕然宗之。歷工、戶、禮三部侍郎，晉南京右都御史，未幾致仕。」（《明史‧儒林傳一》）

〔註45〕蔣信，字卿實，常德人。年十四，居喪毀瘠。與同郡冀元亨善，王守仁謫龍場，過其地，偕元亨事焉。嘉靖初，貢入京師，復師湛若水。若水爲南祭酒，門下士多分教。至十一年，舉進士，累官四川水利僉事。（《明史‧儒林傳二》）

〔註46〕「唐樞字惟中，號一菴，浙之歸安人。嘉靖丙戌進士。除刑部主事。疏論李福達，罷歸。講學著書，垂四十年。先生初舉於鄉，入南雍，師事甘泉。其後慕陽明之學而不及見也。故於甘泉之隨處體認天理，陽明之致良知，兩存而精究之。卒標「討眞心」三字爲的。」（《明儒學案‧甘泉學案》）

〔註47〕參見：「已，遷南京國子監祭酒，作《心性圖說》以教士」（《明史‧儒林傳二》）；「尋陞南京國子監祭酒，開講院與諸生論學，刻《心性圖說》。」（《續藏書》）

〔註48〕《格物通‧卷首‧表》：「臣伏睹嘉靖四年七月初四日，邸報該司禮監官，捧御筆旨意一道，命文臣將歷代鑑書中，撮其有關於帝王德政之要者，撰直講解。並周易、詩經、中庸，序次聯寫，日逐進覽。又欲將尚書作爲文詞、或詩、或賦，以成一代美事，用備開寫。臣誠懼誠忻，不揣疏愚，謹采五經、諸子、史，及我聖祖聖宗格言大訓，疏解成帙。名曰：《聖學格物通》謹進上聞者，伏以龍興而雲從，聖作而物睹。……謹以所纂撰《聖學格物通》一百卷並序、纂要、目錄，共爲二十八冊，黃綾套袱封襲，謹隨表上進以聞。嘉靖七年六月初一日南京吏部右侍郎臣湛若水謹上表」（明‧湛若水：《格物通一百卷》，（臺北：臺灣商務印書館，民國63年，《四庫全書珍本》五集。））

嘉靖八年，甘泉六十四歲，秋，轉禮部右侍郎，赴北京。嘉靖十年，上〈進天德王道疏〉第一疏、第二疏，上嘉納。〔註50〕冬，轉禮部左侍郎。先是，嘉靖二年，世宗開始追求長生，建醮宮中。自此詞臣多以青詞干進。〔註51〕十年十一月，世宗建醮，使甘泉為導引官。〔註52〕甘泉此次任建醮導引官，就青年時耿介行徑比較，可謂卑屈至極，不倫不類。甘泉隨後〔註53〕上〈勸斂收精神疏〉婉諫之：

> 夫內外交修，則神人協應，理之必然者也。皇上求諸神者既至，又當修於在己者，以為交相協應之本。所謂修乎在己者，收斂精神是也。（卷十九，〈章疏‧勸收斂精神疏〉，57-45）

其中強調祈禱在於修己，言下之意與其求於幽明鬼神，不如求之在己，即所謂「收斂精神」。這分曲折的諫言並未得到世宗有善的回應，「上曰：爾既欲朕收斂精神，便不必如此煩擾。」（卷十九，〈章疏‧勸收斂精神疏〉，57-45）

〔註49〕 「〔鄒守益〕稍遷南京禮部郎中，州人立生祠以祀。聞守仁卒〔嘉靖七年11月乙卯卒〕，為位哭，服心喪，日與呂柟、湛若水、錢德洪、王畿、薛侃輩論學」（《明史‧儒林傳二》）；「〔呂柟〕九載南都，與湛甘泉鄒東廓共主講席，東南學者，盡出其門。（《明儒學案‧河東學案》）」

〔註50〕 參見：《明史竊》。

〔註51〕 「〔嘉靖二年〕閏月，帝始修醮于宮中，帝用太監崔文言建醮宮中，日夜不絕。給事中劉最劾文左道糜帑，帝怒謫廣德州通判。文憾不已，嗾其黨在途仍故銜，乘巨舫，取夫役。帝益怒，逮最下獄，戍邵武。其後帝益好長生齋醮無虛日。命夏言充監禮使，湛若水、顧鼎臣充導引官。鼎臣進步虛詞七章，且列上壇中應行事，帝優詔褒答之，自此詞臣多以青詞干進矣。」（《御批歷代通鑑輯覽》，文淵閣四庫全書本）

〔註52〕 《明史紀事本末》卷五十二載：「十年十一月，遣行人召大學士張孚敬還朝，建祈嗣醮欽安殿，以禮部尚書夏言充醮壇監禮使，侍郎甘泉、顧鼎臣充迎嗣導引宮，文武大臣遞日進香上，親行初終兩日禮。」

〔註53〕 〈勸收斂精神疏〉：「禮部左侍郎臣湛若水謹奏」（《湛甘泉先生文集》卷十九章疏‧勸收斂精神疏）；又於《禮部志稿》（文淵閣四庫全書本）卷八十八載有〈祈禱在修己〉一疏，篇幅短於〈勸斂收精神疏〉，然部分文句、上批及疏旨相同，疑為同一疏之不同記錄耳。〈祈禱在修己〉一疏則明載上疏時日為充導引臣之後，其言曰：「嘉靖十年欽安殿啟建祈嗣醮事禮部左侍郎湛若水言：陛下以皇儲未建，精禋祈禱求之於神者，至矣。臣愚以為又當修其在己者以協應之。所謂在己者，收斂精神是矣。夫二氣儲精而神生焉。精神者，天地斂之以生成萬物，聖人斂之以盛德而成大業。是故斂之則全，用之則散。目多視五色則散於五色，耳多聽五聲則散於五聲，心多役百為則散於百為，是以聖帝明王以耳目股肱之用，托之於五臣而使翼為明聽焉。誠願陛下凝神定慮，不役精於耳目，不勞神於思為，以為生育之本。上曰：爾既欲朕收斂精神，便不必如此煩擾」。

則世宗任意孤行，不欲納諫可見。孟森先生評述世宗曰：

> 帝好神仙，以諫得罪者甚眾。（《明清史講義》，頁219）

> 世宗於議禮之後，繼以奉道，議禮之摧折廷臣，以張璁、桂萼尸其
> 禍，而璁、萼所未盡者，大抵由帝獨斷，而嚴嵩輩成之。至奉道之
> 禍毒正人則尤過於議禮。蓋修道則務靜攝，靜攝則萬機假手於閣臣，
> 閣臣惟能以力贊玄修者，為所信任。嘉靖中葉以後，用事之臣固無
> 不以青詞邀眷，然用此以擅權固寵，以一念之患失，不得不與全國
> 之正士為仇，此則以嚴嵩一人關係嘉靖中葉以後之朝局，殆其敗，
> 而世宗亦將棄世矣。（《明清史講義》，頁223）

則甘泉或攝於朝政之黑暗，委屈保全，不復為耿介之行。

　　嘉靖十一年，壬辰科有數位進士為甘泉學生，計有蔣信、洪垣、呂懷、
汝楠、錢薇等人。〔註54〕嘉靖十二年，甘泉六十八歲，二月，進《古文小學》。
〔註55〕秋，陞南京禮部尚書。〔註56〕嘉靖十三年，南京太廟災。甘泉請權將
南京太廟香火並於南京奉先殿，重建太廟，補造列聖神主。帝召尚書言與群
臣集議，從之。〔註57〕嘉靖十四年，冬十月，甘泉奉命祭告祖陵于泗州。至
泗洲，講學，有《泗州兩學講章》。途出於維揚，講學，有《揚州府縣學講章》。
因獻〈祖陵頌〉十章，詔留覽。〔註58〕嘉靖十五年，甘泉七十一歲，夏，轉
南京吏部尚書，二品秩滿，赴京考績。〔註59〕八月，於池陽九華山會見古源
李子，李子預先迓迎，虔以相孚，神以相授，因作〈神交亭記〉。〔註60〕此年

〔註54〕 「錢薇，字懋垣，海鹽人。嘉靖十一年進士。受業湛若水。……洪垣，字峻之，
　　　　婺源人。嘉靖十一年進士。……垣同年呂懷，廣信永豐人，亦若水高弟」（《明
　　　　史·列傳第九十六》）；「汝楠，字子木。兒時隨父南京，聽祭酒湛若水講學，輒
　　　　有解悟。年十八，成嘉靖十一年進士，授行人。」（《明史·列傳第一百七十五》）
〔註55〕 〈進古文小學疏〉：「嘉靖十二年二月十六日進奉。」（卷十九章疏·進古文小
　　　　學疏·頁57～46）
〔註56〕 參見：〈墓誌銘〉。
〔註57〕 參見：《明史·志第二十七》。
〔註58〕 參見：《皇明嘉隆兩朝聞見紀》（台北：臺灣學生書局，景印萬曆二十七年江
　　　　東沈氏原刊本）卷五·頁428；《甘泉集》卷二十，泗州兩學講章、揚州府縣
　　　　學講章。
〔註59〕 參見：〈墓誌銘〉。
〔註60〕 「池陽高士有古源子者，謝太學，隱居小丘山，十餘年不出。……嘉靖丙申，
　　　　甘泉子過池陽，登九華之山，古源子出迓迎。」（卷十八·記·神交亭記·57-8）
　　　　又《江南通志》（文淵閣四庫全書本）載：「神交亭，在府城小丘山。明李呈
　　　　祥講學地，以遇湛若水，構亭曰神交。」

甘泉又上《二禮經傳測》。

嘉靖十六年，甘泉七十二歲。二月，詔毀湛若水書院。時御史游居敬上疏敬乞戒邪僻大臣以端正士習，曰：

> 王守仁之學主於致良知，湛若水主於體認天理，皆祖宋儒陸九淵之說而少變其辭，以號召好名媒利之士。然守仁謀國之忠，濟變之材，尤不可泯。若水迂腐之儒，廣收無賴，私創書院，其言近是，其行大非。乞戒諭以正人心。

此事下吏部議。禮部尚書許讚、嚴嵩會奏：

> 王守仁已經禁革，不必更議。若水自守南雍以來，間有生徒附和標榜，居敬所列，責之太過。若水年已七十，屢次乞休，奉有明旨留用，亦難別擬。上曰：若水既有成命，但私創書院，宜置于理，姑不問。令所司毀之。〔註61〕

嘉靖十七年四月，吏部尚書許讚請毀書院，上從之，〔註62〕則甘泉所立書院當又受波及。甘泉任南京吏部尚書時曾上〈三乞歸田疏〉，以求致仕，上不許。嘉靖十八年，甘泉七十四歲，秋，轉南京兵部尚書，〔註63〕受大司馬之命參贊機務。〔註64〕此時，甘泉在南京有許多作為，據崔銑〈參贊事略〉載有：

> 申聖謨，崇古禮，屬兵式武，率乃自躬。省費寬民，協之各署，養高年，餼困戎，逐遊客，止火葬，勸農桑，聯保伍，作義阡，堅定業。（卷三十一‧墓誌銘‧參贊事略，頁57〜238）

又《續藏書》載：

〔註61〕此事參見：《皇明嘉隆兩朝聞見紀》，頁465〜466。

〔註62〕《欽定續文獻通考》（文淵閣四庫全書本）載：「世宗嘉靖十七年4月，吏部尚書許讚請毀書院，從之。初，太祖因元之舊，洪武元年立洙泗、尼山二書院，各設山長一人。憲宗成化二十年，命江西貴溪縣重建象山書院。孝宗弘治元年，以吏部郎中周木言修江南常熟縣學道書院。武宗正德元年，江西按察司副使邵瞭奏修德化縣濂溪書院，其時各省皆有書院，弗禁也。至帝十六年2月，御史游居敬疏斥南京吏部尚書湛若水倡其邪學、廣收無賴、私創書院，乞戒諭以正人心。帝慰留若水，而令所司毀其書院。至是讚復言撫按司府多建書院聚生徒，供億科擾，宜撤毀。詔從其言。神宗萬曆十年，閣臣張居正以言官之請，檗行京省查革，然亦不能盡撤。後復稍稍建置，其最著者京師有首善書院，江南曰東林書院。」

〔註63〕參見：〈墓誌銘〉。

〔註64〕崔銑〈參贊事略〉「嘉靖己亥秋，南京太宰甘泉湛公受大司馬之命參贊機務。」（卷三十一，墓誌銘參贊事略，頁57〜237）

公在南都久，春時勸農，躬詣田畝，閔俗侈汰，定喪祭之制頒行之，費省而禮舉，都人無不樂從。有劉公廟，聚眾燒香，為沉其像於江，絕眾惑。貧者或以火葬，公買地城四郊，為漏澤園以處之，且買田供時祀費。盡毀私創庵院，僧尼勒令歸俗，後生子多以湛名者。(《續藏書》)

則知甘泉參贊機務始有機會實施理想，然行事嚴刻，往往以己意推致，至如盡毀私創庵院、僧尼勒令還俗等，或失於強、忍。當時安南國莫登庸篡黎氏政權，九月，〔註65〕甘泉以職在司馬，為作〈治權論〉以明大義，大意謂天子討而不伐。所謂討者，聲罪彼國而使彼國之人自伐之，則莫氏雖強，黎有可復之理。一時文武諸臣視為迂遠，苟且了事，卒為黎氏之怨，而莫反得自立為國。〔註66〕

　　嘉靖十九年，甘泉七十五歲，夏，六年考滿，以踰者，疏請得致仕。〔註67〕甘泉仕宦期間，先後有勤學等疏凡數十上，總以為《獻納編》。總而言之，甘泉嘉靖仕途大致平順，至於通顯，然於政事無特別突出的表現，又無亢節，亦不甚為上所重。則甘泉以教育事業為主要貢獻。

第六節　晚　年

　　甘泉嘉靖十九年告老致仕，反鄉途中日記為《歸去紀行》。〔註68〕二十年，門弟子開始編《泉翁續編大全》。〔註69〕嘉靖二十三年，甘泉七十九歲，歸天關，行鄉約，立約亭於華光里。八月九日發西樵，遊衡山，卜築創白沙祠，日記為《嶽遊紀行》。〔註70〕冬，甘泉積四十年之念，乃登南岳，建南岳甘泉書院。〔註71〕嘉靖三十二年，甘泉八十八歲，遊衡山，講明正學，楚士為立

〔註65〕上〈治權論〉日期參見：《皇明永陵編年信史》。
〔註66〕參見：〈墓誌銘〉。
〔註67〕參見：清‧談遷：《國榷》（台北：鼎文書局，民國67年）。
〔註68〕參見：《歸去紀行略》，收於《甘泉集》卷二十八。
〔註69〕《道林先生文粹》（台南：莊嚴文化事業公司，1997，《四庫全書存目叢書》集部第九十六冊，影印）卷一〈泉翁續編大全序〉曰：「門弟子集先生之言，始嘉靖辛丑，訖乙卯。凡若甘卷，為續編大全。」
〔註70〕參見：《嶽遊紀行略》，收於《甘泉集》卷二十九。
〔註71〕「嘉靖甲辰之冬，甘泉子積四十年之念，乃登南岳。於天柱之峰南臺之下，得廢地一方於紫雲之洞。材仍舊貫，田置其沖，乃開大門，乃設儀門，乃圖心性之堂以為講地，乃立息存之堂以為寢室，乃肇先師之祠以係景仰。不六

書院。〔註72〕嘉靖三十四年,甘泉九十歲。《泉翁續編大全》編成。

九十餘,猶遊衡嶽,訪鄒守益。守益戒其同志曰:「甘泉先生來,吾輩當獻老而不乞言,毋有所輕論辨也。」〔註73〕守益率其同志友及門人二、三百人走迎,晨夕定省,食而執醬執酳,一遵古養老禮惟謹。別歸,守益淚下霑襟,甘泉曰:「謙之〔鄒守益〕何悲甚?豈念予老不復再會耶?予過十年來晤公也。」〔註74〕鄒守益時年亦近七十,不辭辛勞率眾遠迎,又侍奉謹禮,可謂情義深刻,敬重備至。此時雖以十年為期,終未果。蓋人命有當,離合聚散有不可為者。嘉靖三十五年,甘泉九十一歲,再至衡山,有遊南嶽講議、詩篇彙為集。〔註75〕

嘉靖三十九年,甘泉九十五歲。二月,致書新安,約洪垣輩復遊武夷。三月十日,偕諸生開講龍潭書院,提掇「性道之蘊、堯舜禹湯文武相傳之緒,自下學立心以至篤恭不顯,無聲無臭之妙」為詳,曰:「予於此不敢不勉,死而後矣。」十一日還禺山。十五日講顏子克己復禮章,申《四勿總箴》之義。四月六日,出講堂,令諸生澄心默坐,久而退之。十九日,寢病,諸生侍藥,叮嚀以講習會約相觀而善致語。二十日,淵默自定。時羅一中、鍾景星、康時聘、馮望在侍,執一中手良久。二十二日沐浴畢,是夕大星隕于西北,其光互地,頃之長逝。〔註76〕嘉靖四十二年冬十月二十五日,葬于增城縣西南七十里天蠶嶺。〔註77〕隆慶初,贈太子少保,諡文簡。〔註78〕

甘泉晚年,以高齡遊歷講學為事,至終不輟,可謂氣力堅強。據門人洪垣所述:

> 蓋先生宇宙一體之量,……,每夜瞑目坐,率至漏分,未五鼓則攝衣起,對空齋暇思疾書,更寒暑不易。每當會,遍詢諸生退處所用功,設有因循逐行輩及失期不至者,則戚然創艾且戒之曰:「從古豈

旬而成。」(卷十八・記・重修南岳甘泉書院記・57-8)
〔註72〕《皇明詞林人物考》(《明代傳記叢叢刊》所收本)載:「嘉靖癸丑,〔甘泉〕年八十八,遊衡山,講明正學,楚士為立書院。」
〔註73〕參見:《明儒學案・甘泉學案》。
〔註74〕參見:《明史竊》。
〔註75〕參見:《皇明詞林人物考》。
〔註76〕參見:〈墓誌銘〉。
〔註77〕參見:〈墓表〉與《大清一統志》(文淵閣四庫全書本)「湛若水墓在增城縣西南七十里天蠶嶺賜塋。」
〔註78〕參見:《國榷》。

　　有自在無事聖人？聖人惜陰如是，況學者乎？」(〈墓誌銘〉)
則知甘泉躬行堅毅嚴謹，治學攝心勤勉，教育學子孜孜不懈，以八、九十高
齡雲遊山水，壯盛卓於常人。平生創設書院，所在而是，據《墓表》載：相
從士三千九百有餘。館穀於其鄉則有甘泉、獨岡、蓮洞。於增城龍門則有明
誠、龍潭。於羊城則有天關、小禺、白雲、上塘、蒲澗。於南海之西樵則有
大科、雲谷、天階。惠之羅浮則有朱明、青霞、天華。韶之曲江則有帽峰。
英德則有清溪、靈泉。溧陽則有張公洞口甘泉。揚州則有城外行窩甘泉山。
在徽州則有福山、斗山。福建武夷則有六曲、仙掌、一曲、王湛會講。湖南
則有南嶽、紫雲。又據《續藏書》載：甘泉置新泉、二山、三莊，講學於新
泉書院、江都、休寧、貴池等處。平生足跡所至，必建書院祀白沙，雖田莊
亦然。甘泉一生講學、設學，對當時的學術、教育影響甚巨，史載：

　　　時天下言學者，不歸王守仁，則歸湛若水，獨守程、朱不變者，惟
　　　柟〔呂柟〕與羅欽順云。(《明史·儒林傳一》)

則甘泉對於明代理學的發展亦有推波助瀾之功。聚眾開講，設田供養，亦為
官方編制外的組織。有經營則不免有私利運作其間，則甘泉之名遭人非議亦
屬自然。尹守衡於《明史竊》傳後論曰：

　　　余少時猶及見甘泉先生，爵、齒、德獨尊於一時，誠一代之遺老也，
　　　國中諸大夫咸為之憲老乞言，學與陽明先生並鳴當代。然晚年體認
　　　鄉人之口滋多，豈文莫猶人，躬行君子吾未有得乎！道之不明不行
　　　也，無怪也。

可知甘泉在世時已有鄉人非議。支大綸的評論游居敬疏甘泉一事，曰：

　　　王、湛之學即出于陸，亦何詭于聖人？生徒聚講，即有虛談，豈不
　　　愈于商財射利之黨？書院即非敕建，亦何愧于淫祠梵宇之輝煌？居
　　　敬不彼之攻，而操戈以戕誦法孔子之徒，真無忌憚之小人哉！(《皇
　　　明永陵編年信史》卷三，頁332)

支大綸於非議之中提出肯定，認為甘泉經營書院大旨亦在誦法孔子之徒、講
習聖賢之道，縱使有黨私之嫌，對社會亦當有正面的貢獻。此論不失中肯。
然甘泉隨處建設書院，除講勵學術之外，有無好名之心則不可知。
　　甘泉生平著述，據〈墓誌銘〉〔註79〕、〈墓表〉〔註80〕、《明史·藝文志》

〔註79〕　〈墓誌銘〉：「平生所著書，訓：格物通、心性圖說、古本小學、古本大學測、
　　　　中庸論孟訓測、古易經傳測、尚書問、釐正詩經小序誦、春秋正傳、二禮經

〔註81〕、《四庫總目》〔註82〕、《千頃堂書目》，〔註83〕去其重複，計有：平生所著書、訓：心性圖說、四勿總箴、心性書、古本小學、古本大學測、中庸論孟訓測、古易經傳測、尚書問、釐正詩經小序誦、春秋正傳、二禮經傳訓測、古樂經傳、節定儀禮燕射綱目、遵道錄、楊子折衷、非老子、樵語、庸語、新論、明論、大科訓規、新泉問辨、湛氏家訓、大小宗合食訓、二業合一訓、聖學格物通、天關問答、息存箴、自然銘、白沙詩教解、察倫銘、嶽麓書院禹碑釋文、嶺南輿圖、聖謨衍、湛若水獻納稿、增城志。

又有甘泉集的編輯。主要有嘉靖十九年刊的《泉翁大全集》，收入於嘉靖三十四編成的《泉翁續編大全》三十三卷。〔註84〕據喬清舉考證，大致又有《湛甘泉先生文集》三十二卷本與三十五卷本二種。三十二卷本主要有康熙二十年和同治二十年二種刻本，是通行本。而三十五卷本刻於萬曆七年，內

傳訓測、古樂經傳、節定儀禮燕射綱目、遵道錄、楊子折衷、非老子、樵語、庸語、新論、明論、大科訓規、新泉問辨、湛氏家訓、大小宗合食訓、二業合一訓。」

〔註80〕 〈墓表〉：「平生所著之書，則有：心性圖說、四書訓測、古本小學、春秋正傳、二禮經傳、古易經傳、尚書問、詩經釐正、節定儀禮燕射綱目、遵道錄、楊子折衷、樵語、庸語、明論、新論、非老子、大科訓規、新泉問辨、聖學格物通、白沙詩教解、二業合一訓、天關問答、湛氏家訓、息存箴、四勿總箴、自然銘、大宗小宗合食訓、察倫銘。」

〔註81〕 《明史‧藝文志》：「湛若水修復古易經傳訓測十卷、湛若水詩釐正二十卷、湛若水儀禮補逸經傳測一卷、湛若水二禮經傳測六十八卷（大略以曲禮、儀禮為經，禮記為傳。）湛若水古樂經傳全書二卷、湛若水春秋正傳三十七卷、湛若水中庸測一卷、湛若水古今小學六卷、湛若水甘泉明論十卷、遵道錄十卷、問辨錄六卷、湛若水甘泉前後集一百卷」

〔註82〕 《四庫總目》：「二禮經傳測、春秋正傳、古樂經傳、格物通、心性書、楊子折衷、遵道錄、甘泉新論、白沙詩教解、甘泉集。」

〔註83〕 《千頃堂書目》（文淵閣四庫全書本）：「湛若水修復古易經傳訓測十卷、湛若水詩釐正二十卷、湛若水中庸測一卷、湛若水大學格物通一百卷、湛若水三禮經傳測六十八卷、湛若水古樂經傳全書二卷、湛若水春秋正傳三十七卷、湛若水古本四書測十九卷、湛若水嶽麓書院禹碑釋文一卷、湛若水古今小學六卷、湛若水雍語、湛若水嶺南輿圖二卷、湛若水增城志十九卷、湛若水甘泉明論十卷、又甘泉新論一卷、又樵語二卷、又遵道錄十卷、又甘泉問辨錄三卷、又甘泉問辨續錄三卷、又二業合一訓四卷、又雍語卷、又甘泉心性書一卷、又聖謨衍一卷缺、湛若水甘泉集六十六卷、又後集三十三卷、又外編十二卷、又甘泉文錄二十一卷、湛若水獻納稿三卷。」

〔註84〕 參見：鐘彩鈞：〈湛甘泉哲學思想研究〉，《中國文哲研究集刊》，第十九期（2001年9月，頁345～406）註四。

容比通行本豐富，現藏於北圖善本室，〔註85〕本文可惜未能得見。本文採用康熙二十年刻的三十二卷通行本。

　　甘泉一生著述豐富，除了應用文、語錄、雜著等創作之外，又有編著的成果，有解經、擬經等方式。可知甘泉濃厚的學問著述趣味，與其心學思想中重視讀書習古的特色相應。

〔註85〕詳見：喬清舉：《湛若水思想研究》，附錄《甘泉生平、著作考》。

第肆章　甘泉心學的本體論與工夫論

第一節　本體論

如本文首章緒論所說,「本體」一詞是理學用語,通常指的是宇宙、人生世界的基礎結構。本體論中就宇宙面來談的可稱作理氣論,就人生面來談的可稱作心性論,其中往往有相通、相攝之處,這正顯示理學強調天人相貫通的特色。以下先以理氣論與心性論的架構,分述甘泉心學的本體論,再點出甘泉從理氣論到心性論的一致性。最後以甘泉著力甚深的《心性圖說》與《四勿總箴》,展示其渾化理、氣及心、性的特點,並歸結爲工夫、作用的「心」工夫本體論。

一、理、氣

宋代以前的儒學,在理氣論方面並沒有充分展開。業經北宋理學家開端,到朱子手上集大成。朱子建立了「理」的觀念,始究竟地確立「理」、「氣」分論的架構。在朱子而言,「氣」指的是眞實世界的一切形色生化,而「理」是「氣」的「所以然」,「理」又標誌著一永恆純粹、超越時空的意義,獨立不改。但「理」舍「氣」亦無可寓寄、無可作用。人生活動對「理」的追求、把握,只得在「氣」中求(詳細的理氣關係已見本文第二章)。其實朱子這個形上的「理」觀念,主要承繼程伊川的講法而發揮出來。伊川解釋《易·繫辭上》中「形而上者謂之道,形而下者謂之器」一句時,說:「離了陰陽更無道。所以陰陽者,是道也;陰陽,氣也。氣是形而下者,道是形而上者。形

而上者則是密也。」(《宋元學案》卷十五,〈伊川學案上〉)〈繫辭上〉又說「一陰一陽之謂道」,伊川增字詁經,將「陰陽」屬氣,而別立一個「所以陰陽者」爲「道」。亦將「形而上者」與「形而下者」,作了「然」與「所以然」的斷然分別。因此也才有了朱子必說「理先氣後」的主張。〔註1〕但伊川依然承住〈繫辭上〉中「乾坤毀則無以見易」一句,說「離了陰陽更無道」,此亦爲朱子論「理一」與「分殊」關係的來源。

從本文第二章對朱子及明初諸儒理學大要的討論中,可以發現明初諸儒在理氣論方面,實未逾越朱子「理氣不離不雜」的大架構。朱子認爲在理論上「理」必須是先天地而獨立存在者,卻又說現實情況中理、氣統合並立,無分先後,甚至強調「理一」得從「分殊」去求,沒有了形氣「分殊」,更無「理一」可求。這種理論與現實分論的說法,不免有二層世界的況味。甘泉不採取伊川、朱子等二層世界的架構,只從流行、作用此現實世界立說,提出了「氣一本論」。此是即以「氣的活動」形容宇宙萬有的結構,除「氣」之外更無基礎。論理氣關係,則曰:

> 古之言性者,未有以理氣對言之者也。以理氣對言之也者,自宋儒始也,是猶二端也。夫天地之生物也,猶父母之生子也,一氣而已矣,何別理附之有?古之人其庶矣乎!劉子曰:「人受天地之中以生。」中也者,和也。人也者,得氣之中和者也。聖也者,即其中和之至者也。陰陽合德,剛柔適中,理也,天之性也。易曰:「一陰一陽之謂道。」道也者,陰陽之中也。形而上者之謂道,形而下者之謂器。器即氣也。氣有形,故曰形而下,及其適中焉即道也,夫中何形矣?故曰形而上,上下一體也。以氣理相對而言之,是二體也。(卷二,〈新論〉,56-531)

> 天地間萬物只是一氣而已。氣之偏者,則蠢然爲物。氣之中正者,則渾然爲聖人。及氣之病而痿痹者,即爲不仁。病風狂者,即不知有義理。故知氣爲定品,性爲虛位。(卷四,〈知新後語〉,56-544)

甘泉在這裡強調理、氣決非相對立的二體,將理、氣對分是宋儒開始的錯誤。天地間就只是一「氣」體,而氣有陰陽剛柔種種的變化,其中相摩相盪,和順適中時就顯現「理」。「理」無形體可言,故爲形而上;「氣」有形有體,爲

〔註1〕 此處儒學史判斷採用錢穆先生的觀點。可參見錢穆先生所著的〈中庸新義申釋〉(收於:《中國學術思想論叢(二)》)(台北:蘭臺出版社,民國89年11月)。

形而下。甘泉又說「中也者和也」，將《中庸》裡面的「喜怒哀樂之未發謂之中」與「發而皆中節謂之和」渾化在一起，甘泉說「氣爲定品，性爲虛位」，直從已發處認未發。綜合起來，「道」是「陰陽之中」，亦是「陰陽之和」，陰陽氣順就能成「道」。人與物的賦形生化都以「氣」爲基本的動態結構，而氣之偏者爲物，氣之中正者爲人。人若是於「氣感」滯塞難通、失去中正和諧的應變機制時，即爲「不仁」，反推則知感應得中者即「仁」。人生與世界的一切萬有都是氣感活動，成德工夫即是感應和順得中。

甘泉有時又用「道」、「性」；「器」、「陰」、「陽」等語詞來說明理氣關係：

> 甘泉子曰：「吾觀於大易，而知道、器不可以二。二也，爻之陰陽剛柔，器也，得其中正焉，道也。器譬則氣也，道譬則性也。氣得其中正焉，理也，性也。是故性氣一體。或者以互言之，二之也夫。故孟氏曰：『形色，天性也。』又曰：『有物有則。』則也者，其中正也。易曰：『一陰一陽之謂道』，其陰陽合德也乎。」（卷一，〈樵語〉，56-521，561-522）

「性」與「理」可謂同義，而「道」之於「器」，一如「理」或「性」之於「氣」。「陰」、「陽」亦屬氣。甘泉不在「陰陽合德」之外別論一個「道」、一個「理」。「性氣一體」即如上文「氣爲定品，性爲虛位」的氣本論調，這也就是本文稱爲「氣一本論」之義。甘泉又言：

> 一陰一陽之謂道，外陰陽則道不可言矣，陰陽息則無以見道矣。繼之善者，其孝乎？成之性者，其仁乎？是故惟孝子仁人能事天。（卷二，〈新論〉，56-529）

道只在一陰一陽的互動變化中顯現，舍此更無道可見。甘泉此處所論與伊川「離了陰陽更無道」同調，但完全不採取伊川「所以陰陽者是道」的說法。孝子仁人之繼善成性工夫即是事天見道，此處強調了人繼之、成之的健動性格。「繼之」、「成之」只在陰陽氣感中應對完成，亦沒有先於實踐活動的「善」、「性」可說。則求理只在氣中求，除氣之外更無可求，故甘泉曰：

> 外氣以求性道也，吾祇見其惑也。是故夫子川上之嘆，子思鳶魚之察，易一陰一陽之訓，即氣即道也。氣，其器也。道，其理也。天地之原也，氣、理一也。猶之手、足持行也，性則持行之中正者也。故外氣言性者，鮮不流於釋。（卷二，〈新論〉，56-532）

這一段文字透露了甘泉工夫論況味的重要消息，夫子川上之嘆，子思鳶魚之

察，是人生面對造化流行時所得的感動同啓悟，是即氣明理，即器見道，則格物可致得天理良知。進而言之，氣之「陰陽合德，剛柔適中」為性道，外氣既無從求性道，則離物亦不可致天理良知，物的合理安排即是天理良知。物事隨時而變，則人的應對亦與時應變，這就確定了甘泉工夫論健動外向的精神。甘泉的理氣論，可用以下引文總結：

> 宇宙間一氣而已。自其一陰一陽之中者謂之道。自其成形之大者謂之天地。自其主宰者謂之帝。自其功用者謂之鬼神。自其妙用者之謂神。自其生生者之謂易。自其生物而中者之謂性。自其虛而神，虛靈知覺者謂之心。自其性之應動者謂之情。自其至公至正者謂之理。自其理出於理之本然者謂之天理。其實一也。（卷二，〈新論〉，56-531）

宇宙無非一氣之化，其中「一陰一陽之中」即前面引文「陰陽合德」之義，可說是陰陽二氣的和諧互動。「性」、「心」、「情」都不外於氣化活動，「性」說的是萬有互動和順的傾向或狀態；「心」者重在感通知覺；「情」者強調應對活動；「鬼」、「神」說的，是幽冥玄妙不可測的變化。總之，不論是「道」、「天地」、「帝」、「鬼」、「神」、「易」、「性」、「心」、「情」、「理」等等都可說是「氣」的一種面相，而非分割出的部分，是我們在言說時的某個側重。正如甘泉所謂「其實一也」，對於這些不同的概念語詞，從甘泉的說法來看，不可能也不需要去明確地界說其定義。對於我們瞭解甘泉心學，此處的重要性即如上述所說的：「舍氣之外更無性道可求」。

二、心、性

上一節說理、氣關係，以宇宙面立論；這一節說心與性，側重從人生面立論。甘泉不離「氣」說「理」，亦不離「心」說「性」。其實就本文第二章所論，朱子雖必說「理先於氣」，但在人生論方面卻是「心統性情」。「心」不單屬「氣」，但必然摻和著知覺感應等形氣活動；「心」又不單屬「理」，但要遵循「理」的規矩、條理來活動。朱子所論的「心」其實是一個統合的作用，得在「人」這裡發動。甘泉論「心」即承繼此義，而更將「天地之心」的意義推致擴大，將人類活動的「心」，有了與天地之「一氣」同大的作用規模，該載萬物之生化流行。

如前處所論，甘泉言「性」說的是萬有互動和順的傾向或狀態，「心」者

則重在感通知覺，而「性」的著明，其實依待於「心」的作用。甘泉曰：

> 夫心也者，體天地萬物而不遺者也。性也者，天地萬物一體者也。
> 心也者，與人俱生者也。性也者，與心俱生者也。人生則心生，心
> 生則性生。故性之為義，從心生者也。夫心至靜而應，至動而神，
> 至寂而虛，至感而通，至遠而不可禦，包乎天地萬物之外，而貫乎
> 天地萬物之中。中、外非二也。人者，天之生理也。心者，人之生
> 理也。性者，心之生理也。道者，性之生理也。天不能不生人，人
> 不能不生心，心不能不生性，性不能不生道。故道與天地同用，性
> 與天地同體，心與天地同神，人與天地同塞。心也者，其天人之主
> 而性道之門也。故心不可以不存，一存而四者立矣，故能為天地立
> 心。（卷二十一，〈孔門傳授心法論〉，57-80）

在這裡，「心」之「體」是對天地萬物的體貼感通，而「天地萬物一體」的「性」
本體恰成立於「心」的作用，可說是「以心著性」或「以心成性」。按照「氣
一本論」的思路，「性」的實義卻是從屬於「心」了。甘泉說「性也者天地萬
物一體者也」，「萬物一體」實在是一個動態結構，不能抽掉時間去說，因此
「體天地萬物不遺」的「心」就成了「氣一本論」中的「第一義」了。性與
天地同體，心與人俱生，則著性、成性為人生使命可知，而能與天地同神。
此處，人文活動對於與宇宙化育便有了積極健動的格調。值得注意的是，甘
泉並未將「人」的地位提到最高的意義，具最高意義的是「心」，心為天人之
主、性道之門，心存則天、人、性、道立矣，心與人俱生，但心不專屬為一
人一物之心。前面說過，甘泉是氣一本論，而心與氣「其實一也」，只是「心」
強調出虛靈知覺的神妙作用，因此「氣一本論」也就是「心一本論」。《甘泉
集》又載：

> 仕鳴問：「本心、宇宙何以異？」甘泉子曰：「本心、宇宙一也。今
> 夫火之光與其所照，一而已矣。故不知本心者，不足以語天地萬物
> 同體之理。不知天地萬物同體者，不足以語本心之全。夫何異？」
> （卷一，〈樵語〉，56-525）

可知心以感通、照耀萬物為體，失卻萬物則心亦不可得。甘泉所謂「心」，與
陽明所論極為相近，陽明曰：

> 又曰：「目無體，以萬物之色為體；耳無體，以萬物之聲為體；鼻無
> 體，以萬物之臭為體；口無體，以萬物之味為體；心無體，以天地

萬物感應之是非爲體。」（《傳習錄‧卷下》）

心不是一塊血肉，凡知覺處便是心。如耳目之知視聽，手足之知痛癢，此知覺便是心也。（《傳習錄‧卷下》）

以知覺感應的作用爲「心」之體，二家如出一轍。甘泉以燭照爲喻，與陽明觀花亦極相近：

先生遊南鎮，一友指巖中花樹問曰：「天下無心外之物。如此花樹，在深山中自開自落，於我心亦何相關？」先生曰：「你未看此花時，此花與汝心同歸於寂。你來看此花時，則此花顏色一時明白起來，便知此花不在你的心外。」（《傳習錄‧卷下》）

二家皆點出「心」離卻萬物，則不得感通照耀，則心與物一體無外可知。所以，甘泉所講的心，是一種「體萬物而不遺」的感通作用，是一種不斷需要去完成的動態結構。而這個動態結構是「氣」的活動。「心」的推動者，就是與其俱生的「人」，甘泉曰：

吾以爲天地無心，人即天地之心。（卷十三，〈金臺答問〉，56-655）

人具有中和之資，能感能應，而爲天地之心。甘泉又駁人心、道心之分：

人心道心只是一個心。先儒每謂出乎天理之正者道心，則是謂發於形氣之私者人心，則恐未然。凡謂之心皆指具於形氣者言，惟得其正爲道心也。又謂上智不能無人心，雖下愚不能無道心。又謂道心常爲一身之主，人心每聽命焉。是有二心相役，此處不能無疑。（卷四，〈知新後語〉，56-544）

氣外既無性、道可言，則人心之上又豈有道心？此處的人心是聯繫血肉、氣感情動的心。心既通天、人，又以明性、道：

天道無己。天非他，即人、物而在耳。故有己之心謂之棄天。（卷二，〈新論〉，56-526）

可知天理性道只在人、物同體感應中一齊俱在。然而物既隨時而變，人心亦當與之宛轉不息：

甘泉子曰：天行健，君子以自強不息。君子終日乾乾，夕惕若。昊天日明，及爾出王。昊天日旦，及爾游衍。聖人若是切切然者何也？其天理流行不息乎！天人一也，我心少懈則天理息矣。（卷三，〈雍語〉，56-536）

天理生化流行不居，面對種種的變化，人心需要不斷地感通、持守、維護，

游衍不懈，才能使天理時時湧現不息。總而言之，甘泉的心性論與理氣論同條共貫，皆以氣的活動為結構。同體感通是心，通天、人，明性、道。我們也可以說，氣的活動合於天理性道就是心。人就是天地之心，有參贊化育的使命。唯此處所說的「人」是泛指，落實到一個具體的人，是如何「立心」的呢？一個在時間歷程上有限的人生，如何能夠「時時」參贊，使古往今來的天理生化不息呢？要解答這些問題，就必須從本體論過渡到工夫論。

三、《心性圖說》與《四勿總箴》

　　《心性圖說》與《四勿總箴》是甘泉對本體論一段集中、系統的陳述，其中對於本體與工夫的關係有明確的提示，可總結甘泉的本體論要義。《心性圖說》成於甘泉官居南京國子監祭酒時，與諸生論學的教材。〔註2〕《四勿總箴》成書的年代並不明確，但根據「心性圖」與「四勿總箴圖」來看，二者同樣是對「心」的形容，則《心性圖說》與《四勿總箴》為一體的不同面相可知。《甘泉集》中在二圖之後有一段整合二者的說法：

> 此二圖乃聖學工夫，至切至要、至簡至易處，總而言之，不過隨處體認天理。雖言與象二圖各有不同，然實相表裡，實相發明。蓋心性圖專明道體，而所謂敬、所謂心則工夫存乎其中矣。四勿總箴圖專明工夫，而所謂高明、所謂廣大則道體存乎其中矣。此所謂相表裡、相發明，通一無二之實也，只是一段道體，只是一段工夫，非有兩段、三段。道體、工夫無內外，無大小，無始終，無包貫之分，一而已矣。然則二圖何以有圖？有說？有箴？歟曰：圖以見象，箴、說以言形，學者觀其圖，思過半矣。是故上智以圖悟，其次以言悟，其次雖有言而不悟。有言而不悟，士斯為下矣。（卷二十一，〈雜著〉，57-73）

由此可知，心性圖是「心」的道體面或本體面，而四勿總箴圖講的是工夫面，二者總歸是「心」，總歸是「隨處體認天理」。本體與工夫一齊成立的，不是說：「工夫是達到本體的歷程」，而是說：「工夫歷程就是本體」，則本體不是時間歷程之外的永恆，而是在時時刻刻的工夫當中。黃宗羲云：「盈天地皆心

〔註2〕　《明史・儒林傳二》：「已，〔甘泉〕遷南京國子監祭酒，作《心性圖說》以教士。」又《續藏書》：「尋陞南京國子監祭酒，開講院與諸生論學，刻《心性圖說》。」

也。心無本體，工夫所至，即其本體」(《明儒學案‧序》)，與甘泉的論調如出一轍，有以工夫決定本體的意思。究竟來說，心存而性、理立，工夫至而本體成，是以工夫爲本、以心爲本、以氣爲本的一本論。而「心」的活動交予「人」來完成，這就是「隨處體認天理」。我們來看看《心性圖說》與《四勿總箴》的描述：

心　性　圖

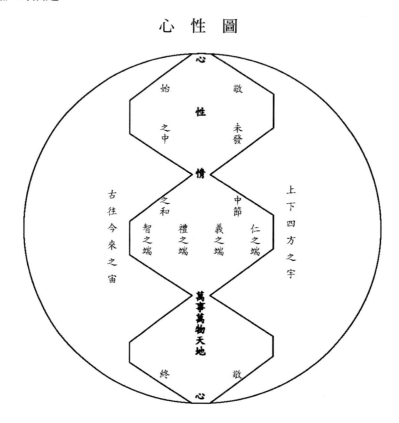

心性圖說：

性者，天地萬物一體者也。渾然宇宙，其氣同也。心也者，體天地萬物而不遺者也。性也者，心之生理也。心、性非二也。譬之穀焉，具生意而未發。未發，故渾然而不可見。及其發也，惻隱、羞惡、辭讓、是非萌焉。仁、義、禮、智自此焉始分矣，故謂之四端。端也者，始也，良心發見之始也。是故始之敬者，戒懼慎獨，以養其中也。中立而和發焉，萬事萬化自此焉，達而位育不外是矣。故位育非有加也，全而歸之者耳。終之敬者，即始之敬而不息焉者也。曰：何以小圈？曰：心無所不貫也。何以大圈？

曰：心無所不包也。故心也者，包乎天地萬物之外，而貫乎天地萬物之中者也。中、外非二也。天地無內外，心亦無內外，極言之耳矣。故謂內為本心，而外天地萬事以為心者，小之為心也甚矣。（卷二十一　雜著　《心性圖說》，57-72，52-73）

四勿總箴

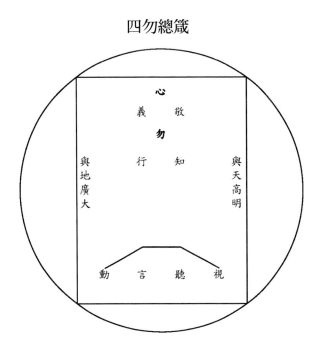

四勿總箴　有序

甘泉子曰：古之學者本乎一，今之學者出乎二。予以四箴，存中以應外，制外以養中，惠教後世學者至矣，使其知合觀並用之功則善焉。如其不然，或有分崩離析之患，而昧精一易簡之學矣。予為此懼，推程氏之意，以達孔顏之指，為作四勿總箴，庶學者知內外合一之道，以不貳乎一貫之教焉。

心含天靈灝氣之精，與地廣大，與天高明，惟精惟靈，貫通百體。非禮一念，能知太始。事雖惟四，勿之則一。如精中軍，八面卻敵。精靈之至，是謂知幾。顏復不遠，百世之師。聖遠言湮，多歧支離。一實四勿，毋貳爾思。（卷二十一，〈雜著・四勿總箴〉，57-73）

心性圖與四勿總箴圖其實都是「心圖」。在心性圖中，心以大圈為包，以

小圈爲貫，可說是以「心」去形容一切上下四方、古往今來萬有的生化與活動。「性」是心的「生理」，是心的方向。「情」是心的蹤跡，可展開爲惻隱、羞惡、辭讓、是非等四端，四端即是良心發見，具顯爲仁、義、禮、智等表現。心以「氣」的活動爲結構，氣是本體，心是工夫。無分始終不是無關始終，而是貫徹始終，「終之敬者，即始之敬而不息焉者」，則始終又可化歸在時時刻刻的當下。四勿總箴圖則以非禮勿視、非禮勿聽、非禮勿言、非禮勿動等當下念幾的工夫操持說「心」，其中涵融敬義、知行於惟精惟一。而時時刻刻惟精惟一就是「隨處體認天理」。可知甘泉講的是操心持念工夫。

　　甘泉論本體與工夫實不可分，將甘泉學說分作本體論與工夫論二個部分去談，嚴格說並不完美，只能說本體論的部分重在勾勒結構，而工夫論的部分則重在人生具體的工夫內容。甘泉本體論乃以氣爲本的理氣論，呼應以心爲本的的心性論，亦即是以工夫爲本的本體論。更可逕說是一「心工夫本體論」。

第二節　工夫論

　　上節歸結出甘泉心學的本體論，實爲一從工夫、作用、流行處把握的「心工夫本體論」。以下便過渡至工夫論，探討甘泉對個人的、具體的工夫內涵主張如何。在這一節的討論中，本文將從幾個大的項目作分論。由於甘泉文獻中論工夫處並未如其論本體處般系統清楚、線索單純，而有數種不同稱呼的講論題目，以單一宗旨貫通的痕跡不夠明顯、稍嫌紊亂。甘泉工夫論的宗旨是「隨處體認天理」一說，但甘泉文獻中卻缺乏對此義的直接解說。卻常常又運用一些其他語詞如「勿忘勿助」、「知言」等等，來講論工夫的內涵。因此，就文獻來看，甘泉的具體工夫講論顯得相當駁雜，甚至空泛、不真切。與前述甘泉論抽象「工夫本體論」之系統化論述，大相逕庭，這實在造成了研究及表述的困難。因此，本節只得依文獻梳理出來的幾個重點分論，而分論與分論之間不具明確的邏輯關係，其中輕重大小亦未必均等。最後再作一統整地詮釋。以下分論依次爲「盡心、知性、知天」、「知言養氣」、「讀書」「隨處體認天理」等四項。從宇宙面的理氣論，具體到人生面的心性論，而「盡心、知性、知天」又層進於此，可說是聖人的境界。「知言養氣」則提供出一個架構，可統整甘泉提出的各種修爲方法。「讀書」則是一種更細目的修爲方法，爲甘泉工夫論的一個重要特色，尤其別於白沙、陽明。「隨處體認天理」

一語可以說是工夫論的總結，亦是甘泉自覺提出的宗旨。在甘泉這種即工夫為本體的學說型態下，「隨處體認天理」就時時達到了「盡心、知性、知天」。

一、盡心、知性、知天

　　依上述，甘泉學說的工夫本體，就宇宙來說是「心」，若具體為人生面來看，則可說是聖人境界。甘泉的聖人境界，可說是「盡心、知性、知天」。「盡心、知性、知天」原出於孟子所言：「盡其心者知其性，知其性則知天矣」（《孟子・盡心上》），甘泉順著孟子的意思，用「體萬物不遺」加以解釋：

> 甘泉子曰：「大其心然後能全體天地之性。故曰：盡其心者，知其性也。心之廣大也，物或蔽之，物或偏之，烏乎盡？盡也者，復其大者也，而性之全體焉見矣。今之小其心者，如掩鑑焉，一隙之明照者幾希矣。故盡心、知性、知天。明乎此，然後存養□所措學之能事畢矣。」（卷一，〈樵語〉，56-521）

> 或問政。曰：「在正身。天下國家與身一也。有一不知，不可謂之知性。有一不盡，不可謂之盡性。」（卷一，〈樵語〉，56-522）

> 或曰：「學必由中出矣。」甘泉子曰：「何往而非中矣。心體物而不遺，故無外。無外安有中？故有外之心，不足以盡性。夫惟堯之心，光被四表矣。故心也者，無遠近內外。」（卷一，〈樵語〉，56-523，56-524）

> 堯舜其猶病諸！仁者不忍一物不得其所，己欲立而立人，己欲達而達人。此性之德也，合內外之道也。君子觀其病與欲，而其性可知矣。（卷二，〈新論〉，56-530）

盡心、知性就是「全體天地之性」，感通天地萬物，也就是知天、知萬物一體。從家國到天下，有一物不得知、不得盡、不得其所，就不足以為知性、盡性。陽明亦曰：「仁者以天地萬物為一體，使有一物失所，便是吾仁有未盡處」（《傳習錄・卷上》），以「萬物一體」提點究竟，與甘泉相同。事實上，「仁者與天地萬物一體」正是甘泉與陽明相與定交時所共同提倡者。〔註3〕這一點也反映

〔註3〕　羅洪先〈墓表〉載：「會陽明先生講於金臺，論學者須先識仁，仁者與天地萬物一體。陽明先生嘆曰：『予求友于天下，三十年來未見此人。』其敍別先生曰：『顏子沒而聖人之學亡，曾子唯一之旨傳之孟軻，又千餘年而周程續。自後言益詳，道益晦，析理益精，學益支離無本。夫求以自得而後可以言學。甘泉之學，務求自得者也，世未之能知，然則甘泉非聖人之徒歟？』」

在二家論明德、親民的意見上。從引文「問政」一條來看，甘泉言「知」的意義涵括了對事對物的知識理解，此義實渾融了朱子「格物窮理」的意思。甘泉論明德、親民曰：

> 在明德、在親民不可作推，只合作一體，皆己分內事。己欲立而立人亦此意。（卷四，〈知新後語〉，56-540）

> 大學曰：「在親民。」親也者，同體之義，仁之謂也。（卷二十二，〈約言〉，57-103）

> 諸生用功須隨處體認天理，即大學所謂格物，程子所謂至其理，將意、身、心、家國、天下通作一段工夫，無有遠近彼此，終日終身只是體認這天理二字。（卷六，〈大科規訓〉，56-554）

另參照陽明論明德、親民曰：

> 明明德者，立其天地萬物一體之體也。親民者，達其天地萬物一體之用。故明明德必在於親民，而親民乃所以明其明德也。是故親吾之父，以及人之父，以及天下人之父，而後吾之仁，實與吾之父、人之父、與天下人之父，而為一體矣。實與之為一體，而後孝之明德始明矣。親吾之兄，以及人之兄，以及天下人之兄，而後吾之仁，實與吾之兄、人之兄、與天下人之兄，而為一體矣。實與之為一體，而後弟之明德始明矣。君臣也，夫婦也，朋友也，以至於山川鬼神鳥獸草木也，莫不實有以親之，以達吾一體之仁，然後吾之明德始無不明，而真能以天地萬物為一體矣。夫是謂之明天下，是以謂家齊國治而天下平，是之謂盡性。（《王陽明全集‧大學問》）

此處陽明與甘泉一致，而陽明的說法尤為清楚完整。在陽明的說法裡面，明德是體，親民是用，而親民即「明」明德。其中每每指出，吾人於待人接物時與之一體為親民，而對應於此人此物之明德「始」明。「即凡天下之物」而「親之」，「然後吾之明德始無不明」，是謂「盡性」。甘泉也說「有一不知，不可謂之知性。有一不盡，不可謂之盡性。」看起來甘泉與陽明的「盡性」目標，也都是要以今日「親」一物，明日「親」一物的方式，去不斷努力、時時完成的。這與朱子的「格物」有何異同呢？朱子相對於甘泉、陽明的差異在於：朱子的明明德、新民等有先後順序之別，立己而後立人，以至於止至善，而甘泉與陽明皆將明明德、親民當作一事，皆是「體萬物不遺」的本體。如第二章所述，朱子言格物窮理乃至於「豁然貫通」，是就一個「至善」、

一個完成「大人之學」而言，不是全就著現代人所說的「道德完成」而言，
他並沒有將「明明德」就視爲已「新民」甚至是「止於至善」，也不可能認爲
沒有達到這種境界就是道德上的小人、惡人，朱子只是點出一個人生所當追
求、所當完成的目標。朱子格物窮理等聚理過程，不但是心性的一再琢磨，
也是積聚「事理」的過程。陽明曾說：

> 然聖人之才力，亦有大小不同。猶金之分兩有輕重。堯舜猶萬鎰。
> 文王孔子猶九千鎰。禹湯武王猶七八千鎰。伯夷伊尹猶四、五千鎰。
> 才力不同，而純乎天理則同。皆可謂之聖人。（《傳習錄》）

陽明雖說純乎天理之同則同爲聖人，但四、五千鎰，到九千、萬鎰的差別在
那裡呢？還是在「才力」上，不管是天賦還是後天努力。人皆可以爲堯舜，
但不是人皆可以爲堯舜治天下的事業。陽明於此終究略過不提，說明明德、
親民、止於至善三者一時俱了，但修身、齊家、治國、平天下並不能一時俱
到。如前處引文，陽明還是承認這當中畢竟有一個次序先後。只用「是否成
善的心性體驗」，去檢視朱子格物窮理的工夫，嚴格說並不恰當。甘泉也沒有
像朱子一樣，考慮得這麼多，但甘泉除了強調緣境當下的體認天理，也點出
有一個充之、達之，變化精熟的過程。

　　所以，無論是甘泉的「隨處體認天理」，還是陽明的「即物以致其良知」，
都是即「親」物爲明明德，即當下工夫爲本體，並無先後之別。朱子的「格
物窮理」就比較直接拿來對比了。值得一提的是，朱子、甘泉與陽明的工夫
論其實都是一種「格物」，都有一種外向的精神。

　　使物物得其所爲盡性的論點，在實踐上有一個問題：個人生命有限，我
們如何能夠使上下四方、古往今來的事物都能得其所呢？如果不可能，則「盡
心」、「盡性」不就是一個永遠無法達成的目標了嗎？這個問題，在陽明而言，
以「意之所在便是物」、「存瞬養息」等，化永恆爲時時刻刻的當下，工夫所
至即其本體，則下一個「未盡」便使吾人工夫有一個時時前進的動態性，爲
剛健不息的態勢。甘泉則是以「隨處」體認天理來表達時時刻刻的意思。但
是，即工夫而成的本體，卻又有「未盡」處，其中似乎有矛盾。而且，「人」
不是只爲「一個人」，個人之外還有無窮盡的他人，則同爲天地之心的「人」
與「人」之間的工夫又是關係呢？甘泉考慮亦及此，且待下文詳述。若要說
甘泉與陽明相異之處，則在於如何知性、盡性的問題。總而言之，甘泉的聖
人境界，就是「盡心、知性、知天」，就是「體萬物而不遺」。這個境界即工

夫爲本體，本體就是萬物一體。

二、知言養氣

「知言養氣」原出於孟子的〈知言養氣章〉，甘泉對工夫修養陳述可說是以〈知言養氣章〉的主要觀念爲架構，許多重要的節目便從這理出來。換言之，甘泉對〈知言養氣章〉相關內容的詮釋可視爲甘泉工夫論大概。

〈知言養氣章〉出自《孟子・公孫丑上》，是孟子與公孫丑的對問，由孟子解釋「不動心」開始，而言及心志工夫等節目，今錄其要如下：

> 公孫丑問曰：「夫子加齊之卿相，得行道焉，雖由此霸王不異矣。如此則動心否乎？」孟子曰：「否，我四十不動心。」曰：「若是則夫子過孟賁遠矣。」曰：「是不難。告子先我不動心。」曰：「不動心有道乎？」曰：「有。北宮黝之養勇也，不膚撓，不目逃。思以一豪挫於人，若撻之於市朝。不受於褐寬博，亦不受於萬乘之君。視刺萬乘之君若刺褐夫。無嚴諸侯。惡聲至，必反之。孟施舍之所養勇也，曰：『視不勝猶勝也。量敵而後進，慮勝而後會，是畏三軍者也。舍豈能爲必勝哉？能無懼而已矣。』孟施舍似曾子，北宮黝似子夏。夫二子之勇，未知其孰賢，然而孟施舍守約也。昔者曾子謂子襄曰：『子好勇乎？吾嘗聞大勇於夫子矣。自反而不縮，雖褐寬博，吾不惴焉；自反而縮，雖千萬人吾往矣。』孟施舍之守氣，又不如曾子之守約也。」曰：「敢問夫子之不動心與告子之不動心，可得聞與？」「告子曰：『不得於言，勿求於心；不得於心，勿求於氣。』不得於心，勿求於氣，可；不得於言，勿求於心，不可。夫志，氣之帥也；氣，體之充也。夫志至焉，氣次焉。故曰：持其志，無暴其氣。」「既曰『志至焉，氣次焉』，又曰『持其志，無暴其氣』者，何也？」曰：「志壹則動氣；氣壹則動志也。今夫蹶者趨者是氣也而反動其心。」「敢問夫子惡乎長？」曰：「我知言，我善養吾浩然之氣。」「敢問何謂浩然之氣？」曰：「難言也。其爲氣也至大至剛，以直養而無害，則塞于天地之間。其爲氣也配義與道，無是餒也。是集義所生者，非義襲而取之也。行有不慊於心則餒矣。我故曰：告子未嘗知義，以其外之也。必有事焉而勿正，心勿忘、勿助長也。無若宋人然。宋人有閔其苗之不長而揠之者，芒芒然歸，謂其人曰：『今日病矣，

予助苗長矣。』其子趨而往視之，苗則槁矣。天下之不助苗長者寡
矣。以爲無益而舍之者，不耘苗者也。助之長者，揠苗者也，非徒
無益，而又害之。」「何謂知言？」曰：「詖辭知其所蔽，淫辭知其
所陷，邪辭知其所離，遁辭知其所窮。生於其心，害於其政；發於
其政，害於其事。聖人復起，必從吾言矣。」

這一則對問篇幅甚長，此處節錄其中與心性工夫直接相關者。這一則對問的
下文亦至少有二個主題，一是就德藝上，孔子與幾位弟子的比較；〔註4〕一是
就仕止久速等出處問題，孔子與伯夷、伊尹的比較。〔註5〕此處節錄者又可分
爲二個部分，一是孟子於對答中提出所謂「不動心」的修爲；一是孟子說明
自己所擅長的「知言」、「養氣」工夫。

我們來看看〈知言養氣章〉中孟子的「不動心」論與「知言」、「養氣」
論。孟子解釋「不動心」時，舉北宮黝、孟施舍二人之「養勇」爲例，北宮
黝面對一切可怖、威脅時，都以強硬的意志抵拒影響。《老子》有「心使氣曰
強」一句。北宮黝的方式可算是「強使氣」。孟施舍則是面對可怖、威脅時，
有一個迴旋思量的過程，冷靜地用理智去分析，演算得勝出的作法，直往不
懼。孟施舍則算是「守氣」。

北宮黝之於孟施舍，又如子夏之於曾子。孟子又引曾子語來說明「守約」：

〔註4〕 這一段文獻爲：「宰我、子貢善爲說辭。冉牛、閔子、顏淵善言德行。孔子兼
之，曰：『我於辭命則不能也。』然則夫子既聖矣乎？」曰：「惡！是何言也！
昔者子貢問於孔子曰：『夫子聖矣乎？』孔子曰：『聖則吾不能，我學不厭而
教不倦也。』子貢曰：『學不厭，智也；教不倦，仁也。仁且智，夫子既聖矣。』
夫聖，孔子不居，是何言也！」「昔者竊聞之：子夏、子游、子張皆有聖人之
一體，冉牛、閔子、顏淵則具體而微，敢問所安？」曰：「姑舍是。」(《孟子·
公孫丑上》)」

〔註5〕 這一段文獻爲：曰：「伯夷、伊尹何如？」曰：「不同道。非其君不事，非其
民不使，治則進，亂則退，伯夷也。何事非君？何使非民？治亦進，亂亦進，
伊尹也。可以仕則仕，可以止則止，可以久則久，可以速則速，孔子也。皆
古聖人也，吾未能有行焉，乃所願，則學孔子也。」「伯夷、伊尹於孔子，若
是班乎？」曰：「否，自有生民以來，未有孔子也。」「然則有同與？」曰：「有，
得百里之地而君之，皆能以朝諸侯有天下。行一不義、殺一不辜而得天下，
皆不爲也。是則同。」曰：「敢問其所以異。」曰：「宰我、子貢、有若，智
足以知聖人，汙不至阿其所好。宰我曰：『以予觀於夫子，賢於堯舜遠矣。』
子貢曰：『見其禮而知其政，聞其樂而知其德。由百世之後，等百世之王，莫
之能違也。自生民以來，未有夫子也。』有若曰：『豈惟民哉！麒麟之於走獸，
鳳凰之於飛鳥，泰山之於丘垤，河海之於行潦，類也。聖人之於民，亦類也。
出於其類，拔乎其萃。自生民以來，未有盛於孔子也。』」(《孟子·公孫丑上》)

「自反而不縮，雖褐寬博，吾不惴焉；自反而縮，雖千萬人吾往矣」，其中所謂「自反而不縮」近乎「守氣」，而「自反而縮」爲「守約」。「自反」可當作「自我反省」解。「縮」字的意思，在《孟子》趙岐注、朱子章句集注、焦循正義或引古籍、字書爲證，釋「縮」爲「義」、「直」、「從」、「順」等義。本文尤取「順」義，「不縮」則心有不安，「縮」則爲穩妥安定。「自反而縮」就是一個良心省察妥當的過程，而得一充實莊嚴的究竟體驗，一聽任於天命正義。此時胸中只有一片坦蕩灑然，只有神聖的使命感，安定而穩健，無從畏懼。此即孟子的「不動心」。反觀「自反而不縮」則未能心安理得、直臻聖域，徒以理智及意志去安排，念慮猶照管於可畏可懼之事，於氣仍不能無壓抑、無強守。這個「守氣」的情形，應該就是孟子所說的「告子不動心」。孟子與公孫丑對問如下：

> 曰：「敢問夫子之不動心與告子之不動心，可得聞與？」「告子曰：『不得於言，勿求於心；不得於心，勿求於氣。』不得於心，勿求於氣，可；不得於言，勿求於心，不可。夫志，氣之帥也；氣，體之充也。夫志至焉，氣次焉。故曰：持其志，無暴其氣。」「既曰『志至焉，氣次焉』，又曰『持其志，無暴其氣』者，何也？」曰：「志壹則動氣；氣壹則動志也。今夫蹶者趨者是氣也而反動其心。」（《孟子·公孫丑上》）

告子將「得於言」先於「得於心」，則是將理智念慮之照管安排，認作最基本的要領，反而將「心」的莊嚴省察擺在其次，故爲孟子否定。告子所言「不得於心，勿求於氣」的部分與孟子同，反對徒求於氣，即反對「強使氣」。總之，可說孟子的「不動心」屬於「守約」；告子的「不動心」屬於「守氣」；而「不得於心，勿求於氣」是告誡我們不要「強使氣」。「守約」者胸中只有究竟莊嚴的神聖感，別無其它，無可畏懼，故能「雖千萬人吾往矣」。「守氣」者仍念念照管著可畏可懼之事，自是遜了一籌。而「強使氣」只是強使情感衝動挺上去，實仍處於畏懼的狀態之中。孟子此處「持其志無暴其氣」一句，可能就是在說自己「不動心」的情狀。公孫丑對此提出了疑問：既然是「心志」主導著「氣」，又何必說「持其志無暴其氣」呢？公孫丑言下之意似乎是說只須「持其志」足矣，「無暴其氣」即在其中。孟子回答「志壹則動氣，氣壹則動志」，「氣」有可能「反動其心」，故還須「無暴其氣」。如此一來，未免啓人疑竇，似乎在「求得於心」之餘，還得「求得於氣」，而「不動心」的

內涵似乎就不是那麼單純，而有至少涵括了「志壹動氣」與「氣壹動志」二個分歧的方向在裡面。

其次看孟子的「知言」、「養氣」論。「知言」、「養氣」論，是回答公孫丑「敢問夫子〔孟子〕惡乎長」的問題時，所說的答覆。「知言」、「養氣」嚴格說並不是直接對「不動心」所作的解釋。究竟「知言」、「養氣」與「不動心」的關係是如何呢？朱子注云：

> 公孫丑復問孟子之不動心所以異於告子者如此，有何長而能然，而
> 孟子又詳告之以其故也。(《四書章句集注》卷三，〈公孫丑上〉)

依朱子，「不動心」是孟子達成的境界，而「知言」、「養氣」是孟子為了達此境界，所秉持的具體工夫。如此一來，「不動心」是目的，「知言」、「養氣」是方法，兩邊有一個比較緊的理論關係。就原始文獻，本文以較朱子為保守的態度，認定「不動心」與「知言」、「養氣」有相通的理論基礎，但不必為「目的與方法」般的嚴格關係。

孟子論「知言」，曰：

> 詖辭知其所蔽，淫辭知其所陷，邪辭知其所離，遁辭知其所窮。生
> 於其心，害於其政；發於其政，害於其事。聖人復起，必從吾言矣。

「知言」是能夠判斷同指出各種「不當言辭」的錯誤、偏邪之處。此處可以明顯看出來，孟子這番話在「言為心聲」的預設基礎上所說。言辭的蔽、陷、離、窮，反映了「心」的蔽、陷、離、窮。所以孟子就要在一個人的發言中，糾正背後可能有的不當心念，以杜絕這個不當心念發為害政、害事。將「知言」的內容與前文對照，「知言」似乎是一「得於言」的情況。

孟子論「養氣」見以下對問：

> 「敢問何謂浩然之氣？」曰：「難言也。其為氣也至大至剛，以直養
> 而無害，則塞于天地之間。其為氣也配義與道，無是餒也。是集義
> 所生者，非義襲而取之也。行有不慊於心則餒矣。我故曰：告子未
> 嘗知義，以其外之也。必有事焉而勿正，心勿忘、勿助長也。無若
> 宋人然。宋人有閔其苗之不長而揠之者，芒芒然歸，謂其人曰：『今
> 日病矣，予助苗長矣。』其子趨而往視之，苗則槁矣。天下之不助
> 苗長者寡矣。以為無益而舍之者，不耘苗者也。助之長者，揠苗者
> 也，非徒無益，而又害之。」

首先，「養氣」所養之「氣」，是一種「至大至剛」、配「義」與「道」的「浩

然正氣」。在人生中直順其「心」而不虧害之，則可以涵養壯大，乃至於充塞天地之間。孟子又說，這種直順其心以養氣的工夫，是一種「集義」工夫，不是告子般的「義襲」工夫。參照前文，告子主張「不得於言，勿求於心」，則告子未能直順其「心」以爲「義」，將「義」依賴於「言」，實在只算是向外襲取，而未能直入內心。隨後孟子提出「必有事焉而勿正心勿忘勿助長也」，應該就是在說「直」其心的方法。「必有事焉而勿正心勿忘勿助長也」一句之句讀頗有歧義，有以「必有事焉而勿正」爲句者，又有以「必有事焉而勿正心」爲句者。按照朱子注的解釋，二者其義實通，而「正」爲「預期」之義，與《大學》「正心」語意不同。〔註6〕本文依朱子句讀。本文認爲這二句可改說成「必有事焉而勿正，心勿忘而勿助長」，「必有事焉」對應「勿忘」，而「勿正」對應「勿助長」，當可以「勿忘勿助」一句涵括之。

　　按照上述解析，孟子主張最根本的工夫是「得之於心」，「得之於心」與徒「得之於言」或徒「得之於氣」不同。

　　但孟子似乎又強調又要能「得於言」與「得於氣」。到底是不是「得於心」則「言」、「氣」一齊俱得呢？還是「得於心」之餘，還有「得於言」、「得於氣」的要求呢？本文無法確定。私以意見詮解之，得於氣之「氣」者，爲個人暫忽小我生命之稟持或寓寄。得於心之「心」者，爲天地間延綿大我之永續生命，爲「浩然之氣」流行。「得於心」時，將小我之生命意識，由暫忽之個別生理，傾身投入整個大我生命之流行，是爲眞生命、大生命，置小我生死爲度外，則何懼之有。這是一種儒家式「蹤跡大化中，不憂亦不懼」的展現。唯此「大生命意識」既爲個人之「心」所知覺感通者，必得合乎思索明達之「言」，以及個體生理之「氣」，始爲寓大我於小我，即瞬間爲永恆。然而要達到此一境界，孟子提出的工夫方法卻仍有：由志以動氣的「持其志」，與由氣以動志的「無暴其氣」二個可交通的路向。

　　由以上的討論，我們可以發現，孟子〈知言養氣章〉的文獻內容仍然有一些不大容易釐清的線索。偏偏〈知言養氣章〉又是一段討論具體修爲工夫極有分量的篇章，在理學的討論中時常可見到相關的語詞概念。甘泉工夫論的宗旨雖是「隨處體認天理」，但卻常常運用「勿忘勿助」及其他〈知言養氣章〉的語詞，講論其工夫內涵。此實不如陽明言「良知」之簡單明瞭，由是甘泉的工夫論也實在不容易整理出清晰的頭緒。本文冀輔以〈知言養氣章〉

〔註6〕　參見：《四書章句集注》。

的架構，充實甘泉「隨處體認天理」的工夫內涵，並判斷「隨處體認天理」實在屬於一種將「得於心」與「得於言」打併一齊的「知言」工夫。

我們先看甘泉對「不動心」的詮釋：

> 公贊、仕鳴侍，問：「動心、不動心何以異？」甘泉子曰：「心動乎天則生，故欲其動心。動於物則死，故欲其不動。是故能動心而後能不動心。能動之至可賢，不動之至可聖。」（卷一，〈樵語〉，56-525）

> 楊欽問：「學欲見吾心之生意，如之何？」甘泉子曰：「在不以己與物耳。舜、禹有天下而不與焉，不以己與之也。不與，則無所蔽。無所蔽，則常與天地萬物爲一體矣。」（卷三，〈雍語〉，56-535）

甘泉主張「體萬物不遺」，強調視民如傷的感動，一如孟子所謂「不忍人之心」，這個意思用「動心」來說明也相當貼切。問題是「動心」與「不動心」是否衝突呢？在甘泉看來，「動心」是萬物一體的休戚與共，是動於天；所謂「不動心」是避免心爲私欲所動，爲自私利害所動。我們實際上面對事件時，外在氣化的影響，自然且不能控制，用強硬的意志加以抵制，則恐落於「守氣」之蔽；放任不管，又有流於縱慾的危險。重要的是，如果我們不去認眞開放地感受這分氣化影響，我們又如何能夠「如實」地審視、反省而加以回應呢？甘泉用「動心」加入對「不動心」詮釋，也許就是考慮到這個細節。「能動之至可賢，不動之至可聖」，聖優於賢，則在於聖人能徹底不被私利影響左右，所謂不以己與物，故無蔽，而常與天地萬物爲一體。「動心」是萬物一體，更是人性存在的發見：

> 甘泉子語袁郵曰：「人能動心而後能存心，能存心而後能養性。故人心怕知，知故警動，德性斯堅定矣。然則動心忍性，其入道之門與？」
> （卷三，〈雍語〉，56-537）

能動心而後能存心，能動心而後能不動心，唯有體認了萬物一體的胸懷，才能眞正不爲物欲所動，其中體驗深刻精微，要爲眞知眞見。所以，眞正的不動心並非強硬冷酷，而是安定冷靜、柔軟細膩、熱烈深情的一種體貼感動。此時的道德心境，當與宗教、藝術的究竟體驗爲一。

其次看甘泉對「志壹則動氣，氣壹則動志」的看法。如前所述，甘泉所論本體爲「氣」一本，亦是以「體萬物不遺的心工夫」爲體。則「動心」不可能自外於氣化影響，而總是摻和著氣感、知覺感應在一起。則知甘泉工分肯定「志壹則動氣，氣壹則動志」的說法。甘泉云：

> 至誠動物，志之動氣也。見水而寒，見火而熱，氣之動志也。（卷二，
> 〈新論〉，56-530）

志、氣可相互感通、相互影響，則人心可以成己成物，亦可以被物感動。
則其工夫型態，正合乎孟子所謂「持其志無暴其氣」的型態，即是甘泉所謂
「動心而不動心」之情狀。甘泉又云：

> 觀鵙鴝鸚鵡之能言，而知天下可以氣化。觀蜩蟬蜉蝣之能蛻，而知
> 天下可以質化。是故聖可學而賢可至。聖賢之道，存之移氣，養之
> 移體，非達天下之變化，孰能與於此。（卷二，〈新論〉，56-528）

聖賢可學而至，正是因爲人生可以氣質變化。換言之，學聖學賢的工夫就是
變化氣質。氣質的變化不只在人心之志氣，更可養至於身體，是身心俱修的
工夫。此「移體」、「移氣」之論，實亦來自於孟子，孟子云：

> 子自范之齊，望見齊王之子，喟然歎曰：「居移氣，養移體，大哉居
> 乎！夫非盡人之子與？」孟子曰：「王子宮室、車馬、衣服多與人同，
> 而王子若彼者，其居使之然也，況居天下之廣居者乎？魯君之宋，
> 呼於垤澤之門。守者曰：『此非吾君也，何其聲之似我君也？』此無
> 他，居相似也。」（《孟子‧盡心下》）

所謂「居」，就是「持其志無暴其氣」的存養工夫，而終有「移體」、「移氣」
之功。此處魯君與宋君存養工夫相近，則聲相似，以氣相近之故。所以行聖
人工夫者自當與聖人氣質相近同。對此甘泉又有更進一步的發揮：

> 孔子夢周公，志氣之感應也，一理也。與高宗之夢傅説一也。周公
> 之道，傳之孔子，精神之所在也，故感應之機，志一之動氣耳。如
> 曰：「孔子思行其道，故有是夢。」是妄動也，何以爲孔子？（卷二，
> 〈新論〉，56-532）

甘泉此處以志氣感應解釋孔子夢周公。孔子懷周公之志，則感通周公之氣，
相感之故，動而爲夢。聖人之心所以相互召喚，其理在於志一而氣動。夢周
公不是孔子思慮意念的作弄幻想，而是同心一志的眞實感動。

由此可知，甘泉確認「志」、「氣」爲相感相應者。故工夫不只在「持其
志」，更在「無暴其氣」，不論是志壹動氣、氣壹動志，對於工夫修爲都是有
效的，甘泉的工夫論也涵攝這二個方向。甘泉云：

> 涵養而知者，明睿也。問學而知者，窮索也。明睿之知，神在內也。
> 窮索之知，明在外也。明睿者德性，德性則可以入聖矣。窮索者思

慮，思慮可以入賢矣。（卷二，〈新論〉，56-529）

敬以直內，義以方外，如人有兩足，不可偏廢，而義方之力尤切。敬
如人持刀，義如人殺賊，纏到手便分生死勝負。若不殺賊，刀爲無用。
（卷四，〈知新後語〉，56-543）

涵養而知重在持志，問學而知重在由氣動志。似一由內而外，一由外而內，
實則志氣交感，「持其志」即通「無暴其氣」，而不可斷分。敬以直內亦屬持
志，義以方外則是即氣（物）而動志。甘泉於此亦似有分，然尤重於義方、
重效用，則以義方通直內亦可合一。

　　由此可知，甘泉工夫論除了提出由內而發的持志工夫外，亦重視外在的
氣化影響。氣化影響有正有偏，則持志又不可不爲主，以通於公正，無暴於
偏私。其中以「持其志」爲主，「無暴其氣」即在其中，不可分爲片段。然而，
要如何持志能才恰當地面對不同的變化呢？這就是甘泉援引孟子所說的「必
有事焉而勿正心勿忘勿助長」工夫。甘泉云：

或請制客氣。甘泉子曰：「在持其志耳。志者，氣之帥也。知持志，
則百體從令，客氣自消矣。必有事焉而勿正，心勿忘勿助長，其持
志以養氣也夫。故曰：志至焉，氣次焉。」（卷三，〈雍語〉，56-537）

此處甘泉取孟子「志者氣之帥」、「志至焉氣次焉」，而認爲「持志即養氣」。
持志的原則就是「勿忘勿助長」，不可操持太過以取自然感通，又不可全無操
持而流於放縱，這是一種二面提點的說法。甘泉又云：

甘泉子曰：「孟子之學其至矣乎！勿忘勿助，其敬之規矩矣乎！孔子
之學非孟子弗明。」（卷三，〈雍語〉，56-534）

須於勿助勿忘之間，停停當當，乃見眞切。眞切即天理本體也。（卷
九，〈新泉問辨續錄〉，56-625）

「敬」即「持志」，「勿忘勿助長」爲規矩，二面提點所以持中，而能停停當
當，與時相切，這就是天理的本體，也可說是「體認天理」。甘泉特別提出「勿
忘勿助長」，在念念自覺的同時，爲人心工夫留了一個虛靈自然的迴旋，可以
接受氣化流行感動，以如實地加以審視、反省而予以回應；又可以提供聖人
「善言」、「善行」召喚的空間，使工夫確有循持，避免流於意念造作、虛玩
光景。此即合於孟子所云：

舜之居深山之中，與木石居，與鹿豕遊，其所以異於深山之野人者
幾希。及其聞一善言，見一善行，若決江河，沛然莫之能禦也。（《孟

子‧盡心上》）

甘泉充分正視「志壹動氣」與「氣壹動志」背後的志氣交化世界觀，可謂甘
泉解孟子的精采處。

其次看甘泉論「知言」。如前述，孟子在「心」、「氣」之外，提出「言」
的問題，持志同時有知言、養氣的問題。「言」似乎有一種特殊的地位，與一
般的氣化影響不同。「言」如視爲今日所謂「語言文字」，則「言」作爲人心
智意念乃至於行爲的凝塑表達。「言」與「意」分不開，「言」也屬於「行」。
進而言之，說話、寫字，行爲、舉止都有「言」參與其中，這個意義下的「言」，
簡直與「知覺」相等。正因爲「言」有種規範、引導的作用，人可能因之導
向正道，亦可能誤入歧途。則「知言」工夫的重要可以想見。按照這裡的說
法，「言」似乎有絕對的重要性，那與孟子認定的「不得於心，勿求於言」有
沒有衝突呢？其實沒有衝突。本文以爲，「得於心」本身就屬「言」的活動。
內心的不安萌動，成爲一種反省、知覺的時候，就與「言」依附在一起了。「不
言而喻」的「喻」即屬「言」。孟子對「言」的看法，是否與本文所論相同，
我們不能確定，但孟子將「言」視作一個工夫論的重點則可以肯定。在甘泉
氣一本論的基調下，對於「言」與「知言」又是如何看待呢？甘泉云：

> 修辭即是謹言。言，心聲也，與心相通。而最易躁妄難禁者，莫過
> 於言。故聖人每每於此致意焉。（卷八，〈新泉問辨錄〉，56-599）

> 甘泉子間嘗言之曰：「言辭者，其精微之致乎！達者觀其辭氣焉，斯
> 過半矣。古之有國有家者，修德以致其辭，修辭以崇其德。德以基之，
> 辭以文之，而國家可保也。是故家國理者其辭雅，家國戾者其辭淫。
> 正人之辭嚴，吉人之辭謹，騷人之辭怨，清修者之辭約。其辭雅者其
> 氣和；其辭淫者其氣垂；其辭嚴者其氣肅；其辭謹者其氣昌；其辭怨
> 以怒者其氣鬱、其聲切；其辭約者，其氣紓、其聲清以越。故曰：達
> 者觀其辭氣焉，斯過半矣。」（卷五，〈二業合一訓〉，56-551）

> 不立文字，而唯於喝杖下猛然一覺，不知所覺何物。（卷二十三，〈天
> 關語通錄〉，57-127）

甘泉認爲，「言」是心聲，言屬於氣，聲氣相通，修辭即是謹言，謹言即是愼
行、修心。心的知覺就只在言辭文字中，舍字辭更無知覺。因而「最易躁妄
難禁者，莫過於言」，人面對言辭時，容易受到引導，所以要格外謹愼。一個
人的言辭又與他的氣質相通，觀其辭氣則大致可知其生命幽微的眞實面目。

一個人是如此，一個國家亦是如此。無論是「辭」、「聲」都反映一個人文現象的氣質，「辭氣」的表達，包含文字修辭、聲音語氣，二者不能分開。即便是紙本閱讀，其中語氣亦大聲地出現在我們的心中。這讓我們想起《樂記》所云：

> 詩，言其志也；歌，詠其聲也；舞，動其容也。是故情深而文明，氣盛而化神。和順積中，而英華發外，唯樂不可以爲僞。（《禮記‧樂記》）

此處與甘泉的想法一致，「樂不可以爲僞」，氣質的表現難以造假，不眞切的言辭當可以察覺。但實際上，「觀者」不可能絕對跳脫自身的限制去客觀準確地觀察別人，則孟子的「知言」與甘泉的「觀辭氣」，都是充滿自信的論調。總而言之，甘泉認爲言爲心聲，而聲氣相應，則修辭謹言可以修心，「修德以致其辭，修辭以崇其德。德以基之，辭以文之」，互爲表裡。如此一來，不是先把心修好，再去觀辭、知言，而是觀辭、知言而修心亦在其中。「得於心」的同時也是「得於言」了。

承孟子所言「詖辭知其所蔽，淫辭知其所陷，邪辭知其所離，遁辭知其所窮」，甘泉又特別提出辨惡、去惡即是知善的觀念：

> 不先知所有，所養者何物？知言工夫即知詖、淫、邪、遁之詞，不使陷、溺、離、窮乎我心，則義理昭著，即是知所有。養氣工夫即必有事勿正，勿忘勿助長，集義養氣即是養所有。（卷十一，〈問疑續錄〉，56-634）

> 夫不爲詖、淫、邪、遁之所陷、溺、離、窮，則吾心義理昭然呈露。養氣以有之於己焉，而聖學之功畢矣。（卷十七，〈序‧湛子知言自序〉，56-696）

> 農夫之養苗也，去其害苗者爾，而生意不可遏也。學者之養心也，去其害心者爾，而生理不可息也。夫何加力焉？（卷二，〈新論〉，56-527）

> 曰：「敢問神氣之聚散也何如？」曰：「邪視則能散目之神矣，邪聽則能散耳之神矣，邪嗅則能散鼻之神矣。是三神者一也，皆本諸心也。邪言則能散心之神矣，故在斂之而已。目視書而目不溺於書，故能斂目之神。耳聽書而耳不溺於書，故能斂耳之神。口誦書而心

　　　不溺於書，故能斂心之神。神完而固，言發而昌，辭成而渾，其古
　　　之德行道藝者與？」（卷五，〈二業合一訓〉，56-550）

甘泉認為，知詖淫邪遁之詞，而不使離窮我心，則能義理昭著，也就能知善、
知性。邪視、邪聽、邪嗅，能散目、耳、鼻等感官之神，邪言能散心之神，
這正合於「言為心聲」的說法，也使得「言」作為一種與本體連繫在一起的
意義彰顯出來，而感官之神亦本於心，甘泉不會將耳目、聞見之知與德性之
知截然劃分開來。去害即知害而去之，知惡知害的同時，其實就知善、知性
了。辭氣有全有偏，言辭有善有惡，知善知惡之主其實還是在「心」，在「勿
忘勿助長地持志」，而不在外在的言辭。所謂「言」與本體連繫在一起，是「必
有事焉」的意思，推致言之，萬物一體總在人、物相即時被體認，「心」中義
理總在「知言」時昭著明白，如「火之光與其所照，一而已矣」。如上所述，
持其志即是無暴其氣，依此理路，則「知言」亦當即是「養氣」，或說舍「知
言」更無「養氣」之法。可是甘泉在引文中，對於「知言」與「養氣」又稍
分別，可能是一個語病，又可能甘泉並未相當自覺地將「知言」與工夫本體
徹底連繫為一。知惡言之為惡固為知善，知善言之為善當然更是知善。

　　綜上所述可推知，甘泉視言語思慮活動為一種特殊的氣化活動，因為它
是人文歷史的產物，為長久的人群之志氣所共同支撐者。甘泉重視聖人「先
得我心之所同然」的典型示範，則聖人的「善言」、「善行」都是正面的氣化
影響，只要「勿忘勿助」地動其本心，就會產生向上提領的作用。古聖人的
善言、善行，雖然不能歷在耳目之前，但經典是聖人言行的記錄，我們可以
透過閱讀經典的方式想望其為人，一如親見。

　　甘泉工夫論的綱領，可說全承孟子「知言養氣」章詮釋推演而來，則甘
泉亦可稱為一孟子學學者。甘泉在氣一本論的基礎上，首先主張「動心而不
動心」此「即知覺感應而見本體」的工夫型態；肯定「志壹動氣」、「氣壹動
志」的交感作用，故於工夫論之具體陳述與要求，則有「持其志」、「無暴其
氣」二個可以互通的進路，而將「勿忘勿助」作為「持其志」（敬）的規矩，
與「無暴其氣」的路向相互交通。從甘泉對「知言」的討論，推得知甘泉的
體認天理，實在是一「得於心而得於言」的型態，則知甘泉持志、守靜，亦
只是「知」（得於心而得於言）此天理而已。甘泉將「言辭」與「心」連繫來，
則學術經典傳承的意義於此能充分肯定。由此可知，甘泉所論「讀書」亦是
一個「知言同養氣」的工夫。

三、讀　書

　　儒家屬人文精神，他肯定社會、肯定歷史，肯定傳承。「堯舜性之、湯武反之」，就性善讀體來講，生命固然可以全從「我」開始，但傳承歷史文化，更是一番充實豐厚的光景，也是歷代儒者們的共同願望。儒家不以輪迴來延續個別生命；也不如同莊子之縱跡大化，鼠肝蟲臂，邈然無痕；而是以「良心同學術」來傳承道統，所謂「繼往開來」是也。孔子稱自己是「述而不作」，孟子要因從「先王之道」，道性善又言必稱堯舜。往者已矣，古聖先賢的生命智慧就依憑在書本學術裡面。因此歷來的儒者都強調「讀書」。朱子倡論的「格物窮理」工夫，有很大一部分實際上是「讀書窮理」，但朱子點出「讀書是第二義」，要從自家身心理會才重要。陸象山雖然說「某雖不識一字亦能堂堂正正做人」，但又戒人以「束書不觀游談無根」，可知象山亦不廢「讀書」之於學問的重要性。只是在象山言「讀書」主要是「觸媒」的作用，並不強調經典本身的道統意義。其實朱、陸在論「讀書」上並沒有本質的差異，只是重視程度不同而已。甘泉論「讀書」，基本上不脫前人範圍，但由於甘泉有「知言理論」的探討，因而比前人更直接點出了「讀書」之於「心會」的緊密關係。另一方面，當時流行的陽明學說，痛切點出陷於「讀書」而不反求諸自家身心的流弊，也有一點輕視「讀書」、乎視「知識」的意味在裡面，因此甘泉之所以倡論「讀書」，也實在有他的時代關懷。

　　依甘泉所論，知惡言之爲惡固爲知善，知善言之爲善當然更是知善。「讀書」在甘泉而言可說是一種「知言」活動，其中尤重讀聖賢書，以其具正面提領作用之故。甘泉積極肯定讀書在道德修養上必要性，與白沙、陽明的消極態度不同：

> 〔某問〕白沙先生詩云：「此道苟能明，何必多讀書？」又云：「吾能握其機，何必窺陳編？」陽明先生詩云：「句句糠秕字字陳，君從何處覓知音？」又云：「但致良知成德業，謾從故紙廢精神。」蓋因世學者不以書明心，而以書喪心而矯言之。然而商書曰：「學于古訓，乃有所獲」，讀書可盡廢哉？人之病，以嘗傷於食而遽曰：「食可廢焉」，無是理也。

> 〔甘泉答〕只如太虛之涵萬象。又如明鏡在此，此物來照之，鏡未嘗動。若都不讀書，是所謂反鏡而索照也。人心中天理具備，讀書亦喚惺一番，何等有益？此與師友一般。若不讀書，則親〔案：〝親〞

> 疑當爲〝師"〕友亦不該親耶？亦不過喚此心之意，我固有之，師
> 友亦不能與我也。世之能讀書者少，能讀而能不爲之喪志，乃是高
> 手。（卷十一，〈問疑續錄〉，56-637）

這裡所講的「讀書」，其內容並非泛指一般客觀的知識，而是一種與道德相關
的知識，尤其是古聖先賢的經典著作。正如某人問中所論，白沙、陽明對讀
書的消極態度，是對治於世人的弊病而發。這種弊病是空取書本中講論道德
的文字，而缺少眞誠的實踐與體會，縱然於文字上記得熟習，可以言之鑿鑿，
立論煌煌，卻終究無法體認充實莊嚴的道德。白沙、陽明詩中對輕忽讀書的
論調，是爲了特別強調內心的誠實反省。若是因此而認爲讀書活動對道德完
全沒有意義，則言之太過。其實，白沙與陽明也未曾極端地否定讀書對道德
的重要，但白沙、陽明在工夫論上對讀書確實沒有積極地提倡，甘泉在這一
點的態度就相當不同。甘泉甚至認爲，「若都不讀書，是所謂反鏡而索照也。
人心中天理具備，讀書亦喚惺一番，何等有益」，將上述具本體意義的「知言」
工夫具體化爲讀書活動，換言之，讀書亦可以是使心中義理昭著的本體工夫。
甘泉認爲讀書與親師友一樣，都是「喚此心」的活動，讀書或親師友就像一
面反照其心的鏡子，心只在對鏡而「照」中得以顯現。沒有這面鏡子，心就
只是可能性，而有待完成，這也正突顯了甘泉必即物方能明理的觀點：

> 仁存於人性，復於己蘊於中而發於外，全其體而應於用，率其性而
> 達於道，親親仁民而愛物，道之謂也。道非他也，即人之仁心之心
> 而自達於事也。（卷二十二，〈約言〉，57-103）

> 夫人之善根於心，有警而後發。於外無所警則昏昏者，心之所由死
> 也。有所警則惺惺者，善之所由生也。恐懼動於外，善根生於中，
> 如草木之萌芽，爲雷霆之所鼓、風雨之所潤而生也，是善根生死之
> 幾，係於警與不警而已。（卷二十二，〈約言〉，57-104）

> 陳應期問：「學而時習，何謂也？」甘泉子曰：「學其覺也。覺，其
> 心之神明也。神明之昏，習心蔽之耳。及其感於簡策，警於人言，
> 本然之覺如寐者之喚，寤而神全焉，知斯至也。時而存習焉，行斯
> 至矣。悅焉樂焉君子焉，其皆本於此乎！君子非有他也，即悅樂而
> 不慍在焉，所性分定也。」（卷三，〈雍語〉，56-536）

內心只在與外物交接得以警發時覺醒起來，正符合甘泉本體論「即用爲體」
的意思。此處甘泉提出「簡策」、「人言」的警發，似乎對於語言活動有特別

的注意。甘泉所說的讀書，不只限定在紙本的閱讀，而可擴大到講論活動：

> 或問：「在昔皋、夔、稷、契何書可讀？所學問者何事也？」甘泉子
> 曰：「子豈不聞三墳五典乎？今也或亡之矣。奚直書爾？君臣朋友之
> 間，朝夕講明之者，安往而非精一之學？」（卷三，〈雍語〉，56-535）

此處所謂朝夕講明的討論，與讀書的意義相同。甘泉所論的與物交接，是否
都已具體視為「語言」活動？換言之，是否一切工夫都是「知言」呢？我們
不敢確認，但甘泉重視讀書講論等知言工夫，且視為必要，這點我們可以肯
定。討論至此，可以有一個問題：既然甘泉認為師友間的講論，與讀書的效
果相同，那自然可以從當下的生活對話中漸漸明白，則讀「古書」的必要性
要如何說明呢？甘泉云：

> 古訓者，其聖人之精乎？其猶之規矩矣。以規發圓，以矩發方，以
> 精發精。規不規，矩不矩，遠於聰明之巧矣。故學則聰明日生，不
> 學則聰明日窒。古訓者，聖人天聰明之蘊也。彼楊、墨、釋、老者，
> 各任其私知，不講於古訓之疾歟？孟子曰：「公輸子之巧，不以規矩，
> 不能成方圓。」規矩，方圓之至也。聖人，人倫之至也。（卷一，〈樵
> 語〉，56-524）

> 謝生禧問書之益。甘泉子曰：學於古訓，自傳說以來，誰能廢之？
> 然而天下之善讀書者寡矣。易曰：「多識前言往行，以畜其德。」識，
> 其知也，所以開發其聰明也。周子曰：「聖賢之訓，入乎耳，感乎心」，
> 所以擴其知也。若夫從事事而記焉，則今之從事口耳者與。是故古
> 昔聖賢之經書禮樂也，皆所以培養乎此也，夫然後能開發其知識，
> 感通其義理。夫非由外得之也，我固有之也，藉是焉以開發感通之
> 耳。昔舜居深山，及聞人善言，見人善行，若決江河，沛然莫之能
> 禦也。其感應之速焉何也？以此心固有之也。（卷五，〈二業合一訓〉，
> 56-549）

甘泉肯定「聖人」是人倫之至，照孟子的說法就是「先得我心之所同然者」。
聖人留下的著作就是古訓，所以讀古訓能「以精發精」。按照氣本論的觀點來
看，「以精發精」就是古人正氣鼓動後人正氣的情況。甘泉對於歷史前輩留下
的保貴經驗與記憶相當注重，有一種傳承的使命感。「聖人」的生命力，就在
我們與他相感相應的時候活絡起來，此則甘泉所謂「神交」，此義待總論時再
加以說明。這裡要強調的是，讀古書是與聖人相感召最具體的一種方式，甘

泉的論調帶有強烈的歷史感。

我們跳開來看，其實讀書閱讀活動是對人類文化的開展有極重要的意義，書本在某個程度上可以超越時間、空間的限制，使得眾人的經驗同智慧得以廣大地傳播交流，遞相成文，遂成壯采。就心性修養的角度來看，獨處時讀書亦比觀想更容易有所憑藉，孔子曰：「學而不思則罔，思而不學則殆」，不論是讀書思考的「學」，或思慮反省的「思」，同樣必要，不可偏廢。對讀書採取較為消極態度的陽明，在龍場大悟「聖人之道，吾性自足，向之求理於事物者誤也」的道理後，接著「默記五經之言證之，莫不吻合，因著五經臆說」，[註7] 仍舊回到「古訓」，與之對話、取得認同。陽明《傳習錄》中〈訓蒙大義示教讀劉伯頌等〉對於童子的教養，仍然強調「歌詩」、「習禮」的課程，教育論與工夫修養論當可相通互證，則陽明亦肯定讀書學習對人格器宇培養的重要。引文中甘泉引孟子語「公輸子之巧，不以規矩，不能成方圓」，《孟子》中又載「孟子道性善，言必稱堯舜」，則孟子對於歷史經驗的重視也十分明確。又如屈原的絕命辭所言：「知死不可讓，願勿愛兮。明告君子，吾將以為類兮」（《九章‧懷沙》），屈原選擇自殺，卻將自己的生命投身於歷代君子的行列當中。一個人對道德價值的抉擇與實踐，仍然需要得到「相類從者」的認同，苟非如此，怎能確定「人同此心，心同此理」呢？黃宗羲說：「不讀書，無以證斯理之變化。多而不求於心，則為俗學」（全祖望〈黎洲先生神道碑文〉），即是此義。

甘泉對於那種只專注於知識講習，而缺少真誠反省的朱學末流，亦提出修正：

> 以書蔽志者，窮年不能明其理。以鑑掩面者，終日不能見其形。故主敬然後我立，我立然後不蔽於物，物物窮格，而天下之理得。（卷二，〈新論〉，56-526）

> 順德也者，人之所得根於其心天然自有之理，與心俱生者也。根於心，故其生色也，睟於面，盎於背，暢於四肢，發於事業，充實而光輝，順之至也，皆根之深為之也。若夫記問義襲之學，不本於心，猶無根之木，其能高大矣乎？（卷二十二，〈約言〉，57-104）

甘泉強調讀書所以明志，而非喪志。則讀書時必須有一個與內心反省、對話

的工夫，對於心中湧動的感要堅定地操持，這就是「主敬」、「順德」，也就眞正達到了充實光輝的體驗，內發於外，則展現和順光明的氣質。此時的「學」，就不是那種「記問義襲」之學，而成爲一種「心學」了。「物物窮格，而天下之理得」，處處即物明理，其積累恢弘，更使得心中天理越益深切著明。這就是甘泉所謂的「心與書合一」：

> 士德曰：「觀於朱子之晚年也，悔前之讀書，而置書以求其心，其切至矣！」甘泉子曰：「吾惑焉，未能一也。心與書合一，而後可以學古訓。可學古訓，而後可發聰明。故一則養志，二則喪志。一則執事敬，二則役耳目。」（卷一，〈樵語〉，56-524）

引文中士德所說的「置書以求其心」的方法，對甘泉來說是感到不安、困惑的。甘泉毋寧採取「學古訓」的方式，只要內心眞實嚮往與書中內容能夠對話而合一，就達到本體，則爲「養志」、「執事敬」，而不是迷惘喪志或役於耳目。甘泉認爲，「置書以求其心」甚至會產生「支離」的缺點：

> 甘泉子歎曰：「後世儒者何其支離之弊也乎？岐內外心事而二之也。是故支離之弊生，是內而非外也，重心而略事也。猶然不悟，反謂立本，誤矣。千百年來道學不明，非此之故乎？故學者必內外本末心事之合一也，乃爲孔孟之正脈。」或曰：「何居？」曰：「理無內外、本末、心事之間也。」（卷五，〈二業合一訓〉，56-548）

> 夫所謂支離者，二之之謂也。非徒逐外而忘內謂之支離也，是內而非外者亦謂之支離也。過猶不及耳。必體用一原，顯微無間，一以貫之，斯可以免也夫。（卷五，〈二業合一訓〉，56-549）

甘泉的「心」、「理」，是指人對物的當下，一齊明白者。如果只是人自己的冥思觀想，而不從面對事物去明理，在甘泉看來就是「支離」，是一種不周延、不完整的情況。理無內、外，本、末，（人）心、事的差別，理只在心、物之間發見。甘泉又提出「二業合一」的主張：

> 夫德業、舉業，業二而致一者也。今夫修德業者，從事於古訓也。爲舉業者，亦從事於古訓也。是其業一也，世之學者以爲不同，非也，蓋係乎志不係業也。（卷五，〈二業合一訓〉，56-547）

所謂二業，指的是「德業」與「舉業」。德業是道德的人格實踐，舉業是循科舉考試這條路的成果。甘泉曾自述：

> 及臣爲祭酒……臣不肯隨俗學將仁義禮智等名言止以供作文字，則

曰：「從古聖賢名言」，皆教人隨處體認天理功夫也，則欲監生講明
而見於體行，不過日用常道而已矣。臣悲爲俗學者教人以舉業，非
祖宗以道德成賢之意，而談聖學者又專教人德業，而棄祖宗以舉業
選賢之法。臣則兼教之以德業、舉業合一進修，其書名曰《二業合
一訓》，即古先王德行道藝之遺意焉，使所養即所用。（卷十九，〈章
疏・三乞歸田疏〉）

由此可知，甘泉強調德業與舉業的合一，有一個最大關懷，是要使儒學、聖
學能夠對政治、社會有直接、具體的實用，所謂「使所養即所用」。舉業科考
是當時絕大部分讀書人仕宦任職的必經道路，[註8]是直接參與政治、管理社
會的方式。當時講明聖學的理學家，有一種與科舉功令疏離的態度，陽明對
朱學的反省，也可說是對科舉的批評。甘泉提出二業合一的主張，一方面對
俗學那種空講道德而不實踐的虛妄，有嚴厲的批評；一方面又希望修正那些
對讀書採消極態度的主張，其中可能也含著調整當時疏離於朝廷的風氣。甘
泉本身是白沙的弟子，其間亦經歷了疏於舉業的過程，則甘泉的個人關懷當
有其真切處。甘泉指出，德業與舉業同樣都是以學習儒學經典，其成果不當
二致，當時學者分作二端是一種錯誤，錯就錯在沒有認清楚「是否爲德業」
並不在於從事的對象，而在於自己的心志。換言之，只要能隨時持志用心，
以道德感工充實的態度處理任何事情，都應該屬於聖賢事業。如此說來，則
與陽明所謂的灑掃、應對、進退、童子捧茶等皆爲聖人工夫的意思相同。不
過甘泉並沒有把這個意思作推廣，他還是從士子讀書立業的角度上看。

甘泉重視讀書，也提出了一些具體的讀書方法，舉如：

看書須看前後四傍、通融貫串乃可，不可只從一路去，便恐有難通
者。又當以証吾心之同然者，乃爲的當。（卷十三，〈金臺答問〉，
56-651）

諸生讀書時須調鍊此心。正其心，平其氣，如以鏡照物而物不動，
常炯炯地，是謂以我觀書，方能心與書合一。孔子所謂執事敬，中
庸所謂合內外之道，程子所謂即此是學。如此，方望有進。若以讀
書、主敬爲兩事，彼此相妨，別求置書冊而靜坐以爲學，便是支離，
終難湊泊。（卷六，〈大科規訓〉，56-557）

〔註8〕 可參見《明史・選舉志》。

士之學古訓也，力及三行，則至三行而止，存焉弗失其本心。力及五行，則至五行而止，存焉弗失其本心。力及十行，則至十行而止，存焉弗失其本心。及其習熟而化也，力及三行者可使及五行矣，力及五行者可使及十行矣，以至百千而定力不奪，心與書相忘而合一，何則？習使之然也。古之學於古訓者之術如是夫。否，則或三行而溺，或五行、十行而溺，欲其弗喪志者鮮矣。（卷五，〈二業合一訓〉，56-550）

初學切於讀書時調習此心，隨其心力所及。如讀至一二行，稍覺心爲所引，即停卷收斂，少俟有力再讀。或有力足以勝之，至三篇四篇，不至失己，驗知得力，漸漸接續，至於不息。亦從此始其應事，亦復如是。若舍書冊、棄人事而習靜，即是禪學，窮年卒歲，決無有熟之理。如欲鐵之精，不就爐錘，安可望精？（卷六，〈大科規訓〉，56-557）

甘泉十分強調在讀書的時候，要不斷地與內心真實的感受對話，要取得「我心之所同然」的平衡，更要「平其氣」，維持一個平和的情緒。讀書的過程中，如果覺得勉強、困頓，而感到昏倦、迷惘的時候，當「停卷收斂」，稍作休息，待回復精神後再讀。而且，讀書要看上下文，作一個較爲周延的把握，不要將思緒只陷溺在一個小節上。總而言之，甘泉認爲在讀書的時候，要使心情保持在一個冷靜通達、專注致志的狀態，其實就是上文申論過的「動心而後的不動心」，頗有躊躇滿志的充實。這樣一來，所謂「感於簡策警於人言」，便不是放任不住地等待外在的感動，而成爲一種「勿忘勿助長」的心地工夫。其實，一個人的內心如果沒有自發地警醒起來，就算再多的氣感也動不了志。或者說，正氣感動與人心的自覺警醒其實是同一件事。甘泉的讀書態度，與明初理學家優游自然的方式，同樣都不是爲知識而學問，而更重在身心的調養。不過甘泉十分反對「置書冊、棄人事」的幽居靜坐，在這一點上他仍要用知識、行動的方式向參與社會，人無所逃於社會，這就加強了甘泉的知識傾向。此即所謂「道藝」：

〔或問〕曰：「讀書之大何如？」曰：「存心以立我，以我而讀書焉，斯讀書之大者已。」曰：「作文之大何如？」曰：「存心以立我，以我而作文焉，斯作文之大者已。二者得其大焉，是之謂道藝。道藝者，天下之小藝莫能敵之矣。小藝者，其譬諸雕蟲小技也，夫其譬諸巧鳥好音也夫。」（卷五，〈二業合一訓〉，56-547）

讀書、作文除了對個人來說是心地工夫之外，對解讀、撰寫等操作，亦當有
一定的把握，而成為一種技術，甘泉稱作「道藝」，這就含有更多的客觀精神。
至於甘泉有沒有更進一步要將「道藝」落實為「作品」的主張，我們就不敢
確定了。不過甘泉對於學生的讀書功課，列出一些「書目」與次第：

> 諸生讀書務令精熟五經四書，又須旁通他經、性理、史記及五倫書，
> 以開發知見。此知見非由外來也，乃吾德性之知見，書但能警發之
> 耳。須務以明道為本而緒餘自成文章舉業。其仙佛莊列諸書不可泛
> 濫以亂名教、壞心術、散精神。（卷六，〈大科規訓〉，56-558）

從五經、四書等儒學經點開始，又要閱讀理學、史書、禮書及其他義理著作。
至於釋、道諸書，則要以謹慎適當的態度閱讀，不可太「泛濫」。這固然顯示
了甘泉的學術觀點，但更重要的訊息，是甘泉列出了一些對德性工夫而言的
「必讀」書目，則此處的知識精神又更重了。甘泉認為德性的「知見」是需
要具備一定的程度。不過這個意思是對著士子「諸生」來講的，對一般大眾
而言是否也是如此，我們不得而知。甘泉又云：

> 或問：「於書所載古人言行，學而為之，其亦學也乎？」甘泉子曰：
> 「否，非讀書之善者也。必由心而體會之，立其本焉。本體立則事
> 皆天理，雖不求合於古人而自合矣。舍此而外求焉以效法之，則事
> 理之應無窮，而古人之跡有限，抑見其困也已。是故學之於書也，
> 取其培養此心而已。誦讀之時，此心洞然，如鏡照物，不引之書冊
> 焉可矣。否，則習矣而不察，安能見道？」（卷五，〈二業合一訓〉，
> 56-549）

> 學問思辨不必以議前輩為嫌，此乃俗人之見耳。若非討論時，及語
> 非其人，則涉此嫌矣。如朱子中庸或問，呂游楊侯張子之言，無不
> 為之非議去取者。雖程子之說，猶或不能不致疑焉。以此講學，何
> 害？（卷四，〈知新後語〉，56-543）

此處甘泉嚴格地強調，讀書重在以心體會，若只是學古人於事應對的表面作
為，並不算真正的學。當從其中體會古人用心所在，培養一種正確的態度，
才能真正融入日常生活的應對之中。古人所言亦不必盡信，還是要從「心」
去判斷，這才算真正的知言。甘泉之重視讀書，亦合於他重「作用」、「實用」
的論調，所謂「事理之應無窮，而古人之跡有限」，能處理好生活中待人接物
等種種的變化最重要。所以甘泉說：

> 吾儒學要有用。自綜理家務，至於兵農、錢穀、水利、馬政之類，
> 無不是性分內事，皆有至理，處處皆是格物工夫，以此涵養成就，
> 他日用世，鑿鑿可行。（卷六，〈大科規訓〉，56-558）

則知識學習的對象，又當從經典書本，擴展到處理事務需要的知識技能。這些用世的知識，「無不是性分內事，皆有至理，處處皆是格物工夫」，則都是一個人道德實踐不可迴避的學問。甘泉雖有向外重實用的傾向，但仍以回歸內心修養爲主，讀書不過是一種隨處體認的方式，則不限於讀書，自然造化亦可是我們師法的對象：

> 四時行焉，百物生焉，聖人示人以道體，與鳶飛魚躍川上一類。（卷四，〈知新後語〉，56-546）

> 遊觀山水，亦如讀書，此心易於妨奪。可常提撕，令不失己，則處處得益。反是，則處處皆梏，亡矣。（卷六，〈大科規訓〉，56-558）

從天地自然造化中，得到「道」、「理」的啓示，亦爲「體認天理」。

四、隨處體認天理

以上各個工夫論分論，其實都可以「隨處體認天理」一語爲宗旨。甘泉在理氣論上強調氣一本論，在心性論上又以心的萬物一體感通活動爲本，這都顯示了以工夫爲本的論調，即本體總是在作用、工夫中成立。此論調在具體人生的工夫論而言，理只在心、物相即時顯現，則以心、物相即的工夫爲本的意思。強調當下與物交接的工夫，便點出重時時刻刻、生生不息的主「動」精神。在甘泉而言，是以「動」爲本體，「靜」亦不過是「不動」而已。甘泉云：

> 陽明不專於靜之說，即僕之說也。古之論學，未有以靜坐爲言者，而程氏言之，非其定論，乃欲補小學之缺，急時弊也。後之儒者，遂以靜坐求之，過矣。古之論學未有以靜爲言者，以靜爲言者皆禪也。故孔門之教，皆欲事上求仁，動時著力，何者？靜不可以致力，纔致力即已非靜矣。（卷七，〈書·答余督學〉，56-562）

甘泉反對靜坐，因爲靜坐與社會是一種隔絕的關係。工夫當在待人接物中實踐，是應事亦是應世。「靜不可以致力，纔致力即已非靜矣」，以「工夫作用」爲本、即是以「致力」爲本的思考下，「靜」只可能是暫時「不動」而已。則甘泉的「隨處體認天理」，便永遠在當下的時刻中，即心即物地實踐，這也就

是「格物」工夫。甘泉云：

> 諸生用功須隨處體認天理，即大學所謂格物，程子所謂至其理，將意、身、心、家國、天下通作一段工夫，無有遠近彼此，終日終身只是體認這天理二字。（卷六，〈大科規訓〉，56-554）

> 致良知以道體，猶磨鏡以照物，不是一空知便了。故曰：格物。物即爲物不二之物，至善是也。知止、定、靜、安、慮能得則格之矣，亦不是一正念頭便了。（卷二十三，〈天關語通錄〉，57-132）

> 格物者，即造道也。知、行並造，博學、審問、慎思、明辨、篤行，皆所以造道也。讀書、親師友、酬應，隨時隨處，皆體認天理而涵養之，無非造道之功。意、身、心一齊俱造，皆一段工夫，更無二事。下文誠、正、修功夫，皆於格物上用了。其家國、天下皆即此擴充，不是二段。此即所謂止至善。故愚謂止至善則明德、親民皆了者，此也。如是方可謂知至。若夫今之求於見聞之末，謂之知至可乎？知至即孔子所謂聞道矣。……故吾輩終日終身只是格物一事耳。（卷七，〈書・答陽明〉，56-568）

「隨處體認天理」就是「格物」、「知至」，亦是「致良知」。所謂終日終身只是體認天理，則知「體認天理」就是甘泉所論工夫的結構。這是一個與時俱變的動態結構。其中又強調了知、行的活動內容。其實知亦屬行，之所以特別提出，是爲了突出並保留讀書講習等，偏向意念思慮，較不具肢體行動力的工夫活動。而齊家、治國、平天下的目標，當能在「隨處體認天理」的結構下漸漸到達。必須強調，「隨處體認天理」是一種心地工夫，是操心持志的「敬」。「敬」的規矩是「勿忘勿助長」，這就給「以氣感通」一個空間，以開放準確地應事。「敬」表現在具體行爲上，可以「四勿」來表達，《四勿總箴》即明此義。甘泉又云：

> 四勿不可容易看，謂「非禮聲色，士人稍知義理者能之，何待顏子」，則大容易了也。此義在孔門最精，聖人以告顏子，不告門弟仲公諸人，何也？此於幾上，先天之學也。故曰：「顏氏之子，其庶幾乎？」非禮勿視、聽、言、動，何待又分內外？感應疾於影響，若非禮之感，不知不覺，視聽已過，如疾風過耳，豈能安排？得惟此心常存，則感應幾微自明決矣。（卷十三，〈金臺答問〉，56-651）

看似日常簡單的非禮勿視、非禮勿聽、非禮勿言、非禮勿動，實踐起來其實

相當艱難，他必須要時時當從「幾」上反省，諦聽良心的聲音並遵從實行。則知甘泉「隨處體認天理」的教法其實對操心持志有很嚴格的要求。

　　將「隨處體認天理」的結構，加上時間歷程，對個人生命而言，就是所謂「初心」擴充、達之的歷程：

> 若便以赤子之心為大人，更不須學問，便是生成的聖人，好佛好捷徑者據以為說，便至廢學，其害豈小？其緊要只在不失，不失必須學問，學問之道無他焉，求其放心而已矣。學問所以求放心，是不失赤子之心也。蓋赤子之心乃初心也，乃其真心，常人都是壞了纔補，若大人則從作赤子時元初一點真心學問養將去，只從這元初一點真心，耿耿虛靈，良知良能漸漸擴充，至於致廣大、極高明，無所不知，無所不能。譬如一粒穀種子播在地上，又時時培養，由苗而秀，由秀而實，亦只是元初這一點生氣養將去至此，非謂種子便是實也。故曰：「不能充之，不足以保妻子」，與此相互發。（卷十，〈問疑錄〉，56-627）

> 猶孟子言良知良能，童而知之，便從此擴充去耳，非便謂已見成而更不用學也。聖人之學，惟聖人獨覺，化而知裁，其所謂志立不惑，知命耳順，從心不逾矩者，非常人所能知也。賢棄謂生知安行，豈全不學？……故良知良能一章，全在達字。達之者，學也。而謂不須學問、思辨、篤行，可乎？（卷九，〈新泉問辨續錄〉，56-625）

甘泉認為，孟子所說的不慮而知、不學而能的「良知良能」，[註9] 是「赤子之心」、「初心」，是生命的起點。但是在生命歷程的展開中、在不斷地待人接物中，就必然需要博學、審問、慎思、明辨、篤行等學問工夫，才能瞭解地、適當地、恰如其分地處理好自身與人、物之際的安排，正確地完成所有的倫理關係。純真的初心當然可算是「成德」，但在整個生命歷程中只是一個種子，種子之抽芽、發葉、樹幹、結果，更需要時時刻刻去維護、去實踐，由內而外，由近至遠。這就是擴充、達之。甘泉又云：

> 問日新盛德。曰：「用功只在日新，若盛德其馴至耳。如抱赤子然：乳哺之，飲食之，日長日大，彼安知之？心有限量，德無限量。如

[註9]　孟子曰：「人之所不學而能者，其良能也。所不慮而知者，其良知也。孩提之童，無不知愛其親者，及其長也，無不知敬其兄也。親親，仁也。敬長，義也。無他，達之天下也。」（《孟子·盡心上》）

川澮河海，心之限量也川澮，不如河海之淵泉。溥博如天，淵泉如淵，而人不可有限量之心耳。堯舜千鎰，文王八百鎰，愈盛愈無窮，陽明曾說如此。」（卷二十三，〈天關語通錄〉，57-146）

陳生問：「純心，何謂也？」甘泉子曰：「其猶夫金之精乎！金之不精，有或雜之，非復金之初矣。今夫金時時而鍊焉，日日而鍊焉，久則精金爾矣，又何待於外求？」「敢問乎鍊之法？」曰：「敬。」（卷三，〈雍語〉，56-538）

君子之學也猶之鍛金也，不鑪不錘則金不精。事也者，學者之鑪錘也，不歷事則仁不熟。不熟，仁之棄也。夫仁也貴熟之。（卷二，〈新論〉，56-530）

平川看伊川之學與明道同否，便知勿忘勿助功夫說得容易，下手到自然處甚難，須調停習熟後始得。柳子厚詩一句好：「老僧道機熟」，雖非吾儒學問，但云「道機熟」三自亦可玩。如初做的新車輪，始時必澀難行，用之久自然熟，一推便轉，煞要習熟。仁亦在乎熟之而已，心只要熟。平川幸深體之。（卷十一，〈問疑續錄〉，56-634）

則甘泉除了強調當下體認天理的操持外，亦極看重變化氣質、日積月累的成果。「觀千劍而後識器，操千曲而後曉聲」，道德修養亦若是，亦在乎與日俱進、老成熟重，豐富的修養經驗當化為道德的智慧同光輝。陽明以不同輕重的金為譬，說堯舜、文王乃至於一般學者，就金之成色全同，喻其皆純乎天理，又以分兩輕重不同，言境界之大小。但是在這個譬喻中，陽明並沒有辦法說明如何分判、如何度量其金之「分兩輕重」。甘泉則能顧到一個充之、達之的歷程，有一個漸漸精熟的次第在那裡。

人為天地之心，除個人生命外又有千千萬萬個它人的生命。則此「心」的工夫就長遠的歷史來看，又是如何呢？甘泉有所謂「神交」：

是故神之感也，不以世隔，故孔子夢周公；不以地隔，故高宗夢傳說，舜夢拜乎丞。故神也者，本諸身，徵諸庶民，建之天地而不悖，質諸鬼神而無疑，百世以俟聖人而不惑。大哉神之交乎！聖而不知之謂神，神者，氣之精也，心之靈也，天地萬物之良能也。上天之載，無聲無臭，神之所為也至矣，何則？人者，天地之心也。心者，天地之神也。天地以神而成化，聖人以神而化天下。故相觀而善，相禪以神也，交之至也。孔子曰：「予欲無言，四時行焉，百物生焉」，

此神交之至也。故曰：鼓之舞之以盡神。神之所感，天神降，人鬼格，鳥獸舞，鳳凰儀，而況於人乎？而況於師友之交乎？故天地之道，神而已。聖人之道，存神而已矣。（卷十八，〈祈門神交精舍記〉，57-7）

神也者，心之所爲也。故心之神也，交通也，通天而天，通地而地，通萬物而萬物，通堯、舜、禹、湯、文、武、周、孔而堯、舜、禹、湯、文、武、周、孔，感而通之，一氣也。氣也者，通宇宙而一者也，是故一體也。一體故氤氲相通、痛癢相關，不交而交矣。（卷十八，〈神交亭記〉，57-9）

個人生命有限，事事物物的變化卻生發無窮，具體生命歷程中對於感通宇宙的「萬物一體」該如何期待呢？在甘泉即是以「百世以俟聖人而不惑」的情懷，將古往今來渾化一齊。以氣相感的緣故，雖然往者弗及，來者不聞，但只要此「心」在我這裡誠懇地得以充實光輝，便向上接續了古聖先賢的傳統，而能影響後世、待於後世有「心」人的召喚。這就是所謂「神交」，對此「心」的相感相續，就使得古今生命都活絡起來。甘泉又辨「傳心」與「傳心法」：

夫心，自我有之，自我存之。師不能授之於弟子，弟子不能受之於師，孰傳而孰受之！故傳者，非傳心也，傳之心之法也。（卷二十一，〈雜著·孔門傳授心法論〉，57-80）

此處甘泉明辨「心」不可能傳遞，亦不可能接受。所爲傳而受者爲「心法」，是提領每一個人自己「盡心」之法。則每一個人都必須自覺地作隨處體認天理的工夫，都是自己要面對的嚴肅功課，「心」要在每一個人那裡充盡，不可予之，又不可奪。但是，在每一個人那裡充之、達之的「心」，也正是貫通上下古今，燭照天地萬物的那一個「心」。這就是「隨處體認天理」宗旨，其歷史的、也是究竟的嚴肅意義。

第伍章　甘泉心學與朱子、陽明學說比較

第一節　論甘泉學說對朱子的繼承與轉化

　　如第四章所述，甘泉的理氣論是一種「氣一本論」，可說是對朱子理氣論的一種繼承、調整，而不是對反。朱子所謂的「理先氣後」，固然於立言中堅持了理、氣的二分，但就「理一分殊」來看，理只在分殊的物事中、在氣中始有作用、始能把握，天地萬物都是一氣之化的流行、陰陽鬼神的運動，理無法離於屈伸感應而效功。既然實際上就只是氣化流行，又何必於氣外拈出一個理呢？於此，甘泉就直接地以氣作為一本生化之源，放棄了「理先氣後」的二分味道，也不以「理一分殊」去安排理與萬物的關係。甘泉云：

> 古之言性者，未有以理氣對言之者也。以理氣對言之也者，自宋儒始也，是猶二端也。夫天地之生物也，猶父母之生子也，一氣而已矣，何別理附之有？古之人其庶矣乎！劉子曰：「人受天地之中以生。」中也者，和也。人也者，得氣之中和者也。聖也者，即其中和之至者也。陰陽合德，剛柔適中，理也，天之性也。易曰：「一陰一陽之謂道。」道也者，陰陽之中也。形而上者之謂道，形而下者之謂器。器即氣也。氣有形，故曰形而下，及其適中焉即道也，夫中何形矣？故曰形而上，上下一體也。以氣理相對而言之，是二體也。（卷二，〈新論〉，56-531）

世界就原原本本的是「氣」，而「理」就是氣化分殊中，摩盪感應適中的狀況。甘泉論「人」，亦承繼朱子所謂「人天地之中以生」，於心性論則有一個

突破。朱子的「心統性情」是以「心」爲主，而「心」即帶著感知活動之義；朱子又以鬼神形容天地間的氣化流行，鬼神雖是精神活動，但似乎不能說有心的活動，只有活人能動「心」。到了甘泉，將「心」解釋爲「體萬物不遺」的體驗，推致爲一切氣化流行的動力與作用，將「心」提到了宇宙本體的高度，爲一本之「氣」的另一個描述，因而將「理」也涵攝其中。由此也明確建立了人生對天地萬物的影響與責任。甘泉對「人心」的討論不僅止於個人生命，而擴及到古往今來的歷史。鬼神中有死去的人，死去的人曾有活動的心。往者雖然不能自主自由地發動心，但可以憑著後人的感召而活絡起來。這在朱子那裡只由子孫祭祀感格去說，重在血氣相類。在甘泉這裡，用「體認天理」與之感應，則重在道義相通。尤其有一項具體的辦法，就是「讀書」，在閱讀經典中古聖先賢的正氣復得充沛，而感應在我們的身心。而知識文明的積累，則使道義相通之外又多了繼承推演的方向。就是這種「體道感格」的方式，甘泉的工夫論便與本體論完全相即在一起，則無論是「讀書」，或是「格物體認天理」，都成了本體昭然的工夫行動。「萬物一體」的感應下，始終有「不忍一物不得其所」的動力，於是就決定了甘泉工夫論的外向精神，與個人自守的修養又不一樣。甘泉提點「心的活動」爲本體的論調，就是一種「心學」。

其次具體敘述工夫論異同。朱子的工夫論，有居敬與窮理二端，雖說有合一的論調，但其中二致又明顯地表現在靜坐與讀書的差別上。雖說朱子主張讀書時要有如靜坐般的沉靜的心境，但靜坐畢竟迥異於日常的待人接物或概念思索，是一種近乎不住一物的瞑想。讀書是一種日常思索，它也指向著心知的感應及擴大。靜坐與讀書的直接關係畢竟不夠明朗。甘泉對靜坐就持不甚同意的態度：

> 陽明不專於靜之說，即僕之說也。古之論學，未有以靜坐爲言者，
> 而程氏言之，非其定論，乃欲補小學之缺，急時弊也。後之儒者，
> 遂以靜坐求之，過矣。古之論學未有以靜爲言者，以靜爲言者皆禪
> 也。故孔門之教，皆欲事上求仁，動時著力，何者？靜不可以致力，
> 纔致力即已非靜矣。（卷七，〈書・答余督學〉，56-562）

> 諸生讀書時須調鍊此心。正其心，平其氣，如以鏡照物而物不動，
> 常炯炯地，是謂以我觀書，方能心與書合一。孔子所謂執事敬，中
> 庸所謂合內外之道，程子所謂即此是學。如此，方望有進。若以讀

　　書、主敬爲兩事，彼此相妨，別求置書冊而靜坐以爲學，便是支離，

　　終難湊泊。（卷六，〈大科規訓〉，56-557）

甘泉雖然肯定靜坐時的氣質與「持敬」近似，但那只能「補小學缺」而已。
眞正的學問要在日常的人倫行動中求，在應事中展現，爲感覺明察的心知。
這個感覺明察的心知在「勿忘勿助長」的規矩下，便能正確地、充分地體認
天理。甘泉認爲「知覺」只在語言文字中進行，「持敬體認」亦然。「靜坐」
有近乎忘言渾沌的情境，支離於眞正「持敬體認」的方式，二者終究不能湊
泊。

　　甘泉不贊成朱子的靜坐教法，不過甘泉的「隨處體認天裡」，卻從朱子的
「格物致知」轉手過來。朱子所謂的「即凡天下之物一一窮格」，本重在於經
驗積累對人生開闊視野、周詳處事的必要。甘泉的「隨處體認天理」卻更重
在時時刻刻的明覺持敬，對知識本身追求的味道較淡。朱子雖然也同樣講究
反求於身心，但朱子某些語調加重了追求知識的成分。除上述曾引用的格物
補傳，又可見於朱子注「知言」：

　　知言者，盡心知性，於凡天下之言，無不有以究極其理，而識其是
　　非得失之所以然也。……蓋惟知言，而於天下之事無所疑。（《四書
　　章句集注・孟子章句・公孫丑上》）

依此處，「格天下之物」、「知天下之言」變成了必須要追求的方向。甘泉論格
物則別有異趣，所謂「隨處」者，指隨時、隨地、隨事、隨物，是重在「必
有事焉」的意思。甘泉論知言則是使義理昭著於心，能不能「知天下之言」
並不是那麼重要。

　　總而言之，甘泉在本體論上，以「氣一本論」修去了朱子理氣論的兩可
論調。又以「心爲萬物一體」繼承朱子心的主宰義、知覺義，並縮合了朱子
論鬼神及祭祀感格，將「心」作爲感通上下四方、古往今來的本體，而直接
即於工夫。在具體工夫論上，甘泉以「動」爲主，否認靜坐，不復有朱子那
種動、靜分說的情況。甘泉提出讀書一法，固是與朱子同樣正視到讀書是異
於待人接物的一種特殊活動，但相對來說：朱子對於知識追求的趣味較重，
則有時不僅止於反求身心；甘泉著意於體認天理，雖亦提出知識之用，畢竟
以使心明白爲主。不過，甘泉本人的知識趣味，似乎比他主張的要多一些，
觀其著述豐富可知。

第二節　論甘泉與陽明學說的異同

一、同屬「萬物一體」的心本體論

　　甘泉初識陽明論學，曾有「仁者渾然與天地萬物同體」的共同宗旨。陽明自龍場一悟後，與甘泉論學便有不合之處。陽明龍場一悟前的思想，在《全集》中，除了《年譜》載「志於成聖未果」及認同「仁者渾然與天地萬物同體」之外，並沒有留下什麼文獻可以探知。〔註1〕但是陽明在一幅山水畫上有題字如下：

> 安得於嘉林甘泉間，構一草蓋以老是鄉？無懷、葛天之民，求之未遠。蓋學問之道，隨處即是，惟宜讀書以先之。丙寅正月七日爲耕餘年先生守仁學〔註2〕

則此時陽明似乎將「讀書」作爲學問工夫的優先步驟，與日後以良知心體爲出發不同。事實上，甘泉與陽明學說的歧異點，主要就在於「讀書」此一教法的態度上，此待後文再論。陽明日後的思想仍然將「仁者渾然與天地萬物同體」視作學說核心。嘉靖八年，陽明去世隔年，朝中有異議，爵廕贈諡諸典不行，且下詔禁僞學，時詹事黃綰上疏，言及陽明學大要有三：一曰致良知，二曰親民，三曰知行合一。〔註3〕這「親民」就是指「仁者渾然與天地萬物同體」。陽明於《大學問》云：「明明德者，立其天地萬物一體之體也。親民者，達其天地萬物一體之用也。」「萬物一體」之感就是良知的顯現，陽明曰：

> 夫人者，天地之心，天地萬物本吾一體者也。生民之困苦荼毒，孰非疾痛之切吾身者乎？不知吾身之疾痛，無是非之心者也。是非之心，不慮而知，不學而能，所謂良知也。（《傳習錄・卷中・與聶文蔚書》）

> 蓋良知只是一箇天理自然明覺發見處，只是一箇眞誠惻怛，便是他本體。（《傳習錄・卷中・與聶文蔚書》）

對天地萬物不得其所，有一種憂痛不安的感覺，就是天生良知發見處。陽明

〔註1〕　參見：《王陽明全集》，其中所錄龍場悟前的作品僅三篇疏與幾篇詩、賦，未及性理之論。

〔註2〕　見「明・王守仁山水軸」，藏於國立故宮博物院。

〔註3〕　參見：《陽明年譜》。

的「致良知」、「知行合一」等就是從這個眞誠惻怛出發。這與甘泉所謂「心體萬物不遺」完全相同，二人論聖學宗旨始終以「萬物一體」爲究竟。至於理氣、心性等具體分疏，陽明所論多含於工夫語中。其論理（性）、氣，則曰：

> 理者，氣之條理。氣者，理之運用。無條理則不能運用，無運用則亦無以見其所謂條理者矣。（《傳習錄・卷中・答陸元靜書》）

> 生之謂性，生字即是氣字，猶言氣即是性也。氣即是性，人生而靜以上不容說，才說氣即是性，即已落在一邊，不是性之本原矣。孟子性善，是從本原上說。然性善之端，須在氣上始見得，若無氣亦無可見矣。惻隱、羞惡、辭讓、是非即是氣。程子謂「論性不論氣，不備。論氣不論性，不明。」亦是爲學者各認一邊，只得如此說。若見得自性明白時，氣即是性，性即是氣，原無性、氣之可分也。（《傳習錄・卷中・答周道通書》）

> 先生曰：「天地氣機，元無一息之停。然有箇主宰。故不先不後，不急不緩。雖千變萬化，而主宰常定。人得此而生。若主宰定時，與天運一般不息，雖酬酢萬變，常是從容自在，所謂天君泰然，百體從令。若無主宰，便只是這氣奔放，如何不忙？」（《傳習錄・卷上》）

此可知，陽明與甘泉同樣都認爲天地間實際活動者皆屬氣，而理（性）自在其中。只是陽明又用「本原」說性，則隱然保留一點朱子「理先氣後」的味道。但陽明更強調性、氣不可分，性的一切運用斷不能離氣而別有發見。陽明又說天地氣機中自有主宰，但這主宰不是指性理，而是「良知」。陽明曰：

> 良知是造化的精靈，這些精靈，生天生地，成鬼成帝，皆從此出，眞是與物無對。人若復得他完完全全，無少虧欠，自不覺手舞足蹈，不知天地間更有何樂可代。《傳習錄・卷下》

前面說到，良知只是一箇眞誠惻怛，是天地萬物一體的感通，則本體亦是一動態結構，活動者即是良知。陽明曰：

> 目無體，以萬物之色爲體；耳無體，以萬物之聲爲體；鼻無體，以萬物之臭爲體；口無體，以萬物之味爲體；心無體，以天地萬物感之是非爲體。（《傳習錄・卷下》）

> 心不是一塊血肉，凡知覺處便是心。如耳目之知視聽，手足之知痛癢，此知覺便是心也。（《傳習錄・卷下》）

陽明亦如甘泉所論，以「心」或「良知」等活動、運用去完成、發見天地萬物的本體。則陽明亦當與甘泉相同，將「心」或「良知」視作天地公共者，而非一人之心而已。陽明曰：

> 人的良知，就是草木瓦石的良知。若草木瓦石無人的良知，不可以為草木瓦石矣。豈惟草木瓦石為然，天地無人的良知，亦不可為天地矣。蓋天地萬物與人原是一體，其發竅之最精處，是人心一點靈明。風、雨、露、雷，日、月、星、辰，禽、獸、草、木，山、川、土、石，與人原只一體。故五穀、禽獸之類皆可以養人，藥石之類皆可以療疾，只為同此一氣，故能相通耳。(《傳習錄‧卷下》)

> 問：「人心與物同體。如吾身原是血氣流通的，所以謂之同體。若人便異體了，禽獸草木益遠矣。而何謂之同體？」

> 先生曰：「你只在感應之幾上看。豈但禽獸草木？雖天地也與我同體的，鬼神也與我同體的。」

> 請問。

> 先生曰：「你看這個天地中間什麼是天地的心？」

> 對曰：「嘗聞人是天地的心。」

> 曰：「人又什麼教做心？」

> 對曰：「只是一個靈明。」

> 曰：「可知充塞中間只有這個靈明，人只為形體間隔了。我的靈明便是天地鬼神的主宰。天沒有我的靈明，誰去仰他的高？地沒有我的靈明，誰去俯他的深？鬼神沒有我的靈明，誰去辨他吉凶災祥？天地鬼神萬物離卻我的靈明便沒有天地鬼神萬物了。我的靈明離卻天地鬼神萬物亦沒有我的靈明。如此，便是一氣流通的，如何與他間隔得？」

> 又問：「天地鬼神萬物千古見在，何沒了我的靈明，便俱無了？」

> 曰：「今看死的人，他這些精靈遊散了，他的天地萬物尚在何處？」
> 《傳習錄‧卷下》

這二段文獻常令人費解，而有將陽明視作個人主觀無視於客觀者，或說陽明所言天地只是個人意想中的應然世界，不是實然世界。可是陽明明明就良知

靈明說萬物與人相通影響，同體一氣，如藥石可醫療人體，則陽明不僅是將
「萬物一體」或「良知感應天地」置於意想中的世界，而是兼於血肉身體相
觸相摩的眞實外在世界。正確地說，陽明認爲的眞實世界從來就不能脫離於
意義感知活動。陽明的「心」或「良知」的確有宇宙本體的意義。如果用甘
泉那種包貫上下四方、古往今來的公共「心」來理解，就可以理解陽明爲何
要以良知靈明作爲萬物存在的保證，所以一個「我」死去了，並不表示「良
知靈明」就失去了，當然也不會妨害「天地鬼神千古見在」的事實。如此說
來，陽明所謂「同此一氣」、「一氣流通」，就透露了近於甘泉「氣一本論」的
意思。則陽明論心或良知，就是具形氣而言者：

> 夫良知一也，以其妙用而言謂之神，以其流行而言謂之氣，以其凝
> 聚而言謂之精。安可形象方所求哉？」（《傳習錄・卷中・答陸元靜
> 書》）

心或良知就是對萬物的感應知覺，屬於氣感活動，而無形質可求。此亦承繼
朱子氣之清者爲神，濁重者爲形質的說法，與甘泉所謂「心含天靈灝氣之精，
與地廣大，與天高明，惟精惟靈，貫通百體」同調。不過，朱子並未如甘泉
與陽明般，直接用「體萬物不遺」的高度說「心」，朱子言「心」只有「藏往
知來」的能力。而陽明曰：

> 虛靈不昧，眾理具而萬事出。心外無理，心外無事。（《傳習錄・卷
> 上》）

> 「專求本心遂遺物理」，此蓋失其本心者也。夫物理不外於吾心，外
> 吾心而求物理，無物理矣。遺物理而求吾心，吾心又何物邪？心之
> 體，性也，性即理也。……心雖主乎一身，而實管乎天下之理。理
> 雖散在萬事，而實不外乎一人之心。是其一分一合之間，而未免已
> 啓學者心、理爲二之弊。（《傳習錄・卷中・答顧東橋書》）

陽明說「心即理」是如何確定的呢？就是從「眞誠惻怛」來，是一種不忍一
物不得其所的眞情實感，則使「得其所」便使物得到合理安排。前面引文中
陽明說「側隱、羞惡、辭讓、是非即是氣」，則「眞誠惻怛」是氣，「心即理」
無異告訴我們「理在氣中」。心是萬物一體的明覺感應，又是氣機運動的主宰，
萬物的合理安排都是心之所爲，則可說心外無理、心外無事。陽明前面說：「天
地鬼神萬物離卻我的靈明便沒有天地鬼神萬物了。我的靈明離卻天地鬼神萬
物亦沒有我的靈明。」此處又說：「夫物理不外於吾心，外吾心而求物理，無

物理矣。遺物理而求吾心，吾心又何物邪？」則心或良知靈明與萬物就是一個「燭照」的關係，如甘泉所謂「火之光與其所照，一而已矣」，心以明覺感應爲體，舍棄感應之物亦沒有心可說。朱子的言心只有藏往知來，則不能如陽明所說的「具眾理」，而是要靠格物窮理去「聚眾理」，以得一旦豁然貫通。事實上，陽明就從「眞誠惻怛」開出了「致良知」、「知行合一」的工夫論內涵。甘泉雖然也說「心體萬物不遺」，也說：

> 堯舜其猶病諸！仁者不忍一物不得其所，己欲立而立人，己欲達而
> 達人。此性之德也，合內外之道也。（卷二，〈新論〉，56-530）

但甘泉畢竟沒有直截地從「眞誠惻怛」開工夫，這就造成了甘泉與陽明工夫論的大分歧。此待下一小節再論。

　　總而言之，甘泉與陽明的本體論皆以「萬物一體」爲基礎，同樣是以感應天地萬物的「心」爲本的心性論。稍有異者，甘泉主張「氣一本論」，而陽明未如此說，只點出心本論調。然心既爲氣化之明覺感應，陽明亦不曾外氣而明性理，如是亦可說「理在氣中」，然此「氣」決非與人心相對，而是心本身的應對活動。甘泉沒有強調「心即理」，只說「氣」和順生化時就顯現「理」，人心「眞誠惻怛」之感並不直接可以成「理」，而更重於冷靜地思索明白。

二、甘泉「隨處體認天理」與陽明「致良知」的同與異

　　在工夫論方面，陽明就是二點：「致良知」、「知行合一」，而二者其實爲一。「良知」只是一箇眞誠惻怛，是萬物一體的感動。具體落實在個人生命中，就是人對於當下交接的物有一個體貼感通。試觀以下對問：

> 問：「程子云：『仁者以天地萬物爲一體』。何墨氏兼愛，反不得謂之
> 仁？」
>
> 先生曰：「此亦甚難言。須是諸君自體認出來始得。仁是造化生生不
> 息之理。雖瀰漫周遍，無處不是。然其流行發生，亦只有箇漸。所
> 以生生不息。如冬至一陽生。必自一陽生，而後漸漸至於六陽，若
> 無一陽之生，豈有六陽？陰亦然。惟有漸，所以便有箇發端處。惟
> 其有箇發端處，所以生。惟其生，所以不息。譬之木。其始抽芽，
> 便是木之生意發端處。抽芽然後發幹。發幹然後生枝生葉。然後是
> 生生不息。若無芽，何以有幹有枝葉？能抽芽，必是下面有箇根在。
> 有根方生。無根便死。無根何從抽芽？父子兄弟之愛，便是人心生

意發端處。如木之抽芽。自此而仁民，而愛物。便是發幹生枝生葉。墨氏兼愛無苦等。將自家父子兄弟與途人一般看。便自沒了發端處。不抽芽，便知得他無根。便不是生生不息。安得謂之仁？孝弟爲仁之本。卻是仁理從裡面發生出來。」(《傳習錄・卷上》)

則萬物一體的感動還得從人生的當下情境中一一感受，他有一個漸漸發展的意思。體萬物爲一雖然可一時到達，但在人生歷程中還得有時時刻刻的工夫。所以，眞實的人生有由親到疏的過程，取消這些分別無異是將工夫抽離高蹈，終究與實情不合。有趣的是，陽明也有如朱子般「即凡天下之物」一一作工夫的主張，陽明曰：

明明德者，立其天地萬物一體之體也。親民者，達其天地萬物一體之用。故明明德必在於親民，而親民乃所以明其明德也。是故親吾之父，以及人之父，以及天下人之父，而後吾之仁，實與吾之父、人之父、與天下人之父，而爲一體矣。實與之爲一體，而後孝之明德始明矣。親吾之兄，以及人之兄，以及天下人之兄，而後吾之仁，實與吾之兄、人之兄、與天下人之兄，而爲一體矣。實與之爲一體，而後弟之明德始明矣。君臣也，夫婦也，朋友也，以至於山川鬼神鳥獸草木也，莫不實有以親之，以達吾一體之仁，然後吾之明德始無不明，而眞能以天地萬物爲一體矣。夫是謂之明天下，是以謂家齊國治而天下平，是之謂盡性。(《王陽明全集・卷二十六・續編一・大學問》)

可知陽明還是認爲工夫必須有親親、仁民、愛物的歷程，而即凡天下之物「莫不實有以親之，以達吾一體之仁，然後吾之明德始無不明，而能眞以天地萬物爲一體」。則知陽明亦肯定經驗累積的重要。如此一來，工夫在有限人生中就得一直不斷去完成，不容少懈。既然工夫是一直得作的，與其模擬測想一個成熟或最後境界，不如只不斷把握當下情境去作。陽明曰：

蕭惠問死生之道。先生曰：「知晝夜即知死生。」問晝夜之道。曰：「知晝則知夜。」曰：「晝亦有所不知乎？」先生曰：「汝能知晝？懵懵而興，蠢蠢而食，行不著，習不察，終日昏昏，只是夢晝。惟息有養，瞬有存，此心惺惺明明，天理無一息間斷，才是能知晝。這便是天德，便是通乎晝夜之道而知，更有甚麼死生？」《傳習錄・卷中》

陽明用瞬息貫通晝夜與生死。人苟能念念將此天地之心存養體現，即便短暫細微如瞬息之間，都能靈昭不昧，則由瞬息積累而成的晝夜乃至於死生，不都是此心的惺惺明明，天理的流通不息嗎？依此，既不以生為哀樂，亦不以死為忌懼，只一箇時時刻刻的工夫便是。這箇工夫就是「致良知」或「知行合一」。

如上述，「良知」是眞誠惻怛，但「致良知」卻得加上一個行動。陽明「四句教」有云：「知善知惡是良知，為善去惡是格物。」（《傳習錄・卷下》）我們可以改一下，說「知善知惡是良知，為善去惡是致良知。」「致良知」必帶著合理的回應行動，就是「格物」。甚至陽明也說「物格」，試觀以下答書：

> 蓋鄙人之見，則謂意欲溫凊、意欲奉養者，所謂「意」也，而未可謂之「誠意」。必實行其溫凊奉養之意，務求自慊而無自欺，然後謂之「誠意」。知如何而為溫凊之節，知如何而為奉養之宜者，所謂「知」也，而未可謂之「致知」。必致其知如何為溫凊之節者之知，而實以之溫凊，致其知如何為奉養之宜者之知，而實以之奉養，然後謂之「致知」。溫凊之事，奉養之事，所謂「物」也，而未可謂之「格物」。必其於溫凊之事也，一如其良知之所知當如何為溫凊之節者而為之，無一毫之不盡，於奉養之事也，一如其良知之所知當如何為奉養之宜者而為之，無一毫之不盡，然後謂之「格物」。溫凊之物格，然後知溫凊之良知始致。奉養之物格，然後知奉養之良知始致。故曰「物格而後知至」。致其知溫凊之良知，而後溫凊之意始誠。致其知奉養之良知，而後奉養之意始誠。故曰「知至而後意誠誠」。此區區「誠談意、致知、格物」之說蓋如此，吾子更熟思之，將亦無可疑者矣。（《傳習錄・卷中・答顧東橋書》）

則陽明所謂的「致良知」不只停留在一個眞誠惻怛、一個分辨善惡的判斷而已，他必須要執行這個良知，甚至要使境欲事物得到妥善的處理，使自己有一種心滿意足、躊躇滿志的眞實感受方可。所以，陽明道德工夫從來就只在應接酬酢中展示，從來就只在即氣感應時完成。故陽明曰：

> 耳、目、口、鼻、四肢，身也，非心安能視、聽、言、動？心欲視、聽、言、動，無耳、目、口、鼻、四肢亦不能。故無心則無身，無身則無心。但指其充塞處言之謂之身，指其主宰處言之謂之心，指心之發動處謂之意，指意之靈明處謂之知，指意之涉著處謂之物，

只是一件。意未有懸空的，必著事物，故欲誠意，則隨意所在某事
而格之，去其人欲而歸於天理，則良知之在此事者，無蔽而得致矣。
此便是誠意的工夫。（《傳習錄‧卷下》）

則陽明的工夫從來就參與了耳、目、口、鼻、手、腳、身、心的行動，這就
是「必有事焉」的「知行合一」，感知與行動早以連成一貫，行之所至方為眞
知，知之所覺方是眞行，故陽明曰：

知之眞切篤實處即是行，行之明覺精察處即是知。知行工夫，本不
可離。只爲後世學者分作兩截用功，失卻知、行本體，故有合一並
進之說。眞知即所以爲行，不行不足謂之知。（《傳習錄‧卷中‧答
顧東橋書》）

則陽明的「致良知」、「知行合一」實帶有強大的行動力，要求人生必須有眞
切的體認反省，而且必須在實踐行動中證明。陽明的「致良知」、「知行合一」
就時時達到了「萬物一體」，故陽明曰：

曰：「工夫不離本體，本體原無內外。只爲後來做工夫的分了內外，
失其本體了。如今正要講明工夫不要有內外，乃是本體工夫。」是
日俱有省。（《傳習錄‧卷下》）

則陽明亦主張工夫所至即是本體，前處引文說「心無體，以天地萬物感應之
是非爲體」，則可說是以工夫爲本的本體論。

甘泉的「隨處體認天理」，其實也是一種「格物」，也與陽明一樣，只在
應接酬酢中展示、在即氣感應時完成。甘泉曰：

諸生用功須隨處體認天理，即大學所謂格物，程子所謂至其理，將
意、身、心、家國、天下通作一段工夫，無有遠近彼此，終日終身
只是體認這天理二字。（卷六，〈大科規訓〉，56-554）

格物者，即造道也。知、行並造，博學、審問、愼思、明辨、篤行，
皆所以造道也。讀書、親師友、酬應，隨時隨處，皆體認天理而涵
養之，無非造道之功。意、身、心一齊俱造，皆一段工夫，更無二
事。下文誠、正、修功夫，皆於格物上用了。其家國、天下皆即此
擴充，不是二段。此即所謂止至善。故愚謂止至善則明德、親民皆
了者，此也。如是方可謂知至。若夫今之求於見聞之末，謂之知至
可乎？知至即孔子所謂聞道矣。……故吾輩終日終身只是格物一事
耳。（卷七，〈書‧答陽明〉，56-568）

> 致良知以道體，猶磨鏡以照物，不是一空知便了。故曰：格物。物
> 即為物不二之物，至善是也。知止、定、靜、安、慮能得則格之矣，
> 亦不是一正念頭便了。（卷二十三，〈天關語通錄〉，57-132）

甘泉認為隨處體認天理是格物，亦是致良知，又曰「知行並造」，都是「造道」，都達到了本體，是「本體工夫」，則所論當與陽明大體相同。甘泉批評陽明的致良知只是「正念頭」、只是「空知」。依述上所論，則甘泉未能正視、明白陽明「知行合一」大義，此評語實不足以撼陽明。討論至此，我們可以知道，甘泉與陽明同樣將「心」作為宇宙、人生的本體工夫，可說同樣是以工夫為本的本體論，同樣重視的是時時刻刻的「隨處體認」或「格物致知」，同樣都修去了朱子理學的兩可論調，強調當下即至本體、內外合一的工夫論，可說符合了黃宗羲所說的明代理學特色。〔註4〕但是，如上一小節提到的，陽明的致良知是從人對物的真誠惻怛直接推出，甘泉雖然亦倡萬物一體不忍之義，然於此處實未發揮連貫，以下將進一步論之。

陽明以真誠惻怛為本，甘泉可說是以「四勿」為本。「四勿」就是「非禮勿視、非禮勿聽、非禮勿言、非禮勿動」，則四勿中尚有一「禮」字。如何判斷「禮」或「非禮」呢？甘泉顯然不全從內心的惻怛好惡去判斷，而更參考聖人經典與經驗的引領。我們可以說，甘泉是以冷靜莊重（敬）的態度，透過思索明白去格物體認天理。似乎抑制著（或不信任、或未深切感覺）真誠惻怛，而更著意於思索得知於言。陽明則直依真誠惻怛，明快地自然反應於格物而致良知，具自信豪邁而少拘持。這是不是說，陽明致良知就不需要知識了呢？當然不是。試觀陽明論良知與見聞（聞見之知）：

> 良知不由見聞而有，而見聞莫非良知之用。故良知不滯於見聞，而
> 亦不離於見聞。孔子云：「吾有知乎哉？無知也。」良知之外，別無
> 知矣。故「致良知」是學問大頭腦，是聖人教人第一義。今云專求
> 之見聞之末，則是失卻頭腦，而已落在第二義矣。……若主意頭腦
> 專以「致良知」為事，則凡多聞、多見，莫非「致良知」之功。蓋
> 日用之間，見聞酬酢，雖千頭萬緒，莫非良知之發用流行，除卻見
> 聞酬酢，亦無良知可致矣。故只是一事。若曰致其良知而求之見聞，
> 則語意之間未免為二。此與專求之見聞之末者雖稍不同，其為未得

〔註4〕　參見：第一章緒論。明代理學的特色是在本體論上的一元化，而理氣論當通
　　　　於心性論，在工夫論則強調內外合一。

精一之旨則一而已。「多聞擇其善者而從之，多見而識之。」既云擇，又云識，其真知亦未嘗不行於其間。但其用意乃專在多聞多見上去擇、識，則已失卻頭惱矣。崇一於此等處見得當已分曉，今日之間，正爲發明此學，於同志中極有益。但語意未瑩，則毫釐千里，亦不容不精察之也。（《傳習錄・卷中・答歐陽崇一》）

所謂「良知不由見聞而有」，是說良知本於天生萬物一體之本體，而直接從真誠惻怛發見出來，不慮而知，不學而能，是決定大方向的「主意頭腦」，故不滯於見聞。然而「見聞莫非良知之用」、良知「不離於見聞」，良知就是對情境事物的明覺感應，因此良知發見出來其實就是一種知識，他是透過耳、目、口、鼻、四肢，具體地對事物的觀察判斷。更何況他應該是連帶行動的「致良知」，它只在「見聞酬酢」中完成，除此「亦無良知可致」。所謂「求於見聞之末」，則是未以真誠惻怛爲出發的情況，這就失卻了大頭腦。但是，陽明分常強調良知必須從不慮而知，不學而能，不能由意想造作出發。所謂「致其良知而求之見聞」，就是在出發處參和了思慮意想，而不被陽明肯定。再觀陽明對朱、陸異同的看法：

夫既曰「尊德性」，則不可謂「墮於禪學之虛空」。「墮於禪學之虛空」，則不可謂之「尊德性」矣。既曰「道問學」，則不可謂「失於俗學之支離」。「失於俗學之支離」，則不可謂之「道問學」矣。二者之辨，間不容髮。（《王陽明全集・卷二十一・外集三・答徐成之書》）

與庵是象山，而謂其專以尊德性爲主，今觀象山文集所載，未嘗不教其徒讀書窮理。而自謂「理會文字頗與人異」者，則其意實欲體之於身。……吾兄是晦庵，而謂其「專以道問學爲事」。然晦庵之言，曰「居敬窮理」，曰「非存心無以致知」，曰「君子之心常存敬畏，雖不見聞，亦不敢忽，所以存天理之本然，而不使離於須臾之頃也。」是其爲言雖未盡瑩，亦何嘗不以尊德性爲事？而又烏在其爲支離者乎？……又其心慮恐學者之躐等而或失之於妄作，使必先之以格致而無不明，然後有以實之於誠正而無所謬。世之學者掛一漏萬，求之愈繁而失之愈遠，至有敝力終身，苦其難而卒無所入，而遂議其支離。不知此乃後世學者之弊，而當時晦庵之自爲，則亦豈至是乎？……夫晦庵折衷群儒之說，以發明六經、語、孟之旨於天下，其嘉惠後學之心，真有不可得而議者。而象山辨義利之分，立大本，

求放心，以示後學篤實爲己之道，其功亦寧可得而盡誣之。……夫
學術者，今古聖賢之學術，天下之所公共，非無三人者所私有也。
天下之學術，當爲天下公言之，而豈獨爲與庵地哉？兄又舉太極之
辨，以爲象山「於文義且有所未能通曉，而其強辨自信，曾何有於
所養？」夫謂其文義之有未詳，不害其爲有未詳也。謂其所養之未
至，不害其爲未至也。……所養之未至，亦何傷於二先生之爲賢乎？
此正晦庵、象山氣象，所以未及於顏子、明道者在此。吾儕正當養
其所以不可及，而默識其所未至者，以爲涵養親切之方，不當置偏
私於其間，而有所附會增損之也。(《王陽明全集・卷二十一・外集
三・答徐成之書》)

在這裡，陽明並不如一般所想爲朱子的對反，象山的同調。陽明其實是比較
中肯地去看朱、陸學問的差別。無論朱子突出的「道問學」，或是象山強調的
「尊德性」，其實只是各人用工夫的側重面而已，二人未嘗不以「尊德性而道
問學」的心學工夫爲事。只是朱子在立言上爲能盡爲完美，導致學朱之末流
失去大本而陷於支離。但朱子爲儒學集大成，奠定理學規模，於傳承聖學之
功又實不可沒。則陽明可謂善解朱子者矣！至於象山點發義利之辨，補朱子
未瑩之處，其功亦偉。雖然朱、陸二人於氣象涵養有所爲至，但同樣指向聖
學工夫則無疑。陽明此處對朱、陸的看法可說相當周延成熟。由此可知，陽
明亦不完全否定讀書學問的功效，只是強調要從眞誠惻怛中來而已。致良知
既爲對事物的行動，則舍知識學問又何以爲之？其實陽明在《傳習錄》所載
的〈訓蒙大意示教讀劉伯頌等〉中，就主張以「歌詩」、「習禮」、「讀書」去
培養、誘發童子的眞情善性。則陽明對良知與見聞知識的看法並不非二分，
而更應當爲合一者。

　　再來看看甘泉。甘泉透過思所明白去體認天理，是否意味：甘泉體認天
理就不用眞情實感、心念操持了呢？當然也不是。在甘泉而言，眞情實感與
思索明白是分不清處的。或者說，甘泉的體認與陽明的良知是不同的，甘泉
並沒有陽明那種不思不學而眞誠惻怛的體驗，甘泉體認天理從來就是語言的
理解。這不是說，甘泉所體認的天理，只搬弄書本或他人的語言文字。而是
甘泉認定的知覺就是語言性的理解。甘泉曰：

不立文字，而唯於喝杖下猛然一覺，不知所覺何物。(卷二十三,〈天
關語通錄〉,57-127)

可知甘泉對於那種不可擬議的意象並不採信，或者應該說甘泉根本無從去「知道」有那麼一個意象。心中的意象若可以被意識到、知覺到，那他本身就已經在「擬議」之中了。甘泉雖然也談「不忍」、也說「動心」，但畢竟要得語文知覺方可。於是，「萬物一體」的同體共感、交迫憂痛，在甘泉來說沒有太強太重的意義。那甘泉是如何「體」天地萬物的呢？甘泉曰：

> 性者，天地萬物一體者也。渾然宇宙，其氣同也。心也者，體天地萬物而不遺者也。性也者，心之生理也。心、性非二也。譬之穀焉，具生意而未發。未發，故渾然而不可見。及其發也，惻隱、羞惡、辭讓、是非萌焉。仁、義、禮、智自此焉始分矣，故謂之四端。端也者，始也，良心發見之始也。是故始之敬者，戒懼慎獨，以養其中也。中立而和發焉，萬事萬化自此焉，達而位育不外是矣。故位育非有加也，全而歸之者耳。終之敬者，即始之敬而不息焉者也。曰：何以小圈？曰：心無所不貫也。何以大圈？曰：心無所不包也。故心也者，包乎天地萬物之外，而貫乎天地萬物之中者也。中、外非二也。天地無內外，心亦無內外，極言之耳矣。故謂內為本心，而外天地萬事以為心者，小之為心也甚矣。（卷二十一，〈雜著・心性圖說〉，57-72，52-73）

甘泉是以體認「性理」為體天地萬物，在惻隱、羞惡、辭讓、是非，即仁、義、禮、智四端中發見良心。「惻隱」或「仁」只是四端之一，非四端之主。而良心發見之後立刻要敬、戒慎恐懼的操持，則四端又收攝在冷靜控制之下。由此可知，甘泉的體認天理實已介入許多安排，而不是直任他一個真誠惻怛便行。若具體地形容甘泉的體認工夫，則是《四勿總箴》說的「四勿」，非禮勿視、非禮勿聽、非禮勿言、非禮勿動。視、聽、言、動就是即物而發者，與致良知同樣有耳、目、口、鼻、四肢的參與，甘泉就是要在與物交接時以「四勿」應對。其中判斷「禮」或「非禮」，甘泉是用思索判斷，思索判斷就離不開各種經驗所得的語言概念。綜合甘泉所論「知言養氣」可知，人心受氣感動到應時，業已成言成喻，氣感必化成語言方為人心所知。推致而論，甘泉的「大心」是一個語言的、記憶的心，他可以在個人這裡召喚運用，但又是屬於歷史公共的。我們可以參考朱子所說的「鬼神依憑言語而發」，鬼神是古往今來之氣，唯在語言命名時得效用。只是，這些想法在朱子及甘泉那裡並沒有明白發揮出來，但從朱子到甘泉可算是一個發展。甘泉又曰：

　　若便以赤子之心為大人，更不須學問，便是生成的聖人，好佛好捷徑者據以為說，便至廢學，其害豈小？其緊要只在不失，不失必須學問，學問之道無他焉，求其放心而已矣。學問所以求放心，是不失赤子之心也。蓋赤子之心乃初心也，乃其真心，常人都是壞了纔補，若大人則從作赤子時元初一點真心學問養將去，只從這元初一點真心，耿耿虛靈，良知良能漸漸擴充，至於致廣大、極高明，無所不知，無所不能。譬如一粒穀種子播在地上，又時時培養，由苗而秀，由秀而實，亦只是元初這一點生氣養將去至此，非謂種子便是實也。故曰：「不能充之，不足以保妻子」，與此相互發。（卷十，〈問疑錄〉，56-627）

　　猶孟子言良知良能，童而知之，便從此擴充去耳，非便謂已見成而更不用學也。聖人之學，惟聖人獨覺，化而知裁，其所謂志立不惑，知命耳順，從心不逾矩者，非常人所能知也。賢棄謂生知安行，豈全不學？……故良知良能一章，全在達字。達之者，學也。而謂不須學問、思辨、篤行，可乎？（卷九，〈新泉問辨續錄〉，56-625）

則甘泉認為初心的良知良能，要擴充、要達，要在氣感變化不斷的歷程中推展，就要有學問、思辨的支持，篤行的表現。

　　其實，無論是陽明那種直任真誠惻怛，而知是非善惡的良知；還是甘泉那種持敬思慮所得的體認判斷，要發用、實踐乃至於物格，都需要見聞知識、經驗學問的參與，此處湛、王二家還是相同的。但湛、王二家對於「讀書」作為一種工夫教法的態度，卻大相逕庭。甘泉的知覺可說即是知言，言氣可相通連續，其重視讀聖賢書那種「以精發精」的效果，於第四章已有申論。在陽明而言，讀書並沒有那麼必要，讀書亦只是吾心良知應對事物的一種情況而已，如果一意耽在讀書上，反倒失卻本心了。而讀書便是甘泉與陽明工夫論上最具體鮮明的差異。

　　承上所述，甘泉與陽明的本體論十分相近，而工夫論的大原則也幾乎同調。但是二家對於「良知」的體會不同，一重語言，一重直覺，也造成「隨處體認天理」與「致良知」的異趣。二者雖然都必須有知識聞見的參與，但「隨處體認天理」的知識需求較為強烈，這也就是甘泉堅持提倡「讀書」教法的原因。但甘泉既不直任真誠惻怛，則少了陽明那種對萬物失所「不容已」的動力，積極與外向的行動性反而不如陽明。在陽明而言，亦可謂甘泉體認

不夠眞切，以致知行不能果決。其實湛、王人二人個性稟賦本有異趣。試觀陽明問答語錄，往往破題精闢，直截痛快，給人一種強大明朗的感動。而陽明爲文析理倡達，對仗、漸層而不煩瑣，大度從容而不草率，執中取論，情深文明。甘泉答問、爲文卻常多言歧路，各種語詞說法或調度複雜。不過甘泉能思索用功，於學理的上亦能建樹。可是「讀書」教法終究有階層限制：學習者必須能識字，又能有足夠的優裕去讀書。相對地，在陽明致良知的教法裡，省去這一層知識教育程度的限制，不論是愚夫愚婦、捧茶童子等等非知識階層的人，都能有一個方便之門，人人有個作聖之路，而能將理學推展到一般社會大眾的生活裡。甘泉的讀書教法固然兼顧到歷史的傳承，但讀書教法的意義仍偏重於個人的修養方面，至於建立學問以垂教後世則次矣。

第陸章　結語：甘泉心學在思想史上的意義

　　承緒論所言，研究甘泉心學的意義，一則在於補充我們對明代理學特色的瞭解；一則在參考甘泉如何安排「道德與知識」、「道德與歷史」的關係。甘泉學說是一種以氣爲本的理氣論，以心爲本的心性論，即是以工夫爲本的本體論。甘泉的「知言」學說突出了「道德體會」與「語言認知」的關係，亦可說「道德體會總是在知覺感應等活動中完成者」。此論可說推陽明「即心、意、知、物爲一」的原則，更確定物交時意志的凝聚與自覺。甘泉萬物一體的「心」本體，雖然仍是在個人生命這裡發用，但「心」亦有公共的意義，「心」亦當爲上下四方、古往今來的人類生命所知覺、所發用。因此在甘泉而言，隨處當下的「體認天理」亦即是貫通萬世道統的命脈，將小我暫忽生命渾化於道德歷史長河裡面。而善讀聖賢經典更是將古人生命再一次地召喚同掘發，由此便有踵事增華、繼往開來的規模。由是，甘泉心學確實滿足了上述二個意義或問題。

　　本文在探討甘泉心學時，更特別著力用比較法突顯其學說特色，尤其是對朱子、陽明的較論。我們發現，陽明學說同樣完全符合「以氣爲本的理氣論，以心爲本的心性論，即是以工夫爲本的本體論」此三條一貫的理論特色。陽明的「心」亦是就知覺感應等「氣感活動」而說的，就是一個「眞誠惻怛」。陽明「心即理」正表示「理在氣中」的消息，這也正合乎《明儒學案》所要求的明代理學特色。〔註1〕如果說，宋儒工夫論的樣貌是「明、誠兩進」、「敬、義夾持」的話，那麼甘泉可說是強調「即明爲誠」，陽明則是主在「即義爲敬」，

〔註1〕　本文所謂「明代理學特色」即「本體論與工夫論中的二分論調貫通合一起來，而本體論中理與氣、性與心的關係應一致無二。」可參見本文緒論。

二者皆有心、物合一的健動、外向精神。

　　然而，甘泉在明代理學的代表性仍然不及陽明。甘泉的主要貢獻還是在提供一個「心」工夫本體的理論框架，於工夫篤實光輝處終不如陽明在處世、文章、事功的表現。甘泉在與人談論工夫的時候，其言辭表達卻往往不大能切中對話的情境，常泛說幾種不一樣的話頭，確有膚廓紊亂之病，此病亦造成研究其具體工夫論的困難。甘泉這種學術性格，與宋儒張載、清儒王夫之近似，皆精思力構於理論原則的框架，但對於實踐的、情境的工夫語，卻顯得貧血。因此甘泉論終究不及陽明「真誠惻怛」之簡明體貼。儒學基本上還是得回到生活實踐中作學問，甘泉學說影響力之所以遠不及陽明，亦當自有其故也。不過，今天我們如果不從甘泉的《心性圖說》及「氣一本論」去看陽明的本體論，那麼「心」或「良知」的公共、客觀意義不容易被彰顯出來。而且甘泉論「知言」點出語言與氣的連續關係，點出語言方為心知的意思，這都算是一個突破，一個特殊的貢獻。甘泉高明雖不如陽明，然其說精采處亦能言陽明所未言。又甘泉的工夫論中有強調「讀書」一項，可以上承古人，下啟來者，可使初學者有個約束、循持。但「讀書」教法終究有些階層限制，他必須能識字，又能有足夠的優裕去讀書。相對地，在陽明致良知的教法裡，省去這一層知識教育程度的限制，不論是愚夫愚婦、捧茶童子等等非知識階層的人，都能有一個方便之門，人人有個作聖之路。也正是對「讀書」教法的積極態度上，甘泉繼承朱子，而別於白沙與陽明。尤其甘泉強調「知言」工夫，相對於白沙「靜坐法」那種脫略倫物、離卻意象的況味完全不同。此外，甘泉與陽明對於經世的態度也比他們的老師輩要積極。陽明事功大，甘泉仕途久，二人皆隨處講學，廣設書院，在俗學或舉業學之外，推展了正式的理學，功不可沒。

　　其實從本文的研究過程當中，也多發現理學家學說繼承、會通之處。從朱子的部分可以發現其理學規模實在宏大，具體內容也比既有印象要來的細膩、複雜。逕直以「理氣二分」或「心性情三分」來說朱子是過分簡化的結果。「理在氣先」雖然點出了「理」之超越先驗的意義；但「理一分殊」卻又將「理」（性）定在「分殊之氣」（即「物」也）裡面；最重要的是在人生而言，「理」只在「氣」中求，「理一」只從「分殊」求，因而將「理」又牢牢地釘在人間。若單從這個路向去探索與發展，則能趨向「理在氣中」的說法。朱子的「理」不能直接理解為西方哲學中的「形上實體」。我們從朱子論鬼神

處那種「神氣交融」的論調中，可以確定朱子的世界觀不可能有心（精神）、物（物質）的二分，而且實際的完整世界就是一個氣化流行。此外，朱子的「心統性情」仍是以「心」為主，「心」是「人」統合其「性」與其「情」的作用或活動。朱子學說既有如此間架，甘泉與陽明的理氣論與其說是對反於朱子，毋寧說是渾化或發展了朱子，這當中依然有一個繼承關係，尤其心體的建立，便深化、廣化理氣論，成為健動性格強烈的明代理學。其實，不論是朱子還是甘泉、陽明，他們心裡面最終都有一個歷史典型，他們的理想世界都只在人倫的、社會的人間世。

　　至於在工夫論方面，說朱子格物窮理的工夫只是客觀的認知心的發用，或是落失道德本心，實在是誤解了朱子。操存舍亡是儒學的大頭腦，顯而易見，朱子那有可能看不出來呢？朱子對心地工夫依然有極多極重的講求，並且主張學者要「先立乎其大」（另外，有趣的是「束書不觀，游談無根」原為陸象山所講的警語，今人卻多反以此病象山）。問題在於，朱子的「格物窮理」本是就達到「止至善」而言的，這個「豁然貫通」的境界嚴格說已超過了「明明德」的層次。我們可說，朱子理想中的「大人」或「聖人」，除了有「先立其大」或「明明德」的體會之外，更要有一番操心持性的琢磨，一番經驗同智慧的累積，始能有大事業、大學問的擔當。朱子在具體的教法有「讀書」與「靜坐」兩大項。陽明對於朱子「靜坐」的教法雖然都曾親身實行並有所得益，但不太提倡靜坐，而更指著外向行動。甘泉亦「每夜瞑目坐」，又曾命學生「默坐澄心」。則二人對朱子的「小學」教法並未徹底否定。朱子對於讀書也不曾主張一味向知識求去，而是一直耳提面命地教人要驗之於身，體之於心，見之於行，那種專求知識的態度被朱子批評為「俗學」。就這點上看，朱子、甘泉與陽明是一致的。他們都對那種利祿之學或口耳記誦之學反感，而追求一個真實領悟、誠懇實踐的學問精神，這才是我們更該關注、用力的重點。至於見聞知識，陽明雖然不像朱子、甘泉那樣明確列為教法（除了在訓蒙中有明白指出之外），但在「致良知」的具體行動中，從來就不可能脫離見聞知識而完成，甚至「良知」本身即是一種「知識」。由此可見湛、王學說實非完全脫離朱子範圍。但總地來說，朱子對甘泉的籠罩比對陽明要多、要大，這也使得甘泉理學的特殊性相對削弱。想到這裡，發現過去對各個理學家那些明辨清析的認識一下子都打混了，分系都解體了，一家一家特殊的思想都很難用幾句話把他們一一分別歸位，好像所有簡短明確的分別對他們來

說都是勉強而扭曲的。這些「分殊」好像都有個「理一」在那裡，使我們不能輕易將他們割斷。

　　其實儒學思想自有其大的會通處。從朱子、甘泉到陽明，都顯示出一個「以用爲體」的大方向。錢穆先生晚年篤信朱子，立論發言常以朱學爲基礎。其於《現代中國學術論衡》〔註2〕中論「中國心理學」曾曰：

> 中國人言心，則既不在胸部，亦不在頭部，乃指全身生活之和合會通處，乃一抽象名詞。又人心必通於外以爲心，非可脫離外面分別獨立爲心。西方主「心通物」，中國則更主「心通心」。如通於幼以爲心，則爲父母之慈。通於老以爲心，則爲子女之孝。此心又可上通天地，旁通萬物，相與和合，成爲一「氣」。理在氣之中，亦即在心之中。故宋儒又言心即氣，不言心即理。理即於心上見，但非心即理。此心所見之理，又稱「性」，故曰「性即理」。（頁66）

> 故中國史學必先重人，重其人之心。全部中國史實，亦可稱爲一部「心史」。捨卻此心，又何以成史。（頁69）

> 西方人認腦爲心，腦乃人身頭部一器官，同是一物。故西方心理學實只是生理學、物理學，不能離於身離於物而言心。中國人言心，非身上一器官，乃指此身各器官相互配合而發生之作用言。此一「作用」，乃可超於各器官，或說超於身，超於物，而自有其作用。（頁77）

則錢穆先生所言，幾乎於黃宗羲所謂「心無本體工夫所至即其本體」一語同調。然心既爲眾物之和合會通處，無物亦沒有心可言。錢先生又不與陽明的「心即理」。其實在本文看來，陽明「心即理」無非是宣告「理在氣中」的消息。我們不要忘記，陽明曾說「心無體以天地萬物之感應是非爲體」。陽明「心即理」的規模可能與陸象山不同。總而言之，以氣爲本的理氣論、以心爲本的心性論、以工夫爲本的本體論，不但是明代理學其理論型態的特色，更是儒學思想的大精神、大方向。他肯定俗世，肯定時間，肯定歷史長河的百川匯流，聚成汪洋。

　　尚有一點可注意者，就是甘泉學說與晚明至清初理學的關係。錢穆先生曾於《中國近三百年學術史‧引論》〔註3〕中，指出清初理學與東林學派的關

〔註2〕 錢穆：《現代中國學術論衡》（台北：蘭臺出版社，民國89年12月）。
〔註3〕 錢穆：《中國近三百年學術史》（台北：商務印書館，1995年2月臺二版）。

係，由本體與工夫一辨可見。錢先生引東林學案中黃宗羲論錢啓新語：

> 先生之學，得之王塘南者居多。懲一時學者喜談本體，故以「工夫
> 爲主。一粒穀種，人人所有，不能凝聚到發育地位，終是死粒。人
> 無有不才，才無有不善，但盡其才始能見得本體，不可以石火電光
> 便作家當也」。此深中學者之病。至謂「性固天生，亦由人成，故曰
> 成之者性」。（頁12）

錢先生論之曰：

> 啓新之說，極似梨洲同門陳乾初。……而余考黎洲、乾初同時如王
> 船山，其論性亦倡發「日生日成」之理。總之皆由虛實之辨、本體
> 工夫之辨一貫而來。此則清初學術所趨，由東林開其端也。同時東
> 林學者馳工夫本體之辨者尚有史玉池。其言曰：「有本體自有工夫，
> 無工夫即無本體。」（頁12～13）

則由「工夫」先於「本體」之辨，可推致出「成」性重於「稟」性之意。此
一「成」字，就強調出一個時時作工夫的意思。此正東林啓發清初理學者。

錢先生又曰：

> 與辨工夫本體大意相近者，尚有「氣質之性」與「義理之性」之辨。
> 蓋蔑棄氣質而空言義理，正與蔑棄工夫而高談本體同病，說雖高而
> 不免於懸虛，若求切實下工夫處，捨氣質莫由也。故論學苟側重工
> 夫，則論性自著眼於氣質矣。（頁14）

由此可知工夫先於本體的論調，理氣論必以氣爲主，心性論亦當以心爲主。
承上所述，明代理學的特色即在於以「以氣爲本的理氣論，以心爲本的心性
論，即是以工夫爲本的本體論」，甘泉與陽明學說皆如此，則此一特色早在明
代中期已經具體，不必下至東林、清初爲始創。無論朱子、甘泉、陽明論「心」，
皆統合「性」（理）與「情」（氣）而說，亦可說言「心」者必摻和著知覺感
應而說，嚴格說皆並非西哲「第一因」、「本質」等思路中所講究的、超越時
間的「形上心」。誠如陽明所說「心無體，以天地萬物之感應是非爲體」是也。
由是則明、清理學的轉變又不能分得過於截決，更難說有別於理學、心學之
外的所謂「氣學」一系。錢穆先生又曾於〈晚明學術〉〔註4〕一文中形容明、
清理學的轉變：

〔註4〕 錢穆：〈晚明學術〉，收於：《中國學術思想論叢（七）》（台北：蘭臺出版社，
　　　　民國89年1月。）

我們若把這一轉變，用一術語來表達，則不妨謂是由「內證」轉移到「外證」。在宋、明儒一切工夫境界，都重內面的自證，現在則轉向外面的共證。只需這一轉變，便把兩時期的學術，明白地劃開了。就心性方面論，似乎應該偏重內向，但晚明學者，都把他挽之向外。梨洲明儒學案序開首便說：「盈天地皆心也，變化不測，不能無萬殊。心無本體，工夫所至，即其本體。」這是主張心體之外在化。故又曰：「窮理者，窮此心之萬殊，非窮萬物之萬殊也。」如此言之，則窮理即是窮心。象山、陽明說「心即理」，現在則說成「理即心」。如此則晦翁、陽明走上一路，更不需再有格物、致知之爭。（頁317〜318）

甘泉之《心性圖說》，又何嘗不是「心體之外在化」。陽明於〈象山文集序〉中曾曰：「佛、老之空虛，遺棄其倫事物之常，以求明其所謂吾心者，而不知物理即吾心，不可得而遺也」，則陽明早已說「理即心」。所以，雖可說黃宗羲調合朱子與陸、王，又更可說湛、王已有調合朱、陸的規模。就本文所論，甘泉與陽明學說都有一種向外的精神，只是這種態度並沒有特別講究在著述表現或議政上。甘泉雖然著述頗豐，但他的學說中並未將著述作為成德的依據。清初的學風的確有如錢先生所論者，但呼應這種學風的理學學說可溯源自湛、王二家，這是本文所欲點出者。套用宗羲的話說：「椎輪為大輅之始，增冰為積水所成，微湛、王，焉得有後世之盛哉」，王學由反朱學而起，實不能盡脫朱學影響。清初理學或由反明學而起者，實又繼承明學範圍。由此看來，朱、陸異同的歷史發展，又豈能用簡單的脈絡概括？用以上這些看法去整理明、清理學的源流、脈絡，自當有一番新的光景。

參考書目舉要

發　凡

　　此處列舉書目,取影響論文思考或考證內容較重要者,各類別中又大抵以作者時代先後排序。至於其他徵引文獻的書目,或論文中旁出的思緒,已具見論文附注。參考書目分類方法,是依照本文主題「甘泉心學思想」的親疏關係,與實際參考的書籍,一併考慮後所訂定者。此處製定書目分類法的原則,蓋有取傳統目錄學「即事明理」的精神。以下分「典籍」、「近人著作」二大類。

　　「典籍」指的是傳統學術時代的著作,其中又有「甘泉著作」一別,蓋點出專家思想研究的一手文獻;相對於此

　　則有「其他典籍」一別,其中又分作「義理相關典籍」與「考史相關文獻」二種。於究竟處言,古典義理著作亦屬考史文獻,二者實難分別。然本文所參考的典籍,蓋有用於參酌研討甘泉思想者,又有用於考訂甘泉生平事蹟者,便以此二種分別示之。

　　「近人著作」指的是現代學術時代的著作。其中又分「專書」、「學位論文」、「期刊論文」三種。

壹、典　籍

一、甘泉著作

1. 明・湛若水：《湛甘泉先生文集三十二卷》（台南：莊嚴文化事業公司，1997 年，《四庫全書存目叢書》集部第五十六冊、五十七冊，影印：山西大學圖書館藏康熙二十年黃楷刻本）。

2. 明・湛若水：《二禮經傳測六十八卷纂議一卷》（台南：莊嚴文化事業公司，1997 年，《四庫全書存目叢書》經部第一〇四冊，影印：天津圖書館藏明刻本）。

3. 明・湛若水：《格物通一百卷》（臺北:臺灣商務印書館，民國 63 年，《四庫全書珍本》五集）。

二、其他典籍

（一）義理相關典籍

1. 魏・王弼、晉・韓康伯注：《周易王韓注》（台北：新興書局，民國 82 年 6 月版，影印：校相臺岳氏本）。

2. 魏・何晏集解：《論語集解》（台北：新興書局，民國 82 年 6 月版，影印：校永懷堂本）。

3. 漢・趙岐注：《孟子趙注》（台北：新興書局，民國 81 年 6 月版，影印：校 永懷堂本）。

4. 魏・王弼注：《老子註》（台北：藝文印書館，民國 85 年 3 月）。

5. 晉・郭象注《莊子》（台北：藝文印書館，民國 89 年 12 月）。

6. 漢・鄭玄注：《禮記鄭注》（台北：新興書局，民國 78 年 8 月版，影印：校 相臺岳氏本）。

7. 宋・張載著，清・王夫之注：《張子正蒙注》（台北：世界書局，民國 59 年 5 月再版）。

8. 宋・朱熹：《四書章句集注》（台北：大安出版社，1994 年 11 月）。

9. 宋・朱熹：《朱子文集》（台北：德富文教基金會，民國 89 年 2 月）。

10. 宋・黎靖德編：《朱子語類》（北京：中華書局，1999 年 6 月）。

11. 宋・陸九淵：《象山全集》（台北：臺灣中華書局，民國 76 年 2 月臺四版，四部備要本）。

12. 明・方孝孺：《遜志齋集》四部備要本（台北：臺灣中華書局，民國 59 年 6 月臺二版）。

13. 明・陳獻章：《白沙子全集》，清乾隆辛卯年刻版碧玉樓藏版（台北：河

洛圖書出版社，民國 63 年年 9 月臺景印初版）。

14. 明・王守仁撰，吳光、錢明、董平、姚延福編校：《王陽明全集》（上海：上海古籍出版社，1992 年 12 月）。

15. 清・黃宗羲：《明儒學案》（台北：里仁書局，民國 66 年 4 月）。

16. 清・黃宗羲：《南雷文定》（台北：世界書局，民國 53 年 2 月初版）。

17. 清・黃宗羲撰，清・全祖望補，清・王梓材、馮雲濠、何紹基校：《宋元學案》（台北：世界書局，民國 80 年 9 月五版）。

（二）考史相關文獻

1. 明・胡廣等纂修：《性理大全》，收於：孔子文化大全部編輯：《孔子文化大全》（濟南：山東友誼出版社，1987 年 7 月一版）。

2. 明・蔣信《道林先生文粹》（台南：莊嚴文化事業公司，1997 年，《四庫全書存目叢書》集部第九十六冊，影印：北京大學圖書館藏明萬曆四年姚世英刻本）。

3. 明・鄧球編：《皇明泳化類編列傳》，收於：〔周駿富輯：《明代傳記叢刊》（台北：明文書局，民國 80 年元月版）戊、綜錄類。〕。

4. 明・沈朝陽：《皇明嘉隆兩朝聞見紀》（台北：臺灣學生書局，景印萬曆二十七年江東沈氏原刊本）。

5. 明・支大綸：《皇明永陵編年信史》（台北：臺灣學生書局，民國 59 年 12 月，景印明萬曆二十四年刊本）。

6. 明・王兆雲：《皇明詞林人物考》收於：〔周駿富輯：《明代傳記叢刊》（台北：明文書局，民國 80 年元月版）甲、學林類。〕。

7. 明・李贄：《續藏書》，收於：〔周駿富輯：《明代傳記叢刊》（台北：明文書局，民國 80 年元月版）戊、綜錄類。〕。

8. 明・焦竑：《國朝獻徵錄》收於：〔周駿富輯：《明代傳記叢刊》（台北：明文書局，民國 80 年元月版）戊、綜錄類。〕。

9. 明・尹守衡：《明史竊》，收於：〔周駿富輯：《明代傳記叢刊》（台北：明文書局，民國 80 年元月版）戊、綜錄類。〕。

10. 清・顧炎武：《日知錄》（台北：明倫書局，民國 68 年版）。

11. 清・查繼佐《罪惟錄》，收於：〔周駿富輯：《明代傳記叢刊》（台北：明文書局，民國 80 年元月版）戊、綜錄類。〕。

12. 清・孫奇逢：《理學宗傳》（台北：藝文印書館，影印：清康熙五年孫氏兼山堂原刻本）。

13. 清・谷應泰：《明史紀事本末》（台北：華世出版社，民國 65 年 2 月）。

14. 清・談遷：《國榷》（台北：鼎文書局，民國 67 年）。

15. 清・王鴻緒：《明史稿列傳》，收於：〔周駿富輯：《明代傳記叢刊》（台

北：明文書局，民國 80 年元月版）戊、綜錄類。〕。

16. 清・張廷玉等：《明史》（北京：中華書局，1974 年 4 月）。。

17. 清・趙翼：《廿二史札記》（台北：仁愛書局，民國 73 年 9 月）。

18. 清・章學誠撰，葉瑛校注：《文史通義校注》（台北：漢京文化，民國 75 年 9 月）。

19. 清・熊學源修、李寶中纂：《增城縣志》（台北：成文出版社，《中國方志叢書・華南地方・第一六一號》，影印：清嘉慶二十五年刊本）。

20. 清・紀昀奉敕撰：《欽定四庫全書總目》（台北：藝文印書館，民國 86 年 9 月）。

21. 清・黃虞稷：《千頃堂書目》（文淵閣四庫全書本）。

22. 清・聖祖：《御定歷代賦彙》（文淵閣四庫全書本）。

23. 清・郝玉麟等監修：《福建通志》（文淵閣四庫全書本）。

24. 清・趙宏恩等監修：《江南通志》（文淵閣四庫全書本）。

25. 清・郝玉麟等監修：《廣東通志》（文淵閣四庫全書本）。

26. 清乾隆十二年奉敕撰：《欽定續文獻通考》（文淵閣四庫全書本）。

27. 清乾隆二十九年奉敕撰：《大清一統志》（文淵閣四庫全書本）。

28. 清乾隆三十二年奉敕撰：《御批歷代通鑑輯覽》（文淵閣四庫全書本）。

貳、近人著作

一、專　書

1. 張君勱撰，江日新譯：《王陽明》（台北：東大圖書公司，1991 年 4 月初版）。

2. 馮友蘭：《中國哲學史新編》（台北：藍燈文化事業股份有限公司，1991 年 12 月初版）。

3. 嵇文甫：《左派王學》（台北：國文天地雜誌社，1990 年 4 月初版）。

4. 錢穆：《四書釋義》（台北：蘭臺出版社，民國 90 年 2 月）。

5. 錢穆：《陽明學述要》（台北：蘭臺出版社，民國 90 年 2 月）。

6. 錢穆：《中國近三百年學術史》（台北：臺灣商務印書館，1995 年 2 月臺二版）。

7. 錢穆：《宋明理學概述》台北：（臺灣學生書局，民國 66 年 4 月修訂重版）。

8. 錢穆：《中國學術思想論叢（二）》（台北：蘭臺出版社，民國 89 年 11 月）。

9. 錢穆：《中國學術思想論叢（五）》（台北：蘭臺出版社，民國 89 年 11 月）。

10. 錢穆：《中國學術思想論叢（六）》（台北：蘭臺出版社，民國 89 年 11 月）。

11. 錢穆：《中國學術思想論叢（七）》（台北：蘭臺出版社，民國 89 年 11 月）。

12. 錢穆：《朱子學提綱》（台北：蘭臺出版社，民國 90 年 2 月）。

13. 錢穆：《經學大要》（台北：蘭臺出版社，民國 89 年 12 月）。

14. 錢穆：《靈魂與心》（台北：蘭臺出版社，民國 90 年 4 月）。

15. 錢穆：《現代中國學術論衡》（台北：蘭臺出版社，民國 89 年 12 月）。

16. 容肇祖：《明代思想史》（台北：臺灣開明書店，民國 71 年 7 月臺六版）。

17. 陳榮捷：《宋明理學之概念與歷史》（台北：中央研究院中國文哲研究所籌備處，1996 年）。

18. 唐君毅：《中國哲學原論原教篇》（台北：臺灣學生書局，民國 79 年 9 月全集校訂版）。

19. 徐復觀：《中國思想史論集》（台北：臺灣學生書局，民國 82 年 9 月）。

20. 牟宗三：《心體與性體》（台北：正中書局，民國 57 年 5 月臺初版）。

21. 牟宗三：《從陸象山到劉蕺山》（台北：學生書局，2000 年 5 月再版）。

22. 牟宗三：《中國哲學十九講》（台北：臺灣學生書局，1997 年 1 月）。

23. 孟森：《明清史講義》（台北：里仁書局，民國 71 年 9 月）。

24. 呂思勉：《中國制度史》（上海：上海教育出版社，1998 年 5 月）。

25. 林繼平：《明學探微》（台北：商務印書館，民國 73 年 12 月）。

26. 林繼平：《我的治學心路歷程》（台北：蘭臺出版社，民國 89 年 7 月）。

27. 洪漢鼎：《詮釋學──它的歷史和當代發展》（北京：人民出版社，2001 年 9 月第一版）。

28. 勞思光：《新編中國哲學史（一）》（台北：三民書局，民國 76 年 11 月增訂四版）。

29. 勞思光：《新編中國哲學史（三上）》（台北：三民書局，民國 86 年 8 月八版）。

30. 張亨：《思文之際論集──儒道司想的現代詮釋》（台北：允晨文化，民國 86 年 11 月）。

31. 周志文：《晚明學術與知識分子論叢》（台北：大安出版社，1999 年 3 月）。

32. 古清美：《明代理學論文集》（台北：大安出版社，1990 年 5 月）。

33. 侯外盧、邱漢生、張豈之主編：《宋明理學史》（北京：人民出版社，1987 年 6 月）。

34. 黃仁宇：《萬曆十五年》（台北：台灣食貨出版社，1994 年增訂二版）。

35. 袁保新：《老子哲學之詮釋與重建》（台北：文津出版社，民國 80 年 9 月）。

36. 劉述先：《黃宗羲心學的定位》（台北：允晨文化，1986 年 10 月）。

37. 陳郁夫：《江門學記》（台北：臺灣學生書局，民國 73 年 3 月）。

38. 李澤厚：《中國古代思想史論》（台北：三民書局，民國 85 年 9 月初版）。

39. 蒙培元：《理學範疇系統》（北京：人民出版社，1998 年 5 月初版二刷）。

40. 張立文：《宋明理學邏輯結構的演化》（台北：萬卷樓圖書有限公司，1993 年 1 月初版）。

41. 陳來：《有無之境——王陽明哲學的精神》（北京：人民出版社，1991 年 3 月第一版）。

42. 楊國榮：《良知與心體：王陽明哲學研究》（台北：洪葉文化事業有限公司，1999 年 8 月初版）。

43. 葛兆光：《中國思想史·第二卷——～七世紀至十九世紀中國的知識、思想與信仰》（上海：復旦大學出版社，2000 年 12 月第一版）。

44. 張學智：《明代哲學史》（北京：北京大學出版社，2000 年 11 月）。

45. 喬清舉：《湛若水哲學思想研究》（台北：文津出版社，民國 82 年 3 月）。

46. 錢茂傳：《中國史學編年考》（北京：中國文聯出版社，2000 年 12 月第一版）。

二、學位論文

1. 黃敏浩：《湛甘泉的生平及思想》（台北：國立臺灣大學中國文學研究所碩士論文，民國 77 年 5 月）。

2. 潘振泰：《湛若水與明代心學》（台北：國立臺灣師範大學歷史研究所碩士論文，民國 81 年 6 月）。

3. 賴昇宏：《湛甘泉理學思想之研究》（台北：中國文化大學中國文學研究所碩士論文，民國 87 年 6 月）。

三、期刊論文

（一）台灣地區

1. 馮炳奎：〈嶺南的孔孟學者——湛甘泉〉，《孔孟月刊》，九卷九期（民國 60 年 5 月），頁 18～21。

2. 簡又文：〈白沙宗子湛甘泉〉，《廣東文獻》，二卷二期（民國 61 年 6 月），頁 3～9。

3. 陳郁夫：〈湛甘泉與王陽明（上）〉，《東方雜誌》，一八卷四期（民國 73 年 9 月），頁 10～131。

4. 陳郁夫：〈湛甘泉與王陽明（下）〉，《東方雜誌》，一八卷四期（民國 73 年 10 月），頁 14～20。

5. 朱鴻林：〈明儒湛若水撰帝學用書「聖學格物通」的政治背景與內容特色〉，《中央研究院歷史語言研究所集刊》，六十二卷三期（民國 82 年 4

月），頁 495～530。

6. 姜國柱：〈湛若水的心學思想〉，《中國文化月刊》，第一六七期（民國 82 年 9 月），頁 4～20。

7. 張曉生：〈湛若水經學初探〉，《東吳中文研究集刊》，第三期（民國 85 年 5 月），頁 1～20。

8. 姜允明：〈三人行——論陳白沙、湛甘泉與王陽明的承傳關係〉，《華岡文科學報》，第二十二期（民國 87 年 3 月），頁 1～22。

9. 鐘彩鈞：〈湛甘泉哲學思想研究〉，《中國文哲研究集刊》，第十九期（2000 年 9 月），頁 345～606。

10. 周志文：〈鄒守益與劉宗周〉，收於《佛光人文社會學刊》第一期（民國 90 年 6 月），頁 171～196。

11. 袁保新：〈盡心與立命——從海德格基本存有論重塑孟子心性論的一項試探〉，收於：李明輝主編：《孟子思想的哲學探討》（台北：中央研究院文哲研究所籌備處，民國 84 年）。

（二）大陸地區

1. 劉興邦：〈湛甘泉『隨處體認天理』的價值義蘊〉，《索求》1999 年第四期，頁 81～84。

2. 方國根：〈湛若水心學思想的理論特色——兼論湛若水與陳獻章、王陽明心學的異同〉，《哲學研究》，2000 年第十期，頁 81～58。

附錄一　甘泉先生學譜

凡　例

一、本譜分「年代」、「事蹟」、「相關時事」、「著作繫年」凡四種欄位示之，
　　依年代先後為序。「年代」一欄中列舉西元、朝代年號、干支等三種紀年，
　　並標明甘泉先生時年。「事蹟」一欄則據可考之傳記相關資料整理陳述
　　之，並於該頁末行附註引證文獻及其出處；或者直接騰抄引證文獻以為
　　敘述。「相關時事」則酌取學術相關情事以資參考。著作繫年」則特別點
　　出該年可考的學行相關著述活動。

二、事蹟有未能確考年代者，則置於上下年代之間，不標年代；或者接於某
　　紀年後連上──符號，則以該紀年為最早斷限。

年　　　代	事　　　　　　　　蹟	相關時事	思想著作繫年
一四六六 明憲宗成化二年 丙戌 先生一歲	其先為莆〔1〕人，有湛露者為德慶路〔2〕總管府治中，卜居在甘泉都的沙貝村〔3〕，遂為沙貝始祖。高祖父湛懷德，因元亂，率義兵保障其鄉。其部卒有罹於重典者，令歸辭其所親，約期赴死，如期悉至，咸貸之。人服其德，今有義士祠〔4〕。祖父湛江，號樵林，以若水貴，累贈至資 政大夫。父湛英〔5〕，號怡菴，介直方嚴，刻行砥俗，斥人過惡至無所容。遭歹徒構誣，遂憤而病死。以若水貴，累贈至南京禮部尚書。〔6〕		

	母陳氏以成化丙戌十月又十三日巳時生先生于沙貝。先是數月有中星見于越之分野，識者以為文明之象，今午會屬嶺南，當有聖賢生于其間，先生適應其期。(〈墓表〉)		
	相甚異，顙中雙臚，隆然若輔弼。兩耳傍各有黑子，左七類北斗，右六類南斗。稍長，凝然如愚。(〈墓誌銘〉) 〔7〕		
一四七九 明憲宗成化十五年 己亥 先生十四歲	遭家多故，十四始入小學。(〈墓誌銘〉)		
一四八一—— 明憲宗成化十七年 辛丑—— 先生十六歲——	十六學為文。(〈墓誌銘〉)		
一四八七 明憲宗成化二十三年 丁未 先生二十二歲	遊府庠。教官率諸生跪迎於門。先生獨昂立以門外非跪迎之地，後遂成式。〔8〕		
一四九二 明孝宗弘治五年 壬子 先生二十七歲	是年甘泉赴鄉試。士子例應徒跣聽檢閱，先生當首檢，固諍之曰：「此非所以禮士也」，執不肯從，御史為之廢法。書經中式第一卷，領鄉薦第四。鹿鳴宴用優樂，先生曰：「賓興盛典而可戲耶？」〔9〕		
一四九三 明孝宗弘治六年 癸丑 先生二十八歲	是年會試下第，南歸，造定山謁莊定山，甘泉稱莊先生「瀟然灑落，望之知為有德人也。」〔10〕		
一四九四—— 明孝宗弘治七年 甲寅—— 先生二十九歲——	是年往學江門，白沙語之曰：「此學非全放下，終難湊泊。」遂焚原給會試部檄，絕意仕進。曾齋戒三日，始求教白沙。白沙嘆曰：「此學不講三十年矣！」備受白沙賞識。〔11〕		
一四九六 明孝宗弘治九年 丙辰 先生三十一歲	春，與李承箕遊羅浮。〔12〕		

一四九七 明孝宗弘治十年 丁巳 先生三十二歲	是年甘泉悟得「隨處體認天理」之旨。〔13〕		
一四九九 明孝宗弘治十二年 己未 先生三十四歲	白沙以江門釣臺付之甘泉，有七言絕句〈江門釣瀨與湛民澤收管〉三首：「小坐江門不算年，蒲裀當膝幾回穿。如今老去還分付，不賣區區敝帚錢；皇王帝伯都歸盡，雪月風花未了吟。莫道金針不傳與，江門風月釣臺深江門魚父與誰年，慚愧公來坐榻穿。問我江門垂釣處，囊裡曾無料理錢？」其跋云：「達摩西來，傳衣為信。江門釣臺，病夫之衣缽也。今付與民澤收管，將來有無窮之祝。珍重！珍重！」〔14〕 是年遊西樵，觀山水而嘆造化。〔15〕		
一五〇〇 明孝宗弘治十三年 庚申 先生三十五歲	庚申二月，白沙歿，甘泉為之服哀，曰：「道義之師。成我者與生我者等。」為之制斬衰之服，廬墓三年不入室，如喪父然。〔16〕		有〈奠先師白沙文〉。
一五〇四 明孝宗弘治十七年 甲子 先生三十九歲	是年在徐紘、謝祐的勸告下，承奉母命入南京國子監以俟來科。祭酒章楓山試以甘泉〈睟面盎背論〉，奇之。〔17〕		有〈睟面盎背論〉。
一五〇五—— 明孝宗弘治十八年 乙丑—— 先生四十歲——	登弘治乙丑進士第。學士張元禎、楊廷和為考官，撫其卷曰：「非白沙之徒不能為此。」置第二。賜進士，選翰林庶吉士。尋授編修。〔18〕		
一五〇六 明武宗正德元年 丙寅 先生四十一歲	年初於北京結識任職吏部的王陽明，一見定交，相與講學。陽明語人曰：「守仁求友三十年來，未見此人。」甘泉語人亦曰：「若水泛觀於四方，未見此人。」共以倡明聖學為事，一宗大程子「仁者渾然與天地萬物同體」之旨。〔19〕	二月，陽明下詔獄，謫龍場驛承。(參見《陽明年譜》)	
一五〇七 明武宗正德二年 丁卯 先生四十二歲	任翰林院編修。		

一五〇八—— 明武宗正德三年 戊辰—— 先生四十三歲——	是年甘泉充會試同考試官，於考生中識得呂柟，取爲第一。柟遂參與甘泉講學。王崇慶亦和之。〔20〕	是年陽明居龍場始悟「格物致知」大旨。並於明年始論「知行合一」。（參見《陽明年譜》）	
一五一〇～一五一一 明武宗正德五年～明武宗正德六年 庚午～辛未 先生四十五歲～先生四十六歲	正德五年十一月陽明復入北京，與甘泉定終日共學，期各相砥切，飲食啓處必共之，珍重之情可以想見。然是時兩人所論已略見異趣。〔21〕		
一五一二—— 明武宗正德七年 壬申—— 先生四十七歲——	奉命封安南國王黎晭，賜一品服以行。陽明敘別先生曰：「顏子沒而聖人之學亡，曾子唯一之旨傳之孟軻，又千餘年而周程續。自後言益詳，道益晦，析理益精，學益支離無本。夫求以自得而後可以言學。甘泉之學，務求自得者也，世未之能知，然則甘泉非聖人之徒歟？」足見推崇珍重之情。正德七年二月七日出京，明年正月十七日始達其國。覩民物風俗，黠陋無足異者，怪往時相傳過實。安南國王以金饋，甘泉三卻之，竟不受。〔22〕		
一五一三～一五一四 明武宗正德八年～九年 癸酉——甲戌 先生四十八歲～四十九歲	甘泉自許其學之體用顯微已見歸一。於安南北返途中，與陽明會於滁州，據甘泉自述，此次與陽明會面講論，於儒、釋究竟之辨各持異見：陽明主二者通同，甘泉則力辨其異。〔23〕此後甘泉頗以「外物之病」評論陽明學說。〔24〕		
一五一五 明武宗正德十年 乙亥 先生五十歲	二月，太夫人卒於京師，甘泉奉柩南歸。過大庾嶺，恐震驚，扶靈輀山行數十里，暮臥於旅次。葬於荷塘，甘泉廬墓其側，朝夕號泣。時方冬，有筍生于廬墓外，有五色瓜生于墓新土上，一本數蔓，九實連蒂，或爲其孝感之。〔25〕		
一五一七—— 明武宗正德十二年 丁丑—— 先生五十二歲——	服闋，上疏養病，許之。築室于西樵山大科峰下，日與泉石猿鶴優游，非問學之士不接。築西樵講舍，多士來學，支與日給錢米，開禮舍於僧寺，至齋戒三日，習禮成而後聽講。講必端坐觀心，不遽與言。設大科書院。十二年開始編輯《二禮	正德十三年七月，陽明刻古本大學、刻朱子晚年定論。（參見：《陽明年譜》）	編著《遵道錄》、《古文小學》、《學庸測》，開始編著《二禮經傳測》。

	經傳測》〔26〕。十四年編成《遵道錄》〔27〕此時期又編著有《古文小學》〔28〕、《學庸測》〔29〕等。		
一五二〇 明武宗正德十五年 庚辰 先生五十五歲	春，甘泉與霍韜、方獻夫同時家居爲會，〔陽明〕先生聞之曰：「英賢之生，何幸同時共地，又可虛度光陰，失此機會耶？」〔30〕 季夏，甘泉訂定《大科規訓》，爲書院學生進德修業的規條，其中已明白提出舉業、德業二業合一的觀念，又有觀山水不失己、讀書開之見、作文發揮所得等內容〔31〕		訂定《大科規訓》。
一五二一 明武宗正德十六年 辛巳 先生五十六歲	甘泉將其著《學庸測》寄示陽明，陽明遺書甘泉曰：「隨處體認天理，是眞實不誑語。究兄命意發端，卻有毫釐未協。修齊治平，總是格物，但欲如此節節分疏，亦覺說話太多。且語意務爲簡古，比之本文，反更深晦。莫若淺易其詞，略指路徑，使人自思得之，更覺意味深長也。」〔32〕則批評甘泉該著作條理思路不夠簡明。	陽明始揭「致良知」之教。（參見：《陽明年譜》）	
一五二二 明世宗嘉靖元年 壬午 先生五十七歲	嘉靖起元，甘泉受薦入朝，復翰林院編修同修武宗實錄。四月四日進講經筵。時世宗以興獻王世子，十五歲入繼大統，於改稱興獻王爲皇叔父一事，與楊廷和爲首的朝中文官們早有間隙。甘泉初入朝，即於六、七、八月連上三疏，要之皆陳以收斂修德、親賢講學之義，顯非討好於上。〔33〕 陽明父卒，越俗，宴弔客必列餅糖，設文綺，烹鮮割肥，以競豐侈，陽明盡革之。惟遇高年遠客，素食中間肉二器，曰：「齋素行於幕內，若使弔客同孝子食，非所以安高年而酬賓旅也。」甘泉往弔，見肉食不喜，遣書致責，陽明引罪不辨。〔34〕又此時陽明對甘泉有「致良知不必故籍」之論。〔35〕	世宗皇帝武宗無嗣，世宗以興獻王世子，十五歲入繼大統。於改稱興獻王爲皇叔父一事，與楊廷和爲首的朝中文官們早有間隙，往後更演成「大禮議」一事。	約稍早此時甘泉有〈答陽明都憲論格物〉一書，陳陽明以「正念頭」說格物有三不可，己以「體認天理說格物」有五可采者。〔36〕有經筵講章。上〈初入朝豫戒遊幸〉、〈再論聖學疏〉、〈元年八月初二日進講後疏〉，又於進侍讀前有〈乞上下一心同治聖治疏〉。
一五二三 明世宗嘉靖二年 癸未 先生五十八歲	進翰林院侍讀，上〈乞謹天戒急親賢疏〉，其言迂遠不切，其意或在婉諫時「君臣離隔，上下不交。君孤立於上，臣遺遠於下。君德日衰，臣志日馳，用非其人」（〈乞謹天戒急親賢疏〉）等景況。〔37〕九月十二日進講經筵。		上〈乞謹天戒急親賢疏〉。有經筵講章。

一五二四—— 明世宗嘉靖三年 甲申—— 先生五十九歲——	是年為朝廷大禮議事最為激烈之時。三月，甘泉亦具奏諫上，上不聽。〔38〕甘泉座師大學士楊廷和、學友呂柟，以及許多文官們於此衝突中遭罷免、降職，甚至下詔獄。甘泉未遭波及。實情尚不能確考。或許甘泉此時並未堅持原先的意見〔39〕，又非官居顯要，得免於此政治鬥爭之禍。秋，旋即陞南京國子監祭酒。上〈途中進申明學規疏〉，申明監規，陳為六事：「一曰推聖學以明道術，二曰示大公以孚生徒，三曰立鄉朋以勵德業，四曰視生徒以恤病苦，五曰慎陞等以立勸懲，六曰署材長以備器使。」（《湛甘泉先生文集》卷十九·章疏途中進申明學規疏，57-35）此六項大原則強調人倫的關懷與分際，兼德行道藝之教。甘泉任祭酒期間，亦增設書院，與何塘修明古太學之法，學者翕然宗之。〔40〕時門下士多使蔣信分教〔41〕，又收門人唐樞〔42〕。築觀光館，集居四方學者。申明監規，陳為六事，大要不違今日科舉之制，而兼德行道藝之教。不違今日考察之法，而寓鄉舉里選之實。期以漸復古意。〔43〕據甘泉所述，陽明對此監規亦頗為稱贊。〔44〕 甘泉自述此時抱負則曰：「及臣為祭酒……臣不肯隨俗學將仁義禮智等名言止以供作文字，則曰：『從古聖賢名言』，皆教人隨處體認天理功夫也，則欲監生講明而見於體行，不過日用常道而已矣。臣悲為俗學者教人以舉業，非祖宗以道德成賢之意，而談聖學者又專教人德業，而棄祖宗以舉業選賢之法。臣則兼教之以德業、舉業合一進修，其書名曰《二業合一訓》，即古先王德行道藝之遺意焉，使所養即所用。《湛甘泉先生文集卷十九·章疏·三乞歸田疏》。南、北國子監可說是舉業學的大宗，甘泉正欲於南監實行「二業合一」的理想，以期修正當時在野的理學家，只講求德業而不積極致用的缺點。又作《心性圖說》以教士。〔45〕甘泉以《心性圖說》	三年正月，桂萼疏請改稱孝宗為皇伯考，興獻帝為皇考，帝得疏心動，手詔下廷臣議。於是禮部尚書汪俊會廷臣七十三人議萼疏非是，議上留中。而特召張璁、桂萼、席書於南京。二月，罷華蓋殿大學士楊廷和。三月，甘泉亦俱奏，上不聽。又罷禮部尚書汪俊，以席書代之。四月，上追尊興獻帝曰本生皇考恭穆獻皇帝，疏諫者有編修鄒守益，下詔獄拷掠，謫廣德州判官。修撰呂柟復以十三事自陳，因下詔獄，尋謫解州判官。	上〈途中進申明學規疏〉，作《二業合一訓》、《心性圖說》。

	建構了一幅詳備的工夫本體論圖式，其見解終生未有改易，則此時其理學理論規模已趨成熟。〔46〕		
一五二五 明世宗嘉靖四年 乙酉 先生六十歲	完成《二禮經傳測》。		完成《二禮經傳測》。
一五二七 明世宗嘉靖六年 丁亥 先生六十二歲	丁亥冬，秩滿考績。（〈墓誌銘〉）		
一五二八—— 明世宗嘉靖七年 戊子—— 先生六十三歲——	夏，陞南京吏部右侍郎。（〈墓誌銘〉）完成倣《大學衍義補》所作的《聖學格物通》，六月上於朝。〔47〕 七年「戊子歲除，時召各部同志飲於新泉，共論大道。」（《湛甘泉先生文集》卷二十三·語錄） 與時任南京禮部郎中的鄒東廓論學。〔48〕約此時又與呂涇野講學，三人共主講席。〔49〕 嘉靖八年，甘泉六十四歲，秋，轉禮部右侍郎，赴北京。〔50〕	陽明於是年十一月卒。（參見：《陽明年譜》）	編著成《聖學格物通》上於朝。嘉靖八年有〈奠王陽明先生文〉。
一五三一 明世宗嘉靖十年 辛卯 先生六十六歲	嘉靖十年，上〈進天德王道疏〉第一疏、第二疏，上嘉納。〔51〕冬，轉禮部左侍郎。〔52〕十年十一月，世宗建醮，使甘泉為導引官。〔53〕甘泉此次任建醮導引官，就青年時耿介行徑比較，可謂卑屈至極，不倫不類。甘泉隨後上〈勸斂收精神疏〉〔54〕婉諫之：「夫內外交修，則神人協應，理之必然者也。皇上求諸神者既至，又當修於在己者，以為交相協應之本。所謂修乎在己者，收斂精神是也。（《湛甘泉先生文集》卷十九·章疏·勸收斂精神疏）其中強調祈禱在於修己，言下之意與其求於幽明鬼神，不如求之在己，即所謂「收斂精神」。這分曲折的諫言並未得到世宗有善的回應，「上曰：爾既欲朕收斂精神，便不必如此煩擾。」	先是，嘉靖二年，世宗開始追求長生，建醮宮中。自此詞臣多以青詞干進。〔55〕孟心史先生云：「世宗於議禮之後，繼以奉道，議禮之摧折廷臣，以張璁、桂萼尸其禍，而璁、萼所未盡者，大抵由帝獨斷，而嚴嵩輩成之。至奉道之禍毒正人則尤過於議禮。蓋修道則務靜攝，靜攝則萬機假手於閣臣，閣臣惟能以力贊玄修者，為所信任。嘉靖中葉以後，用事之臣固無不以青詞邀眷，然用此以擅權固寵，以一念之患失，不得不	上〈進天德王道疏〉第一疏、第二疏。轉左侍郎後又上〈進君臣同遊雅詩疏〉、〈奉詔進講章疏〉、〈進聖學疏〉、〈勸斂收精神疏〉。

			與全國之正士爲仇，此則以嚴嵩一人關係嘉靖中葉以後之朝局，殆其敗，而世宗亦將棄世矣。」〔56〕知當時政治環境頗惡。	
一五三二 明世宗嘉靖十一年 壬辰 先生六十七歲	嘉靖十一年，壬辰科有數位進士爲甘泉學生，計有蔣信、洪垣、呂懷、汝楠、錢薇等人。〔57〕		
一五三三 明世宗嘉靖十二年 癸巳 先生六十八歲	進《古文小學》於上。〔58〕 癸巳秋，陞南京禮部尚書。(〈墓誌銘〉)		上〈進古文小學疏〉。
一五三四 明世宗嘉靖十三年 甲午 先生六十九歲	嘉靖十三年，南京太廟災。甘泉請權將南京太廟香火並於南京奉先殿，重建太廟，補造列聖神主。帝召尚書言與群臣集議，從之。〔59〕 八月過江浦祭莊定山先生。		有〈祭莊定山先生文〉。
一五三五 明世宗嘉靖十四年 乙未 先生七十歲	嘉靖十四年，冬十月，甘泉奉命祭告祖陵于泗州。至泗洲，講學，有《泗州兩學講章》。途出於維揚，講學，有《揚州府縣學講章》。因獻〈祖陵頌〉十章，詔留覽。〔60〕		有《泗州兩學講章》、《揚州府縣學講章》，獻〈祖陵頌〉。
一五三六—— 明世宗嘉靖十五年 丙申—— 先生七十一歲——	丙申夏，轉南京吏部尚書，二品秩滿，赴京考績。(〈墓誌銘〉) 甘泉於池陽九華山會見古源李子，因作〈神交亭記〉。(《湛甘泉先生文集》卷十八・記・神交亭記) 十五年上《二禮經傳測》。(《明史竊》)		作〈神交亭記〉。上〈三乞歸田疏〉求致仕，上留用。
一五三七 明世宗嘉靖十六年 丁酉 先生七十二歲	二月，詔毀湛若水書院。時御史游居敬上疏敬乞戒邪僻大臣以端正士習，曰：「王守仁之學主於致良知，湛若水主於體認天理，皆祖宋儒陸九淵之說而少變其辭，以號召好名媒利之士。然守仁謀國之忠，濟變之材，尤不可泯。若水迂腐之儒，廣收無賴，私創書院，其言近是，其行大非。乞戒諭以正人心。」此事下吏部議。禮部尚書許讚、嚴嵩會奏：「王守仁已經禁革，不必更議。若水自守南雍以來，間有生徒附和標榜，居敬所列，責之太過。		

	若水年已七十,屢次乞休,奉有明旨留用,亦難別擬。上曰:若水既有成命,但私創書院,宜置于理,姑不問。令所司毀之。〔61〕」時若水年已七十,屢乞休,上每降旨留用,於是詔毀書院而已。(明·尹守衡《明史竊》)		
一五三七 明世宗嘉靖十七年 戊戌 先生七十二歲		嘉靖十七年四月,吏部尚書許讚請毀書院,上從之〔62〕,則甘泉所立書院當又受波及。	
一五三九—— 明世宗嘉靖十八年 己亥—— 先生七十四歲——	秋,轉南京兵部尚書,受大司馬之命參贊機務。〔63〕此時,甘泉在南京有許多作爲,據崔銑〈參贊事略〉載有:「申聖謨,崇古禮,屬兵式武,率乃自躬。省費寬民,協之各署,養高年,餼困戎,逐遊客,止火葬,勸農桑,聯保伍,作義阡,堅定業。(卷三十一·墓誌銘·參贊事略,頁57〜238)」又《續藏書》載:「公在南都久,春時勸農,躬詣田畝,閔俗侈汰,定喪祭之制頒行之,費省而禮舉,都人無不樂從。有劉公廟,聚眾燒香,爲沉其像於江,絕眾惑。貧者或以火葬,公買地城四郊,爲漏澤園以處之,且買田供時祀費。盡毀私創庵院,僧尼勒令歸俗,後生子多以湛名者。(《續藏書》)」則知甘泉參贊機務始有機會實施理想,然行事嚴刻,往往以己意推致,至如盡毀私創庵院、僧尼勒令還俗等,或失於強、忍。當時安南國莫登庸篡黎氏政權,九月〔64〕,甘泉以職在司馬,爲作〈治權論〉以明大義,大意謂天子討而不伐。所謂討者,聲罪彼國而使彼國之人自伐之,則莫氏雖強,黎有可復之理。一時文武諸臣視爲迂遠,苟且了事,卒爲黎氏之怨,而莫反得自立爲國。〔65〕		作〈治權論〉。上〈請復快船月糧以除幫假困苦疏〉。
一五四〇 明世宗嘉靖十九年 庚子 先生七十五歲	夏,六年考滿,以踰者,疏請得致仕〔66〕。甘泉仕宦期間,先後有勤學等疏凡數十上,總以爲《獻納編》。		有〈讀崔後渠敎楊子折衷〉,知《楊子折衷》當於稍早此時完成。

一五四一 明世宗嘉靖二十年 辛丑 先生七十六歲	門弟子開始編《泉翁續編大全》。〔67〕		門弟子開始編《泉翁續編大全》。
一五四一 明世宗嘉靖二十一年 壬寅 先生七十七歲	序《嶺海輿圖》。〔68〕		作〈嶺海輿圖〉。
一五四四—— 明世宗嘉靖二十三年 甲辰—— 先生七十九歲——	甲辰，歸天關，行鄉約，立約亭於華光里。八月九日發西樵。（〈墓誌銘〉）冬，遊衡山，卜築創白沙祠。〔69〕		
一五五三 明世宗嘉靖三十二年 癸丑 先生八十八歲	在衡山。講明正學，楚士為立書院。〔70〕		
一五五五年—— 明世宗嘉靖三十四年 乙卯—— 先生九十歲——	是年《泉翁續編大全》編成。 年九十，猶為南岳之遊。將過江右，鄒東廓戒其同志曰：「甘泉先生來，吾輩當獻老而不乞言，毋有所輕論辨也。」東廓率其同志友，及門人二、三百人走迎，晨夕定省，食而執醬執酳一遵古養老禮惟謹。別歸，謙之淚下霑襟，甘泉曰：「謙之何悲甚？豈念予老不復再會耶？予過十年來晤公也。」〔71〕		《泉翁續編大全》編成。
一五五六年 明世宗嘉靖三十五年 丙辰 先生九十一歲	丙辰，年九十一，再至〔衡山〕，有遊南嶽講議、詩篇彙為集。（《皇明詞林人物考》）		有遊南嶽講議、詩篇。
一五六〇—— 明世宗嘉靖三十九年 庚申—— 先生九十五歲	二月，致書新安，約垣輩復遊武夷。三月十日，偕諸生開講龍潭書院，提掇「性道之蘊、堯舜禹湯文武相傳之緒，自下學立心以至篤恭不顯，無聲無臭之妙」為詳，曰：「予於此不敢不勉，死而後矣。」十一日還禺山。十五日講顏子克己復禮章，申《四勿總箴》之義。四月六日，出講堂，令諸生澄心默坐，久而退之。十九日，寢病，諸生侍藥，叮嚀以講習會約相觀而善致語。二十日，淵默自定。時羅一中、鍾景星、康時聘、馮望在侍，執一中手		

良久。二十二日沐浴畢，是夕大星隕于西北，其光互地，頃之長逝。〔72〕

葬於增城縣西南七十里天蠶嶺。〔73〕

甘泉晚年，以高齡遊歷講學為事，至終不輟，可謂氣力堅強。據門人洪垣所述：「蓋先生宇宙一體之量，……，每夜瞑目坐，率至漏分，未五鼓則攝衣起，對空齋暇思疾書，更寒暑不易。每當會，遍詢諸生退處所用功，設有因循逐行輩及失期不至者，則戚然創艾且戒之曰：『從古豈有自在無事聖人？聖人惜陰如是，況學者乎？』」（〈墓誌銘〉）

則知甘泉躬行堅毅嚴謹，治學攝心勤勉，教育學子孜孜不懈，以八、九十高齡雲遊山水，壯盛卓於常人。平生創設書院，所在是是，據《墓表》載：相從士三千九百有餘，於其鄉則有甘泉、獨岡、蓮洞。於增城龍門則有明誠、龍潭。於羊城則有天關、小禺、白雲、上塘、蒲澗。於南海之西樵則有大科、雲谷、天階。惠之羅浮則有朱明、青霞、天華。韶之曲江則有帽峰。英德則有清溪、靈泉。溧陽則有張公洞口甘泉。楊州則有城外行窩甘泉山。在徽州則有福山、斗山。福建武夷則有六曲、仙掌、一曲、王湛會講。湖南則有南嶽、紫雲。又據《續藏書》載：甘泉置新泉、二山、三莊，講學於新泉書院、江都、休寧、貴池等處。平生足跡所至，必建書院祀白沙，雖田莊亦然。甘泉一生講學、設學，對當時的學術、教育影響甚巨，史載：「時天下言學者，不歸王守仁，則歸湛若水，獨守程、朱不變者，惟栴〔呂栴〕與羅欽順云。（《明史·儒林傳一》)」則甘泉對於明代理學的發展亦有推波助瀾之功。

《大清一統志》（文淵閣四庫全書本）載：「陳獻章墓在新會縣皂帽岡湛若水墓在增城縣西南七十里天蠶嶺賜塋」。

一五六七～一五七二 明穆宗隆慶年間	隆慶中，贈太子太保，諡文簡。(《皇明詞林人物考》)		
一五七九 明神宗萬曆七年 庚辰	甘泉門人洪垣作〈湛甘泉先生文集序〉，有言曰：「先生〔甘泉〕原集四十八冊，今存惟十五冊。」則甘泉身後，其學其書未能風行可推矣。		

附　註

〔1〕 參見：明‧羅洪先：〈墓表〉，明‧洪垣：〈墓誌銘〉，收於：明‧湛若水：《湛甘泉先生文集三十二卷》(台南：莊嚴文化事業公司，1997 年，《四庫全書存目叢書》集部第五十六冊、五十七冊，影印：山西大學圖書館藏康熙二十年黃楷刻本) 卷三十二〈外集〉。據載湛露為福建人，此處〝莆〞當屬今福建莆田縣。《福建通志》(文淵閣四庫全書本) 卷二十四載湛露曾為漳州府司戶叅軍。

〔2〕 據載，德慶路當在廣東省內。《元史》載：「〔至元〕十七年，立德慶路總管府，後仍屬廣東道。」

〔3〕 〝沙貝〞于廣東省境內，《廣東通志》(文淵閣四庫全書本) 卷十‧山川志‧廣州府‧南海縣載：「濳岡，在城西二十九里。數十峰相連，形如巨屏，高六十餘丈，下為沙貝村。」

〔4〕 《廣東通志》卷五十五載：「義士湛懷德墓」，其下注曰「增城人，葬永平火岡山，國子監祭酒楊起元銘墓」。

〔5〕 於文獻記載中，湛〝英〞又有作湛〝瑛〞者。羅洪先〈墓表〉與王陽明〈贈翰林院編修湛公墓表〉(收於：《王陽明全集》(上海：上海古籍出版社，1992 年 12 月)) 皆為〝英〞，而洪垣《墓誌銘》則作〝瑛〞字。於此黃敏浩已曾指出，且斷〝英〞字恐誤 (見氏著頁 50 註 3)。然考《廣東通志》，卷五十五載：「贈尚書湛英墓」；又卷三十七載：「湛瑛」，其下注曰：「以子若水贈禮部尚書」，〝英〞與〝瑛〞又皆具載，則二者未知孰是。此處且用王陽明、羅洪先所作〝英〞字。

〔6〕 參見：〈墓表〉與《幕誌銘》。關於湛英行事，又參見：王陽明〈贈翰林院編修湛公墓表〉。

〔7〕 明‧洪垣：《幕誌銘》，收於《湛甘泉先生文集》卷三十二〈外集〉。

〔8〕 十六學為文。遊府庠。撫臺視學，教官肅諸生以跪迎，先生執不可。(〈墓誌銘〉)；故居弟子員之時，都憲臨省視學，教官率諸生跪迎於門。先生獨

昂立以門外非跪迎之地，後遂成式。(〈墓表〉)；少值多故，年十六始學舉
子業，二十二遊郡庠。(清·熊學源修、李寶中纂：《增城縣志》(台北：成
文出版社，《中國方志叢書·華南地方·第一六一號》，影印：清嘉慶二十
五年刊本)卷十三·人物·湛若水傳)

〔9〕鄉試禁令，入試諸生皆徒跣，先生唱名當首，執不肯從，御史爲之廢法，
以書經領鄉薦第四。鹿鳴宴用優樂，先生曰：「賓興盛典而可戲耶？」德器
雅重，有台輔之望。(〈墓表〉)；弘治壬子，秋闈入試，士子例應徒跣聽檢
閱。先生當首檢，固諍之曰：「此非所以禮士也。」以書經中式第一卷。(〈墓
誌銘〉)；或問曰：子何以拳拳教人以二業合一也？甘泉子曰：吾實身踐焉，
吾嘗試之矣。昔者吾自二十而學，至二十七年而舉於鄉，其業猶夫人也。
自聞學於君子，舍舉業而涵養者十有三年，及乙丑之試也，而舉業則若大
有異。夫昔者也，其源源而來也，若有神開之也。然猶有說焉。乃離舉業
而涵養也猶若是，若夫不外舉業而涵養存存焉，其成也勃焉矣。(《湛甘泉
先生文集》卷六〈二業合一訓〉)；先生年廿七登第，即焚會試之牒，造白
沙之門，絕意榮達。(明·蔣信：《道林先生文粹》(台南：莊嚴文化事業公
司，1997年，《四庫全書存目叢書》集部第九十六冊，影印：北京大學圖
書館藏明萬曆四年姚世英刻本)卷一·甘泉先生心性書序)

〔10〕甘泉子曰：「予癸丑下第，南歸，謁先生於定山，瀟然灑落，望之知爲有德
人也。」(《湛甘泉先生文集》卷三十一·墓誌銘·明定山莊先生墓誌銘，
57-226)；舉子時會試下第，歸必造定山謁莊先生，蓋有志於學矣。(明·
鄧球編：《皇明泳化類編列傳》，收於：〔周駿富輯：《明代傳記叢刊》(台
北：明文書局，民國80年元月版)戊、綜錄類。〕)

〔11〕甲寅二月，往學於江門，語之曰：「此學非全放下，終難湊泊。」遂焚原給
會試部牒，獨居一室，遊心千古。默約聖賢用功總括，因悟「隨處體認天
理」六字符訣。白沙先生喜曰：著此一鞭，何患不到聖賢佳處？(〈墓誌
銘〉)；從遊江門，得自然之教，取所給部牒焚之，絕意仕進。深思力詣，
悟「隨處體認天理之旨」，白沙先生喜曰：「著此一鞭，何患不到古人佳處？」
復嘉魚李世卿守臺之問，則曰：「近得湛雨始放膽居之，然而又別冷籤迸
騰，直出楚雲之上。」又指先生於人曰：「此子爲參前倚衡之學者。」(〈墓
表〉)；初年齋戒三日，始求教白沙先生。先生嘆曰：「此學不講三十年矣！」
少頃，講罷。進問：「今門人有張廷實、李子長，而先生云『不講學三十

年』何也？」先生曰：「子長只作詩。廷實尋常來只講些高話，亦不問，是以不講。蓋此學自林緝熙去後，已不講矣。」予後訪廷實，廷實因問：「白沙有古氏婦靜坐，如何？」予應曰：「坐忘耳。」張曰：「坐忘是否？」予應曰：「若說坐忘，便不識顏子。」張曰：「不然。三教本同一道。」予知其非白沙之學，因叩之云：「公曾問白沙先生否？」張曰：「未曾問，只是打合同耳。」乃知先生之說不誣也。(《湛甘泉先生文集》卷四‧知新後語)

〔12〕丙辰春，予與李世卿遊羅浮。(《湛甘泉先生文集》卷十八‧記‧遊西樵記)

〔13〕民澤足下，去冬十月一日發來書，甚好。日用間隨處體認天理，著此一鞭，何患不到古人佳處也。……民澤在鄉安否，禍福原於人情，不可不仔細察也。譚及之，不一一。戊午季春三月初二日，石翁在碧玉樓疾書。(《白沙子全集》(明‧陳獻章：《白沙子全集》，清乾隆辛卯年刻版碧玉樓藏版(台北：河洛圖書出版社，民國63年九月臺景印初版))卷三〈遺言湛民澤〉。)

〔14〕《白沙子全集》卷十〈江門釣瀨與湛民澤收管〉。

〔15〕《湛甘泉先生文集》卷十八‧記‧遊西樵記。

〔16〕庚申二月，白沙先生歿，先生為之服哀。(〈墓誌銘〉)；白沙終，先生曰：「道義之師。成我者與生我者等。」為之制斬衰之服，廬墓三年不入室，如喪父然。(〈墓表〉)

〔17〕甲子，僉憲徐君紘勸駕，奉母命北上。祭酒楓山章公一見，與論君子所性，傾倒納交，不敢以舉子相視。(〈墓誌銘〉)；及感母夫人與僉憲徐公紘強之出仕，先生北上見祭酒張〔案：此處 "張" 字當為 "章" 字之誤〕公懋，試晬面盎背論，即以魁天下奇之。(〈墓表〉)；初甘泉子不肯會試者將十二、三年矣，天錫勸之駕，乃因母命赴禮闈，辱上第。(《湛甘泉先生文集》卷三十一‧墓誌銘‧逸士謝癸山先生墓碣銘)；弘治五年舉於鄉，從陳獻章遊，不樂仕進。母命之出，乃入南京國子監。(清‧張廷玉等：《明史》(北京：中華書局，1994年四月)儒林傳二)；從學白沙，不赴計偕。後以母命入南雍。祭酒章楓山試晬面盎背論，奇之。(清‧黃宗羲：《明儒學案》(台北：里仁書局，民國76年4月)甘泉學案)

〔18〕登弘治乙丑進士第。(《甘泉學案》)；十八年會試，學士張元禎、楊廷和為考官，撫其卷曰：「非白沙之徒不能為此。」置第二。賜進士，選庶吉士，授翰林院編修。(《明史‧儒林傳二》)；乙丑就試禮闈，學士張東白公得先

生卷，嘆曰：「眞儒復出矣。」廷試選翰林院庶吉士。尋授編修。(〈墓誌
銘〉)；會試，學士東白張公禎得〈中者天下之大本論〉讀之，嘆曰：「眞
儒復出矣。」寘名第二。(〈墓表〉)

〔19〕會陽明先生講於金臺，論學者須先識仁，仁者與天地萬物一體。陽明先生
嘆曰：「予求友于天下，三十年來未見此人。」(〈墓表〉)；〔陽明〕會甘
泉子於京師，語人曰：「守仁從宦三十年來，未見此人。」甘泉子語人亦
曰：「若水泛觀於四方，未見此人。遂相與定交講學，一宗程氏『仁者渾
然與天地萬物同體』之指。」……丙寅之年，邂逅語契，相其共詣：天地
爲體，物莫非己。(卷三十一‧墓誌銘‧明故總制兩廣江西湖廣等處地方
提督軍務奉天翊衛推誠宣力守正文臣特進光祿大夫柱國少保兼太子太保
新建伯南京兵部尚書兼都察院左都御史陽明先生王公墓誌銘，頁 57-231，
57-234)；嗟惟往昔，歲在丙寅，與兄邂逅，會意神交，同驅大道，期以終
身，渾然一體，程稱識仁，我則是崇，兄亦謂然。(卷三十‧祭文‧奠王
陽明先生文，57-219)；時王守仁在吏部講學，若水與相應和。(《明史‧儒
林傳二》)；時陽明公在吏部，相與倡道京師。場屋所取士修撰呂柟、主事
王崇輩和之，道價日著，學者稱甘泉先生。(明‧李贄：《續藏書》，收於：
〔周駿富輯：《明代傳記叢刊》(台北：明文書局，民國 80 年元月版) 戊、
綜錄類。〕；十有八年乙丑，〔陽明〕先生三十四歲，在京師。是年〔陽
明〕先生門人始進。學者溺於詞章記誦，不復知有身心之學。〔陽明〕先
生首倡言之，使人先立必爲聖人之志。聞者漸覺興起，有願執贄及門者。
至是專志授徒講學。然師友之道久廢，咸目以爲立異好名，惟甘泉湛先生
若水時爲翰林庶吉士，一見定交，共以倡明聖學爲事。(明‧錢德洪：《陽
明年譜》，收於《王陽明全集》，頁 1226。)

〔20〕戊辰，充會試同考試官，識高陵呂公柟，於文寘第一。(〈墓誌銘〉)；場屋
所取士修撰呂柟、主事王崇輩和之，道價日著，學者稱甘泉先生。(《續藏
書》)

〔21〕五年庚午，〔陽明〕先生三十九歲，在吉。陞盧陵縣知縣。……多十有一
月，入覲。……明日引見甘泉，訂與終日共學；六年辛未，先生四十歲，
在京師。……送甘泉奉使南安。先是，先生陞南都，甘泉與黃綰言於冡宰
楊一清，改留吏部。職事之暇，始遂講聚。方期各相砥切，飲食啓處必共
之。」(《陽明年譜》，頁 1231)；聚首長安，辛、壬之春，兄復吏曹，與我

卜鄰。自公退食，坐膳相以。存養心神，剖析疑義。我云聖學，體認天理，天理何問？曰廓然爾。兄時心領，不曰非是。言聖枝葉，老聃釋氏。予曰同枝，必一根柢，同根得之，伊尹夷惠，佛與我孔，根株咸二。奉使安南，我行兄止。（卷三十・祭文・奠王陽明先生文，57-219）

〔22〕予奉命往封安南國王瞷，正德七年二月七日出京，明年正月十七日始達其國。覩民物風俗，黠陋無足異者，怪往時相傳過實。（湛若水：〈交南賦〉，見於：文淵閣四庫全書・集部・總集類・御定歷代賦彙・卷四十）；一奉命封安南國王正使，賜一品服以行。王以金饋，三卻之。（〈墓表〉）；壬申，命封安南國王正使，賜一品服以行。（〈墓誌銘〉）；久之，使安南，冊封國王黎瞷，卻其饋不受。（《續藏書》）；其〔陽明〕敘別先生曰：「顏子沒而聖人之學亡，曾子唯一之旨傳之孟軻，又千餘年而周程續。自後言益詳，道益晦，析理益精，學益支離無本。夫求以自得而後可以言學。甘泉之學，務求自得者也，世未之能知，然則甘泉非聖人之徒歟？」（〈墓表〉）〔案：〈墓表〉此處引文節自《陽明全集》之〈別湛甘泉序〉〕

〔23〕兄遷太僕，我南于北。一晤滁陽，斯理究極兄遷太僕，我南于北。一晤滁陽。斯理究極，兄言迦聃，道德高博，焉與聖異？子言莫錯。我謂高廣，在聖範圍，佛無我有，中庸精微，同體異根，大小公私，斁敘彝倫，一夏一夷。夜分就寢，晨興兄嬉：夜談子是。吾亦一疑。（卷三十・祭文・奠王陽明先生文，頁57～219）；九年甲戌，先生四十三歲，在滁。四月，陞南京鴻臚寺卿。……五月，至南京。（《年譜》，頁1236）；屢遷考功郎中，擢南京太僕少卿，就遷鴻臚卿。（《明史・王守仁傳》）；夫所謂支離者，二之之謂也。非徒逐外而忘內謂之支離，是內而非外者亦謂之支離，過猶不及耳。必體用一原，顯微無間，一以貫之，乃可免此。僕在辛、壬以前，未免有後一失，若夫前之失，自謂無之。而體用顯微，則自癸、甲之後，自謂頗見歸一。不知兄之所憾者安在也？（卷七・書・答陽明，56-567，56-568）

〔24〕如：「昨承面論大學格物之義，荷教多矣。但不肖平日所以受益於兄者，尚多不在此也。兄意只恐人舍心求之於外，故有是說。不肖則以爲人心以天地萬物爲體，心體物而不遺。認得心體廣大，則物不能外矣。故格物非在外也。格之、致之之心，又非在外也。於物若以爲『心意之著見』，恐不免有外物之病。（卷七・書・與陽明鴻臚，56-560）」〔案：陽明任鴻臚之

　　　期為正德九年四月至十一年九月。〕

〔25〕乙亥二月，丁母憂，廬於荷塘墓側。（〈墓誌銘〉）；太夫人卒於京師，先生
　　　奉柩南歸。過大庾嶺，恐震驚，扶靈輀山行數十里，暮臥於旅次。葬於荷
　　　塘，先生廬墓，朝夕號泣。禽鳥為之喧噪，助其悲哀。時方多，有筍生于
　　　廬墓外，有五色瓜生于墓新土上，一本數蔓，九實連蒂，其孝感之，可表
　　　如此。（〈墓表〉）

〔26〕《二禮經傳測・序》：「余於讀禮之後，隱居西樵之煙霞洞，因究觀二禮，
　　　而竊有感焉。……起丁丑〔正德十二年〕迄乙酉年〔嘉靖四年〕凡九年，
　　　編次既成，章為之測，藏之家塾，名曰《二禮經傳測》，以補禮經之殘缺。
　　　若夫竊取之意見乎議。嘉靖四年夏四月朔南京國子監祭酒湛若水書」（明・
　　　湛若水：《二禮經傳測六十八卷纂議一卷》（台南：莊嚴文化事業公司，1997
　　　年，《四庫全書存目叢書》經部第一〇四冊，影印：天津圖書館藏明刻本）。）

〔27〕〈敘遵道錄〉：「述遵道。正德己卯〔十四年〕春三月望在大科書院。」（《湛
　　　甘泉文集》卷十七〈序・敘遵道錄〉）

〔28〕〈進古文小學疏〉：「臣不自揣，於山居時常依朱子序文本意，采其散見於
　　　禮記者，輯為古文小學一書。……嘉靖十二年二月十六日進奉」（卷十九・
　　　章疏・進古文小學疏，57-46）

〔29〕《陽明年譜》：「至是〔正德十六年〕，甘泉寄示《學庸測》，叔賢寄大學、
　　　洪範。」則知《學庸測》在之前當已大致完成。

〔30〕庚辰春，湛甘泉先生避地髮履塚下，與霍兀厓韜、方叔賢同時家居為會，
　　　〔陽明〕先生聞之曰：「英賢之生，何幸同時共地，又可虛度光陰，失此
　　　機會耶？」是秋，兀過洪都，論大學，輒持舊見。先生曰：「若傳習舊史，
　　　考正今古，以廣吾見聞則可，若欲以是求得入聖門路，譬之採摘枝葉，以
　　　綴本根，而欲通其血脈，蓋亦難矣。」

〔31〕《大科規訓》為正德十五年季夏望日書于大科訓堂。內容可見：《湛甘泉先
　　　生文集》卷六・大科規訓。

〔32〕至是，甘泉寄示《學庸測》，叔賢寄大學、洪範。先生遺書甘泉曰：「隨處
　　　體認天理，是真實不誑語。究兄命意發端，卻有毫釐未協。修齊治平，總
　　　是格物，但欲如此節節分疏，亦覺說話太多。且語意務為簡古，比之本文，
　　　反更深晦。莫若淺易其詞，略指路徑，使人自思得之，更覺意味深長也。」
　　　（《年譜》，頁 1280）

〔33〕嘉靖壬午，都御史吳公廷舉、御史朱公節交薦，復補編修同脩武宗實錄。（〈墓誌銘〉）；嘉靖初，入朝。（《甘泉學案》）；嘉靖初，入朝，上〈經筵講學疏〉，謂聖學以求仁為要。已復上疏言：「陛下初政，漸不克終。左右近侍爭以聲色異教蠱惑上心。大臣林俊、孫交等不得守法，多自引去，可為寒心。亟請親賢遠奸，窮理講學，以隆太平之業。」又疏言日講不宜停止，報聞。（《明史‧儒林傳二》）

〔34〕嘉靖元年壬午，〔陽明〕先生五十一歲，在越。……二月，龍山公〔陽明父〕卒。……越俗，宴弔客必列餅糖，設文綺，烹鮮割肥，以競豐侈，先生盡革之。惟遇高年遠客，素食中間肉二器，曰：「齋素行於幕內，若使弔客同孝子食，非所以安高年而酬賓旅也。」後甘泉先生來弔，見肉食不喜，遣書致責，先生引罪不辨。（《陽明年譜》，頁1284～1285）

〔35〕壬午暮春，予弔兄戚，云致良知，奚必故籍，如我之言，可行廝役。（《湛甘泉先生文集》卷三十‧祭文‧奠王陽明先生文）

〔36〕《湛甘泉先生文集》載：卷七‧書‧答陽明都憲論格物：「且僕獲交於兄，十有七年矣」；卷三十‧祭文‧奠王陽明先生文：「我居西樵，格致辨析，兄不我答，遂爾成默。」

〔37〕嘉靖初，入朝……明年進侍讀，復疏言：「一二年間，天變地震，山崩川湧，人饑相食，殆無虛月。夫聖人不以屯否之時而後視賢之訓，明醫不以深錮之疾而廢元氣之劑，宜博求修明先王之道者，日侍文華，以裨聖學。」（《明史‧儒林傳二》）；又參見：《湛甘泉文集》卷十九乞謹天戒急親賢疏。

〔38〕參見：清‧谷應泰：《明史紀事本末》（台北：華世出版社，民國65年2月），卷五十：「時湛若水、石瑤、張狪、任洛、汪舉等皆具奏，不聽。於是汪俊求去，上切責罷之。」

〔39〕先生所議大禮，初與諸公之見大略亦同，及其後來覺得未安，不敢復守前說，實以三年名分已定耳。先生嘗曰：「聖明因心之孝，何所不可？諸公為宰執者，只宜請朝廷斷之。非天子不議禮，臣下不敢議，奉而行之，不至有後來大害事無限矣。只謂天子無宗，於吾心終有未然，謂之宗廟已是宗了。」（《湛甘泉先生文集》卷二十三‧天關語通錄）

〔40〕「〔何塘〕嘉靖初，起山西提學副使，以父憂不赴。服闋，起提學浙江。敦本尚實，士氣丕變。未幾，晉南京太常少卿。與湛若水等修明古太學之法，學者翕然宗之。歷工、戶、禮三部侍郎，晉南京右都御史，未幾致仕。」

（《明史·儒林傳一》）

〔41〕蔣信，字卿實，常德人。年十四，居喪毀瘠。與同郡冀元亨善，王守仁謫
　　　龍場，過其地，偕元亨事焉。嘉靖初，貢入京師，復師湛若水。若水爲南
　　　祭酒，門下士多分教。至十一年，舉進士，累官四川水利僉事。（《明史·
　　　儒林傳二》）

〔42〕「唐樞字惟中，號一菴，浙之歸安人。嘉靖丙戌進士。除刑部主事。疏論
　　　李福達，罷歸。講學著書，垂四十年。先生初舉於鄉，入南雍，師事甘泉。
　　　其後慕陽明之學而不及見也。故於甘泉之隨處體認天理，陽明之致良知，
　　　兩存而精究之。卒標「討眞心」三字爲的。」（《明儒學案·甘泉學案》）

〔43〕甲申秋，陞南京國子監祭酒。築觀光館，集居四方學者。申明監規，陳爲
　　　六事，大要不違今日科舉之制，而兼德行道藝之教。不違今日考察之法，
　　　而寓鄉舉里選之實。期以漸復古意。（〈墓誌銘〉）

〔44〕乙、丙南雍，遺我書尺，謂我訓規，寔爲聖則。（《湛甘泉先生文集》卷三
　　　十·祭文·奠王陽明先生文）

〔45〕已，遷南京國子監祭酒，作《心性圖說》以教士。（《明史·儒林傳二》）；
　　　尋陞南京國子監祭酒，開講院與諸生論學，刻《心性圖說》。（《續藏書》）

〔46〕《心性圖說》可參見：《湛甘泉先生文集》卷二十一〈雜著·心性圖說〉。

〔47〕倣《大學衍義補》，作《格物通》上於朝。（《明史·儒林傳二》）；《格物通·
　　　卷首·表》：「臣伏睹嘉靖四年七月初四日，邸報該司禮監官，捧御筆旨意
　　　一道，命文臣將歷代鑑書中，撮其有關於帝王德政之要者，撰直講解。並
　　　周易、詩經、中庸，序次聯寫，日逐進覽。又欲將尚書作爲文詞、或詩、
　　　或賦，以成一代美事，用備開寫。臣誠懽誠忭，不揣疏愚，謹采五經、諸
　　　子、史，及我聖祖聖宗格言大訓，疏解成帙。名曰：《聖學格物通》謹進
　　　上聞者，伏以龍興而雲從，聖作而物睹。……謹以所纂撰《聖學格物通》
　　　一百卷並序、纂要、目錄，共爲二十八冊，黃綾套袱封襲，謹隨表上進以
　　　聞。嘉靖七年六月初一日南京吏部右侍郎臣湛若水謹上表」（明·湛若水：
　　　《格物通一百卷》，（臺北：臺灣商務印書館，民國 63 年，《四庫全書珍本》
　　　五集。））

〔48〕〔鄒守益〕稍遷南京禮部郎中，州人立生祠以祀。聞守仁卒（1527 年，嘉
　　　靖七年戊子十一月乙卯），爲位哭，服心喪，日與呂柟、湛若水、錢德洪、
　　　王畿、薛侃輩論學。（《明史·儒林傳二》）

〔49〕〔呂柟〕九載南都，與湛甘泉鄒東廓共主講席，東南學者，盡出其門。（《明儒學案・河東學案》）

〔50〕己丑秋，轉禮部右侍郎。（〈墓誌銘〉）

〔51〕參見：《明史竊》（明・尹守衡：《明史竊》，收於：《明代傳記叢刊》戊、綜錄類。）。

〔52〕辛卯冬，轉本部左侍郎。（〈墓誌銘〉）

〔53〕《明史紀事本末》卷五十二載：「十年十一月，遣行人召大學士張孚敬還朝，建祈嗣醮欽安殿，以禮部尚書夏言充醮壇監禮使，侍郎甘泉、顧鼎臣充迎嗣導引官，文武大臣遞日進香上，親行初終兩日禮。」

〔54〕〈勸收斂精神疏〉：「禮部左侍郎臣湛若水謹奏」（《湛甘泉先生文集》卷十九・章疏・勸收斂精神疏）；又於《禮部志稿》（文淵閣四庫全書本）卷八十八載有〈祈禱在修己〉一疏，篇幅短於〈勸斂收精神疏〉，然部分文句、上批及疏旨相同，疑為同一疏之不同記錄耳。〈祈禱在修己〉一疏則明載上疏時日為充導引臣之後，其言曰：「嘉靖十年欽安殿啟建祈嗣醮事禮部左侍郎湛若水言：陛下以皇儲未建，精禋祈禱求之於神者，至矣。臣愚以為又當修其在己者以協應之。所謂在己者，收斂精神是矣。夫二氣儲精而神生焉。精神者，天地斂之以生成萬物，聖人斂之以盛德而成大業。是故斂之則全，用之則散。目多視五色則散於五色，耳多聽五聲則散於五聲，心多役百為則散於百為，是以聖帝明王以耳目股肱之用，托之於五臣而使翼為明聽焉。誠願陛下凝神定慮，不役精於耳目，不勞神於思為，以為生育之本。上曰：爾既欲朕收斂精神，便不必如此煩擾」

〔55〕「〔嘉靖二年〕閏月，帝始修醮于宮中，帝用太監崔文言建醮宮中，日夜不絕。給事中劉最劾文左道糜帑，帝怒謫廣德州通判。文憾不已，嗾其黨在途仍故銜，乘巨舫，取夫役。帝益怒，逮最下獄，戍邵武。其後帝益好長生齋醮無虛日。命夏言充監禮使，湛若水、顧鼎臣充導引官。鼎臣進步虛詞七章，且列上壇中應行事，帝優詔褒答之，自此詞臣多以青詞干進矣。」（《御批歷代通鑑輯覽》，文淵閣四庫全書本）

〔56〕孟森：《明清史講義》（台北：里仁書局，民國 71 年 9 月），頁 223。

〔57〕「錢薇，字懋垣，海鹽人。嘉靖十一年進士。受業湛若水。……洪垣，字峻之，婺源人。嘉靖十一年進士。……垣同年呂懷，廣信永豐人，亦若水高弟子」（《明史・列傳第九十六》）；「汝楠，字子木。兒時隨父南京，聽

祭酒湛若水講學，輒有解悟。年十八，成嘉靖十一年進士，授行人。」（《明史·列傳第一百七十五》）；壬辰之春，乃同捷於禮闈，遂日同侍於甘泉子。（《道林先生文粹》卷二〈送覺山洪子令永康序〉）

〔58〕〈進古文小學疏〉：「嘉靖十二年二月十六日進奉。」（《湛甘泉先生文集》卷十九·章疏·進古文小學疏）

〔59〕參見：《明史·志第二十七》。

〔60〕參見：《湛甘泉先生文集》卷二十，泗州兩學講章、揚州府縣學講章。；《皇明嘉隆兩朝聞見紀》（台北：臺灣學生書局，景印萬曆二十七年江東沈氏原刊本）卷五，頁 248。

〔61〕此事參見：《皇明嘉隆兩朝聞見紀》，頁 465～466。

〔62〕《欽定續文獻通考》（文淵閣四庫全書本）載：「世宗嘉靖十七年四月，吏部尚書許讚請毀書院，從之。初，太祖因元之舊，洪武元年立洙泗、尼山二書院，各設山長一人。憲宗成化二十年，命江西貴溪縣重建象山書院。孝宗弘治元年，以吏部郎中周木言修江南常熟縣學道書院。武宗正德元年，江西按察司副使邵寶奏修德化縣濂溪書院，其時各省皆有書院，弗禁也。至帝十六年二月，御史游居敬疏斥南京吏部尚書湛若水倡其邪學、廣收無賴、私創書院，乞戒諭以正人心。帝慰留若水，而令所司毀其書院。至是讚復言撫按司府多建書院聚生徒，供億科擾，宜撤毀。詔從其言。神宗萬曆十年，閣臣張居正以言官之請，檃行京省查革，然亦不能盡撤。後復稍稍建置，其最著者京師有首善書院，江南曰東林書院。」

〔63〕己亥秋，轉南京兵部尚書，奉敕參贊機務。（〈墓誌銘〉）；首語曰：「嘉靖己亥秋，南京太宰甘泉湛公受大司馬之命參贊機務。」（《湛甘泉先生文集》卷三十一·墓誌銘·參贊事略〔崔銑撰〕）

〔64〕上〈治權論〉日期參見：明·支大綸：《皇明永陵編年信史》（台北：臺灣學生書局，民國 59 年 12 月，景印明萬曆二十四年刊本）。

〔65〕參見：〈墓誌銘〉。

〔66〕參見：清·談遷：《國榷》（台北：鼎文書局，民國 67 年）。

〔67〕門弟子集先生之言，始嘉靖辛丑，訖乙卯。凡若甘卷，為續編大全。（《道林先生文粹》卷一〈泉翁續編大全序〉）

〔68〕「嘉靖壬寅季秋四日增城湛若水序」《嶺海輿圖》（文淵閣四庫全書本）序。

〔69〕嘉靖甲辰之冬，甘泉子積四十年之念，乃登南岳。於天柱之峰南臺之下，

得廢地一方於紫雲之洞。材仍舊貫，田置其沖，乃開大門，乃設儀門，乃圖心性之堂以爲講地，乃立息存之堂以爲寢室，乃肇先師之祠以係景仰。不六旬而成。(《湛甘泉先生文集》卷十八‧記‧重修南岳甘泉書院記)

〔70〕嘉靖癸丑，年八十八，遊衡山，講明正學，楚士爲立書院。(明‧王兆雲：《皇明詞林人物考》，收於：《明代傳記叢刊》甲、學林類)

〔71〕年九十，猶爲南岳之遊。將過江右，鄒東廓戒其同志曰：「甘泉先生來，吾輩當獻老而不乞言，毋有所輕論辨也。」(《甘泉學案》)；九十餘，猶遊衡嶽，訪鄒謙之吉州。謙之率其同志友，及門人二、三百人走迎，晨夕定省，食而執醬執，一遵古養老禮惟謹。別歸，謙之淚下霑襟，若水曰：「謙之何悲甚？豈念予老不復再會耶？予過十年來晤公也。」(明‧尹守衡《明史竊》)

〔72〕庚申二月，致書新安，約垣輩復遊武夷，時翁九十五矣。垣走候洪都泝流南上至南安，聞先生訃，以四月二十二日終於禺山精舍。先終之三月十日，偕諸生開講龍潭書院，提掇「性道之蘊、堯舜禹湯文武相傳之緒，自下學立心以至篤恭不顯，無聲無臭之妙」爲詳，曰：「予於此不敢不勉，死而後矣。」十一日還禺山。十五日講顏子克己復禮章，申《四勿總箴》之義。四月六日，出講堂，令諸生澄心默坐，久而退之。十九日，寢病，諸生侍藥，叮嚀以講習會約相觀而善致語。二十日，淵默自定。時羅一中、鍾景星、康時聘、馮望在侍，執一中手良久。二十二日沐浴畢，是夕大星隕于西北，其光互地，頃之長逝。蓋先生宇宙一體之量，……，每夜瞑目坐，率至漏分，未五鼓則攝衣起，對空齋暇思疾書，更寒暑不易。每當會，遍詢諸生退處所用功，設有因循逐行輩及失期不至者，則戚然創艾且戒之曰：「從古豈有自在無事聖人？聖人惜陰如是，況學者乎？」(〈墓誌銘〉)

〔73〕《大清一統志》(文淵閣四庫全書本)載：「陳獻章墓在新會縣皀帽岡，湛若水墓在增城縣西南七十里天蠶嶺賜塋」。

附錄二　甘泉師友交遊考

一、甘泉師長

陳獻章（1428～1500）

　　陳獻章，字公甫，新會之白沙里人。身長八尺，目光如星，右臉有七黑子，如北斗狀。自幼警悟絕人，讀書一覽輒記。嘗讀《孟子》所謂天民者，慨然曰：「爲人必當如此！」夢拊石琴，其音泠泠然，一人謂之曰：「八音中惟石難諧，子能諧此，異日其得道乎？」因別號石齋。正統十二年舉廣東鄉試，明年會試中乙榜，入國子監讀書。已至崇仁，受學於康齋先生，歸即絕意科舉，築春陽臺，靜坐其中，不出閫外者數年。尋遭家難。成化二年，復遊太學，祭酒邢讓試和楊龜山《此日不再得》詩，見先生之作，驚曰：「即龜山不如也。」颺言於朝，以爲眞儒復出，由是名動京師。羅一峰、章楓山、莊定山、賀醫閭皆恨相見之晚，醫閭且棄學焉。歸而門人益進。十八年，布政使彭韶、都御史朱英交薦，言「國以仁賢爲寶，臣自度才德不及獻章萬萬，臣昌高位，而令獻章老丘壑，恐坐失社稷之寶」。召至京，政府或尼之，令就試吏部。辭疾不赴，疏乞終養，授翰林院檢討而歸。有言其出處與康齋異者，先生曰：「先師爲石亨所薦，所以不受職，某以聽選監生，始終願仕，故不敢僞辭以釣虛譽，或受或不受，各有攸宜。」自後屢薦不起。弘治十三年二月十日卒，年七十有三。先生疾革，知縣左某以醫來，門人進曰：「疾不可爲也。」先生曰：「須盡朋友之情。」飲一匙而遣之。……萬曆十三年，詔從祀孔廟，稱先儒陳子，諡文恭。（《明儒學案・白沙學案上》）

　　甘泉於弘治七年往學白沙，白沙語之曰：「此學非全放下，終難湊泊。」遂焚原給會試部檄，絕意仕進。曾齋戒三日，始求教白沙。白沙嘆曰：「此學不講三十年矣！」備受白沙賞識，於人稱甘泉爲「參前倚衡學者」。十二年，白沙更許甘泉爲繼承衣缽者。十三年二月，白沙歿，甘泉爲之服哀，曰：「道義之師。成我者與生我者等。」爲之制斬衰之服，盧墓三年不入室，如喪父然。

莊　昶（1437～1499）

　　莊昶，字孔暘，號木齋，又號臥林居士，江浦人。成化二年進士，授翰林檢討，因疏諫內廷張燈忤旨，謫桂陽判官，尋改南京行人司副，以憂歸。卜居定山二十餘年，學者稱爲定山先生。弘治七年起爲南京吏部郎中，罷歸卒，年六十三，追諡文節。生平不尙著述，有自得輒見之於詩。（《明人傳記資料索引》，頁 616；《明史》卷一七九）

　　定山爲白沙學友。弘治六年甘泉會試下第，南歸時曾往謁見，甚欽服之。〔註1〕

章　懋（1437～1522）

　　章懋，字德懋，金華蘭谿人。成化丙戌會試第一。選庶吉士，授編修。與同官黃仲昭、莊昶諫上元煙火，杖闕下，謫知臨武。歷南大理評事，福建按察司僉事，考績赴吏部，乞休。　宰尹旻曰：「不罷軟，不貪酷，不老疾，何名而退？」先生曰：「古人正色立朝，某罷軟多矣。古人一介不取，視民如傷，某貪酷多矣。年雖未艾，鬚鬢早白，亦可謂老疾矣。」遂致仕。林居二十年，弟子日進，講學楓木菴中，學者因曰楓山先生。弘治中，起爲南京祭酒，會父喪，力辭。廷議必欲其出，添設司業，虛位以待之。終制就官，六館之士，人人自以爲得師。正德初致仕。轉南京太常、禮部侍郎，皆不起。嘉靖初，以南京禮部尙書致仕。是歲辛巳除夕卒，年八十六。贈太子太保，諡文懿。其學墨守宋儒，本之自得，非有傳授，故表?洞澈，望之龐朴，即之和厚，聽其言，開心見誠，初若不甚深切，久之燭照數計，無不驗也。以方之涑水，雖功業不及，其誠實則無間然矣。金華自何、王、金、許以後，先生承風而接之，其門人如黃傅張大輪、陸震、唐龍、應璋、董遵、凌瀚、程德、章拯，皆不失其傳云。（《明儒學案・諸儒學案上三》）

〔註1〕　甘泉子曰：「予癸丑下第，南歸，謁先生於定山，瀟然灑落，望之知爲有德人也。」（《湛甘泉先生文集》卷三十一，墓誌銘・明定山莊先生墓誌銘）

弘治十七年甘泉入南京國子監，時章楓山爲祭酒。試甘泉以〈睟面盎背論〉，奇之。

張元禎（1437～1507）

張元禎，字廷祥，別號東白，南昌人。少爲神童，以閩多書，父攜之入閩，使縱觀焉。登天順庚辰進士第，入翰林爲庶吉士。故事教習唐詩、晉字、韓歐文，而先生不好也，日取濂、洛、關、閩之書讀之。授編修。成化初，疏請行三年喪。又言治道本原在講學、聽治、用人、厚俗，與當國不合，移病歸，家居二十年，益潛心理學。弘治初，召修《憲宗實錄》，進左贊善，上疏勸行王道。陞南京侍講學士，終養。（《明儒學案・諸儒學案上三》）

楊廷和（1459～1529）

楊廷和，字介夫，號石齋，新都人，春子。成化十四年進士改庶吉士，授檢討。爲人美風姿，性沉靜詳審，爲文簡暢又法，號考究掌故民瘼邊事及一切法家言，鬱然負公輔望。正德朝歷官至太子太師，華蓋殿大學士。武宗崩，世宗未至，廷和總朝政幾四十日，以遺詔盡罷一切非常例者，中外大悅。及大禮議起，廷和力爭，議不合，乞休歸，後竟削職，卒年七十一。隆慶初復官，諡文忠。有楊文忠公三錄、石齋集。

弘治十八年甘泉赴闈，學士張東白、楊石齋爲考官，撫其卷曰：「非白沙之徒不能爲此。」置第二，賜進士。

徐　紘

徐紘，字朝文，武進人。弘治三年進士，由刑部主事歷廣東按察司僉事，陞雲南副使，卒於官。

徐朝文於弘治十七年亦曾力勸甘泉入南京國子監就學。

二、甘泉學友

張　詡

張詡，字廷實，號東所，南海人，白沙弟子。登成化甲辰進士第。養病歸，六年不出，部檄起之，授戶部主事。尋丁憂，累薦不起。正德甲戌，拜南京通政司左參議，又辭，一謁孝陵而歸。卒年六十。（《明儒學案・白沙學案下》）

李孔修（1479～1542）

李孔修，字子長，號抱眞子。居廣州之高第街，混跡闤闠，張東所識之，引入白沙門下。先生嘗輸糧於縣，縣令异其容止，問姓名不答，第拱手。令叱之曰：「何物小民，乃與上官爲禮。」復拱手如前。令怒，笞五下，竟無言而出。白沙詩「驢背推敲去，君知我是誰？如何又兩手，剛被長官笞」所由作也。父歿，庶母出嫁，誣先生奪其產。縣令鞫之，先生操筆置對曰：「母言是也。」令疑焉。徐得其情，乃大禮敬。詩字不蹈前人，自爲戶牖。白沙與之論詩，謂其具眼。嘗有詩曰：「月明海上開樽酒，花影船頭落釣簑。」白沙曰：「後廿年，恐子長無此句。」性愛山水，即見之圖畫，人爭酬之。平居，管寧帽，朱子深衣，入夜不違。二十年不入城，兒童婦女皆稱曰「子長先生」。間出門，則遠近圜視，以爲奇物。卒，無子，葬於西樵山。西樵人祭社，以先生配。先生性不鑿，相傳不慧之事，世多附益之。或問：「子長廢人，有諸？」陳庸曰：「子長誠廢，則顏子誠愚。」霍韜曰：「白沙抗節振世之志，惟子長、張詡、謝祐不失。」（《明儒學案·白沙學案下》）

張廷實與李子長皆爲甘泉從學江門期間的同學。據甘泉所記：

> 初年齋戒三日，始求教白沙先生。先生嘆曰：「此學不講三十年矣！」少頃，講罷。進問：「今門人有張廷實、李子長，而先生云『不講學三十年』何也？」先生曰：「子長只作詩。廷實尋常來只講些高話，亦不問，是以不講。蓋此學自林緝熙去後，已不講矣。」予後訪廷實，廷實因問：「白沙有古氏婦靜坐，如何？」予應曰：「坐忘耳。」張曰：「坐忘是否？」予應曰：「若說坐忘，便不識顏子。」張曰：「不然。三教本同一道。」予知其非白沙之學，因叩之云：「公曾問白沙先生否？」張曰：「未曾問，只是打合同耳。」乃知先生之說不誣也。

（《湛甘泉先生文集》卷四·知新後語）

則廷實徒號高虛工夫篤實處有不逮，子長則游心於詩。二者皆與「參前倚衡」、行窮理工夫的甘泉不同，而白沙之學實不能去此。

謝　祐

謝祐，字天錫，南海人。白沙弟子。築室葵山之下，并日而食，襪不掩脛，名利之事，纖毫不能入也。嘗寄甘泉詩云：「生從何處來，化從何處去。化化與生生，便是眞元處。」卒後附祀於白沙。（《明儒學案·白沙學案下》）

謝天錫亦爲白沙弟子，棄府庠生從學江門，嘗築室葵山之下，并日而食，

襪不掩脛。名利之事，纖毫不入。〔註2〕於弘治十七年勸服甘泉入南京國子監就舉業學。

王守仁（1472～1528）

王守仁字伯安，學者稱爲陽明先生，餘姚人也。父華，成化辛丑進士第一人，仕至南京吏部尚書。先生娠十四月而生，祖母岑夫人夢神人送兒自雲中至，因命名爲雲。五歲，不能言，有異僧過之曰：「可惜道破。」始改今名。豪邁不羈，十五歲，縱觀塞外，經月始返。十八歲，過廣信，謁婁一齋，慨然以聖人可學而至。登弘治己未進士第，授刑部主事，改兵部。逆瑾矯旨逮南京科道官，先生抗疏救之，下詔獄，廷杖四十，謫貴州龍場驛丞。瑾遣人跡而加害，先生托投水脫去，得至龍場。瑾誅，知廬陵縣，歷吏部主事、員外郎、郎中，陞南京太僕寺少卿、鴻臚寺卿。時虔、閩不靖，兵部尚書王瓊特舉先生以左僉都御史巡撫南、贛。未幾，遂平漳南、橫水、桶岡、大帽、浰頭諸寇。己卯六月，奉敕勘處福建叛軍。至豐城而聞宸濠反，遂返吉安，起兵討之。宸濠方圍安慶，先生破南昌，濠返兵自救，遇之於樵舍，三戰，俘濠。武宗率師親征，群小張忠、許泰欲縱濠鄱湖，待武宗接戰而後奏凱。先生不聽，乘夜過玉山，集浙江三司，以濠付太監張永。張永者，爲武宗親信，群小之所憚也。命兼江西巡撫。又明年，陞南京兵部尚書，封新建伯。嘉靖壬午，丁冢宰憂。丁亥，原官兼左都御史，起征思、田。思、田平，以歸師襲八寨、斷藤峽，破之。先生幼夢謁馬伏波廟，題詩於壁。至是，道出祠下，怳如夢中。時先生已病，疏請告。至南安，門人周積侍疾，問遺言，先生曰：「此心光明，亦復何言？」頃之而逝，七年戊子十一月二十九日也，年五十七。隆慶初，贈新建侯，諡文成。萬曆中，詔從祀孔廟，稱「先儒王子」（《明儒學案・姚江學案》）

正德元年初，甘泉於北京結識任職吏部的王陽明，一見定交，相與講學。陽明語人曰：「守仁求友三十年來，未見此人。」甘泉語人亦曰：「若水泛觀於四方，未見此人。」共以倡明聖學爲事，一宗大程子「仁者渾然與天地萬物同體」之旨。正德五年十一月陽明復入北京，與甘泉定終日共學，期各相砥切，飲食啓處必共之，珍重之情可以想見。然是時兩人所論已略見異趣。正德八年，甘泉於安南北返途中，與陽明會於滁州，據甘泉自述，此次與陽明會面講論，於儒、釋究竟之辨各持異見：陽明主二者通同，甘泉則力辨其

異。此後甘泉頗以「外物之病」評論陽明學說。湛、王二人初因志學近同，而相識相惜，又因學旨趨異而生間隙。甘泉有許多書信與陽明論辨，約嘉靖元年甘泉有〈答陽明都憲論格物〉一書，陳陽明以「正念頭」說格物有三不可，己以「體認天理說格物」有五可采者。二人皆隨處講學、廣收門生。湛、王兩家，各立宗旨，湛氏門人，雖不及王氏之盛，然當時學於湛者，或卒業於王，學於王者，或卒業於湛，亦猶朱、陸之門下，遞相出入也。

呂 柟（1479～1542）

呂柟，字仲木，高陵人，別號涇野，學者稱涇野先生。正德三年登進士第一，授修撰。劉瑾以柟同鄉欲致之，謝不往。又因西夏事，疏請帝入宮親政事，潛消禍本。瑾惡其直，欲殺之，引疾去。瑾誅，以薦復官。乾清宮災，應詔陳六事，其言除義子，遣番僧，取回鎮守太監，尤人所不敢言。是年秋，以父病歸。都御史盛應期，御史朱節、熊相、曹珪累疏薦。適世宗嗣位，首召柟。上疏勸勤學以為新政之助，略曰：「克己慎獨，上對天心，親賢遠讒，下通民志，庶太平之業可致。」大禮議興，與張、桂忤。以十三事自陳，中以大禮未定，詔言日進，引為己罪。上怒，下詔獄，謫解州判官，攝行州事。卹煢獨，減丁役，勸農桑，興水利，築堤護鹽池，行《呂氏鄉約》及《文公家禮》，求子夏後，建司馬溫公祠。四方學者日至，禦史為闢解梁書院以居之。三年，禦史盧煥等累薦，升南京宗人府經歷，曆官尚寶司卿。吳、楚、閩、越士從者百餘人。晉南京太僕寺少卿。太廟災，乞罷黜，不允。選國子監祭酒，晉南京禮部右侍郎，署吏部事。帝將躬祀顯陵，累疏勸止，不報。值天變，遂乞致仕歸。年六十四卒，高陵人為罷市者三日。解梁及四方學者聞之，皆設位，持心喪。訃聞，上輟朝一日，賜祭葬。柟受業渭南薛敬之，接河東薛瑄之傳，學以窮理實踐為主。官南都，與湛若水、鄒守益共主講席。仕三十餘年，家無長物，終身未嘗有惰容。時天下言學者，不歸王守仁，則歸湛若水，獨守程、朱不變者，惟柟與羅欽順云。所著有《四書因問》、《易說翼》、《書說要》、《詩說序》、《春秋說志》、《禮問內外篇》、《史約》、《小學釋》、《寒暑經圖解》、《史館獻納》、《宋四子抄釋》、《南省奏蕙》、《涇野詩文集》。

正德三年，甘泉充會試同考試官，識呂涇野，於文實第一。其後甘泉在京講學，涇野亦和之。﹝註 3﹞嘉靖間涇野官居南都九載，與甘泉、鄒東廓共主

﹝註 3﹞ 陽明公在吏部，相與倡道京師，場屋所取士修撰呂柟、主事王崇輩和之，道價日著，學者稱甘泉先生。（《續藏書》）

講席，東南學者，盡出其門。〔註4〕

王崇慶（1484～1565）

王崇慶，字德徵，號端溪，開州人，綸子。正德三年進士，官至南京吏、禮二部尚書，嘉靖四十四年卒，年八十二。有《周易議卦》、《五經心義》、《海樵子》、《山海經釋義》等。

甘泉於正德間任翰林院編修時，與陽明共講學，王端溪亦和之。

方獻夫

方獻夫，字叔賢，南海人。生而孤。弱冠舉弘治十八年進士，改庶吉士。乞歸養母，遂丁母憂。正德中，授禮部主事，調吏部，進員外郎。與主事王守仁論學，悅之，遂請為弟子。嶺、海之士，學於守仁者，自獻夫始。尋謝病歸，讀書西樵山中者十年。世宗初以議大禮稱旨，驟進少詹事，恃寵放恣，累官吏部尚書，入閣輔政。獻夫飾恬退名，連被劾，中惡，雖執大政，氣厭厭不振，亦時有所救正。見帝恩威不測，三疏引疾去。嘉靖廿三年卒，諡文襄。有《周易傳義約說》、《西樵遺稿》。(《明人傳記資料索引》，頁16；《明史》卷一九六；《明儒學案·粵閩王門學案》)

霍　韜（1487～1540）

霍韜，字渭先，初號兀厓，後更號渭厓。正德九年進士，告歸，讀書西樵山。及大禮議起，毛澄力持考孝宗，韜測知帝意，為大禮議駁之，累官禮部尚書。韜學博才高，所至與人競，帝頗心厭之。年五十四卒，諡文敏。著有《詩經解》、《象山學辨》、《程朱訓釋》、《渭厓集》、《文敏集》、《西漢筆評》、《渭厓家訓》等。

甘泉於嘉靖前西樵卜居時，曾與方西樵與霍渭厓共居家講學。方西樵與甘泉又多書信往來，更與陽明為三方論學。〔註5〕

李呈祥

李呈祥，池陽高士，號古源子。

嘉靖十五年八月，甘泉於池陽九華山會見古源李子，李子預先迓迎，虔

〔註4〕又參考：(《明儒學案·河東學案》)
〔註5〕庚辰春，湛甘泉先生避地髮履塚下，與霍兀厓韜、方叔賢同時家居為會，〔陽明〕先生聞之曰：「英賢之生，何幸同時共地，又可虛度光陰，失此機會耶？」(《陽明年譜》)

以相孚，神以相授，因作〈神交亭記〉。〔註6〕

何　瑭（1474～1543）

　　何瑭字粹夫，號柏齋，懷慶武涉人。生而端重，不事嬉戲，人以爲呆。七歲時，入郡城見彌勒像，抗言請去之，人皆大駭。及爲諸生，慨然慕許文正、薛文清之爲人，索其遺書讀之。登弘治壬戌進士第，改庶吉士，歷編修修撰。逆瑾召諸翰林，各贈川扇。翰林入見而跪，先生獨長揖，瑾怒，扇不及之。翰林謝扇復跪，先生從旁曰：「嘻！何跪而又跪也？」瑾大怒，詰其姓名，先生前對曰：「修撰何瑭。」知不爲瑾所容，累疏謝病，致仕歸。瑾誅，復職。無何，以經筵觸忌諱，謫同知開州，量移同知東昌府，又歸。嘉靖初，起山西提學副使，丁憂。改浙江，進南京太常少卿、與湛若水等修明古太學之法，學者翕然宗之。本寺正卿，歷工、戶、禮三部侍郎，謝病。陞右都御史，掌留臺，不就。家居十餘年。癸卯九月卒，年七十。贈禮部尚書，諡文定。是時，王守仁以道學名於時，瑭獨默如。嘗言陸九淵、楊簡之學，流入禪宗，充塞仁義。後學未得遊、夏十一，而議論即過顏、曾，此吾道大害也。裏居十餘年，教子姓以孝弟忠信，一介必嚴。兩執親喪，皆哀毀。後諡文定。所著《陰陽律呂》、《儒學管見》、《柏齋集》十二卷，皆行於世。(《明儒學案·諸儒學案中三》；《明史·儒林傳一》)

　　何柏齋任南京太常少卿時曾與甘泉等一同修明古太學之法，學者翕然宗之。

鄒守益（1491～1562）

　　鄒守益字謙之，號東廓，江西安福人。九歲從父宦於南都，羅文莊欽順見而奇之。正德六年會試第一，廷試第三，授翰林編修。踰年丁憂。宸濠反，從文成建義。嘉靖改元，起用。大禮議起，上疏忤旨，下詔獄，謫判廣德州。毀淫祠，建復初書院講學。擢南京主客郎中，任滿告歸。起南考功，尋還翰林，司經局洗馬，上《聖功圖》。世宗猶以議禮前疏弗悅也，下禮部參勘而止。遷太常少卿，兼侍讀學士，掌南院。陞南京國子祭酒。九廟災，有旨大臣自陳。大臣皆惶恐引罪，先生上疏獨言君臣交儆之義，遂落職閒住。四十一年

〔註6〕「池陽高士有古源子者，謝太學，隱居小丘山，十餘年不出。……嘉靖丙申，甘泉子過池陽，登九華之山，古源子出迓焉。」(卷十八·記·神交亭記·57-8) 又《江南通志》(文淵閣四庫全書本)載：「神交亭，在府城小丘山。明李呈祥講學地，以遇湛若水，構亭曰神交。」

卒，年七十二。隆慶元年，贈禮部右侍郎，諡文莊。（《明儒學案‧江右王門
學案一》）

甘泉任南京吏部右侍郎時，與任南京禮部郎中的鄒東廓論學。約此時又
與呂涇野講學，三人共主講席。甘泉年九十，猶爲南岳之遊。將過江右，鄒
東廓戒其同志曰：「甘泉先生來，吾輩當獻老而不乞言，毋有所輕論辨也。」
東廓率其同志友，及門人二、三百人走迎，晨夕定省，食而執醬執酳，一遵
古養老禮惟謹。別歸，謙之淚下霑襟，甘泉曰：「謙之何悲甚？豈念予老不復
再會耶？予過十年來晤公也。」友情珍重可見。

夏尚樸

〔婁諒〕門人夏尚樸，字敦夫，廣信永豐人。正德初，會試赴京。見劉
瑾亂政，慨然歎曰：「時事如此，尙可干進乎？」不試而歸。六年成進士，授
南京禮部主事。歲饑，條上救荒數事。再遷惠州知府，投劾歸。嘉靖初，起
山東提學副使。擢南京太僕少卿，與魏校、湛若水輩日相講習。言官劾大學
士桂萼，語連尚樸。吏部尚書方獻夫白其無私，尋引疾歸。早年師諒，傳主
敬之學，常言「纔提起，便是天理。纔放下，便是人欲」。魏校亟稱之。所著
有中庸語、東巖文集。王守仁少時，亦嘗受業於諒。（《明史‧儒林傳二》）

夏敦夫任南京太僕少卿時，曾與甘泉、魏校日相講習。

崔　銑（1478～1541）

崔銑字子鐘，一字仲鳧，號後渠，河南安陽人。弱冠舉鄉試，入太學，
與四方名士馬理、呂柟、寇天敘輩相期許。登弘治乙丑進士第，改庶吉士，
授編修。逆瑾竊政，朝士見者多屈膝，先生與何瑭長揖而已。瑾怒其輕薄，
張綵曰：「此人有虛名，未可驟加之罪。」終出爲南京稽勳主事。瑾誅，召還
翰林。時西涯以文藝籠絡天下，先生以爲非宰相所急，上書規之。侍講經筵，
每以親君子遠小人磨切武宗，指錢寧、廖鵬而言也，小人皆欲甘心之。晉侍
讀，遂告歸。嘉靖改元，起原官，尋擢南京祭酒。大禮議起，上疏「勤聖學，
辨忠邪，以回天變」。上以爲刺己也，勒令致仕。家居十六年，以皇太子立，
選宮僚，起少詹事兼侍讀學士，轉南禮部右侍郎，入賀聖節，過家疾作而卒，
辛丑歲也，年六十四。贈禮部尚書，諡文敏。（《明儒學案‧諸儒學案中二》）

甘泉曾與崔後渠有書信論學。後渠以向山爲禪，甘泉則曰：「以象山爲禪，
則吾不敢。以學象山而不至於禪，吾亦不敢。蓋象山之學雖非禪，而獨立高

處。夫道，中正而已矣。高，則其流之弊，不得不至於禪，故一傳而也慈湖。慈湖，眞禪者也。」（《湛甘泉先生文集》卷七・寄崔後渠司成）又後渠曾爲甘泉著作《楊子折中》作序，蓋所論相近也。後渠亦曾撰《參贊事略》，敍述甘泉任南京兵部尚書之事。

三、甘泉門弟

蔣　信（1483～1559）

蔣信，字卿實，常德人。年十四，居喪毀瘠。與同郡冀元亨善，王守仁謫龍場，過其地，偕元亨事焉。嘉靖初，貢入京師，復師湛若水。若水爲南祭酒，門下士多分教。。至十一年，舉進士，累官四川水利僉事。（《明史・儒林傳二》）

作《泉翁續編大全》之序。爲甘泉主要弟子之一。

呂　懷

呂懷字汝德，號巾石，廣信永豐人。嘉靖壬辰進士。自庶吉士出爲給事中，復入春坊，以南京司業掌翰林院事，遷南太僕寺少卿，致仕。有《周易卦變圖傳》、《律呂古義》、《曆考廟義》、《巾石類稿》。（《明儒學案・甘泉學案二》；《明人傳記資料索引》，頁 262）

呂巾石爲《明史・儒林傳二》所稱甘泉門人最著者之一。〔註7〕與同門蔣信、洪垣、汝楠、錢薇等人同年登科。

何　遷（1501～1574）

何遷字益之，號吉陽，江西德安人。嘉靖辛丑進士，除戶部主事，歷官至南刑部侍郎。萬曆甲戌卒，年七十四。先生從學於甘泉。京師靈濟之會久虛，先生入，倡同志復之。（《明儒學案・甘泉學案二》）

何吉陽爲《明史・儒林傳二》所稱甘泉門人最著者之一。

洪　垣

洪垣字峻之，號覺山，徽之婺源人。嘉靖壬辰進士。以永康知縣入爲御史，轉溫州知府。閒住歸，凡四十六年而後卒，年近九十。（《明儒學案・甘泉學案三》）

〔註7〕 湛氏門人最著者，永豐呂懷、德安何遷、婺源洪垣、歸安唐樞。（《明史・儒林傳二》）

　　洪覺山與同門蔣信、呂懷、汝楠、錢薇等人同年登科，爲甘泉重要弟子，亦是《明史・儒林傳二》所稱甘泉門人最著者之一。甘泉曾許爲「可傳吾釣臺風月者」，嘉靖二十六年秋，偕同邑方瓘卒業東廣，甘泉建二妙樓居之。嘉靖三十九年，甘泉約遊武夷，先生至南安，聞甘泉訃，走其家哭之，越兩月而歸。萬曆七年作〈湛甘泉先生文集序〉。

唐　樞（1497～1574）

　　唐樞字惟中，號一菴，浙之歸安人。嘉靖丙戌進士。除刑部主事。疏論李福達，罷歸。講學著書，垂四十年。先生初舉於鄉，入南雍，師事甘泉。其後慕陽明之學而不及見也。故於甘泉之隨處體認天理，陽明之致良知，兩存而精究之。卒標「討眞心」三字爲的。（《明儒學案・甘泉學案四》）

　　唐一菴爲《明史・儒林傳二》所稱甘泉門人最著者之一。標「討眞心」宗旨以調停湛、王論爭。

蔡汝楠（1516～1565）

　　蔡汝楠字子木，號白石，浙之德清人。八歲侍父聽講於甘泉座下，輒有解悟。年十八舉進士，授行人，轉南京刑部員外郎。出守歸德、衡州，歷江西參政，山東按察使，江西希政使。陞右副都御史，巡撫河南。召爲戎政兵部侍郎，改南京工部，卒官。先生初汎濫於詞章，所至與朋友登臨唱和爲樂。衡州始與諸生窮經於石鼓書院。趙大洲來遊，又爲之開拓其識見。江西以後，親證之東廓、念菴。於是平生所授於甘泉，隨處體認天理之學，始有著落。蓋先生師則甘泉，而友則皆陽明之門下也。（《明儒學案・甘泉學案四》）

　　蔡白石以甘泉爲師，又多與王門子弟來往論學。

周　衝（1485～1532）

　　周衝字道通，號靜菴，常之宜興人。正德庚午鄉舉。授萬安訓導，知應城縣，以耳疾改邵武教授，陞唐府紀善，進長史而卒，年四十七。陽明講道於虔，先生往受業。繼又從於甘泉，謂「湛師之體認天理，即王師之致良知也。」與蔣道林集師說，爲《新泉問辨錄》。（《明儒學案・南中王門一》）

　　周靜菴出入湛、王二家，謂「湛師之體認天理，即王師之致良知也。」與蔣信集師說，爲《新泉問辨錄》。